国家社科基金青年项目“唐五代户籍编造研究”（15CZS004）阶段性成果

唐代户籍编造史稿

A History of Tang Dynasty's Household Registration Compiling

孙宁 著

中国社会科学出版社

图书在版编目（CIP）数据

唐代户籍编造史稿／孙宁著．—北京：中国社会科学出版社，2017.2

ISBN 978－7－5203－0233－3

Ⅰ．①唐…　Ⅱ．①孙…　Ⅲ．①户籍制度—史料—中国—唐代　Ⅳ．①D691.6

中国版本图书馆CIP数据核字(2017)第086540号

出 版 人　赵剑英
责任编辑　宋燕鹏
责任校对　石春梅
责任印制　李寡寡

出　　版　中国社会科学出版社
社　　址　北京鼓楼西大街甲158号
邮　　编　100720
网　　址　http://www.csspw.cn
发 行 部　010－84083685
门 市 部　010－84029450
经　　销　新华书店及其他书店

印　　刷　北京明恒达印务有限公司
装　　订　廊坊市广阳区广增装订厂
版　　次　2017年2月第1版
印　　次　2017年2月第1次印刷

开　　本　710×1000　1/16
印　　张　13.75
插　　页　2
字　　数　256千字
定　　价　68.00元

序

刘进宝

在中国原有的七世纪之后的史籍中，关于唐王朝籍帐的记载非常简略，幸而有敦煌吐鲁番文书的发现，使我们能够对唐代的籍帐制度进行比较全面的考察。

谈到唐代籍帐研究，绕不过去的是日本学者池田温先生的《中国古代籍帐研究》、我国学者朱雷先生的《敦煌吐鲁番文书论丛》及宋家钰先生的《唐朝户籍法与均田制研究》。他们的共同特点是既有历代史籍文献的深厚功底，又娴熟敦煌吐鲁番文书，还有深邃的洞察力和思辨力。

1979 年，我考入甘肃师范大学（今西北师范大学）历史系学习。同年，池田温先生的《中国古代籍帐研究》出版，并由日本东京大学东洋文化研究所赠送甘肃师范大学历史系一册。在当时历史系主任金宝祥先生、总支书记陈守忠先生的积极支持下，由曾留学东京大学的龚泽铣教授翻译此书。

1983 年初，西北师范学院（原甘肃师范大学，1981 年更名）敦煌学研究所成立，陈守忠先生是负责人，同年 7 月我毕业留在敦煌所工作。在读书和留校工作后，我曾多次听到金宝祥先生、陈守忠先生和吴廷桢先生（近代史专家，1983 年任历史系主任）谈及龚泽铣先生翻译《中国古代籍帐研究》的相关信息。1984 年，《中国古代籍帐研究》的中译本由中华书局出版。这是西北师范学院敦煌学研究所的第一本译著，所里给我们人手一册，以供学习。

囿于当时的排版印制条件，1984 年出版的只是全书的概论部分，并不包括具有极高史料价值的图版、录文。池田先生为中译本撰写的序言中说道："占拙著过半的录文部分，因印刷技术上的关系，不包括在译本之中，但对于拙著的利用者而言，缺少录文无疑是多有不便。期待将来用某种方式以解决这一困难。"本世纪初，当中华书局决定再版《中国古代籍帐研究》时，就补入了全部录文和图版。为了译者的著作权问题，中华书局汉学编辑室主任柴剑虹先生曾委托我寻找龚泽铣先生的家属。但龚先生已去世多年，其子女也无法联系，便由西北师范大学历史系写了情况说明。这就是 2007 年中华书局纳入"世界汉学论丛"的《中国古代籍帐研究》全译本。

1997 年，我赴武汉大学随朱雷先生学习。朱老师曾作为唐长孺先生的学术助手，从事吐鲁番文书的整理，并重点研究籍帐文献，其《唐"籍坊"考》、《唐代"手实"制度杂识——唐代籍帐制度考察》、《唐代"点籍样"制度初探》、《唐代"乡帐"与"计帐"制度初探》等论文，都是利用敦煌吐鲁番文书研究唐代籍帐制度的代表性成果。我在帮朱老师整理编辑《敦煌吐鲁番文书论丛》时，多次学习了这些论文。

2000 年春，清华大学召开文科建设会议时，经济史学科邀请了两位专家——中国社会科学院经济研究所研究员经君健先生和朱雷先生。李伯重先生谈到为何请朱雷先生时说：在日本时，他曾与池田温先生交流了对中国史学界现状的看法，池田先生认为，做经济史研究的应是朱雷。

正因有此机缘，我虽然未能专门研究唐代的户籍与籍帐，但时刻关注着本课题的研究进展。2008 年，孙宁同学考入南京师范大学，随我研习敦煌学。他读书很用功，不仅系统阅读了关于唐代的主要史籍，还研读了敦煌吐鲁番社会经济类的汉文资料。在学习的过程中，他对唐代的户籍问题产生了兴趣。2011 年他继续随我攻读博士学位，并提出从事唐代造籍研究的计划，经认真考虑，我同意了这一选题。其后的三年里，他沉浸于其中，阅读了这一领域的相关论著和研究资料，我们也时常讨论，还共同撰写发表了《池田温先生与敦煌学》[①] 一文，试图总结池田先

① 刘进宝、孙宁：《池田温先生与敦煌学》，《敦煌研究》2013 年第 3 期。

生在籍帐研究方面的学术贡献。

孙宁的《唐代户籍编造史稿》，就是在博士学位论文的基础上增补修订而成。通观全书，可以说初步实现了作者的研究计划，即努力还原唐代三百年间户籍编造的基本情况，同时还对某些相关事项进行了细致分析。如对唐代前期户籍编造的探讨，将武德、贞观时期作为唐代户籍法令颁布、各类户籍文书出现并依法编造的初期，进而推至开元、天宝时期，将其定为唐代户籍编造制度的顶峰。彼时户籍法令得到有效的调整与维护，户籍编造十分频繁。尽管存在地域与时代差别，户籍编造在唐前期始终得到了普遍推行。这些讨论离不开传世史料与敦煌吐鲁番文书的相结合。而作者对唐后期的户籍编造周期、户等审定及编造政策等诸多变化的论述也不乏新见，指出中晚唐时期的户籍编造被赋予了更多的政治内涵。同时也认定这些变化被五代所继承，进而讨论了五代时期在户籍编造与户口统计上的努力。

孙宁此书还利用新获文书对唐代特殊户籍——僧尼籍的编造状况作了探讨。唐朝于武德九年（626）已在中原地区开始编造僧尼籍，其“三年一造”的周期与民籍保持同步，但开元年代之后发生了新变化，逐步改为“五年一造”乃至“十年一造”。在正常时期，负责地方僧尼籍编造的是县级官府，而晚唐归义军政权统治下的敦煌地区，则由河西都僧统司负责造写。作者尝试解释僧尼籍编造份额与民籍相同的原因，主要在于僧尼的人身自由与其可以占有土地。此点也有益于我们对唐代特殊户籍的认识。

孙宁的著作即将出版，他征序于我。作为导师，我既无理由推辞，又感到诚惶诚恐。因略述本人学习敦煌吐鲁番文书与唐代籍帐的学术渊源，希望孙宁继续加强唐史和中国经济史的学术修养，不断提高出土文书的研读能力，同时不要忽略经济学理论的摄取与吸收，以冀完成一部研究唐代户籍制度全貌的高水平的经济史著作。

2016 年 12 月

于浙江大学紫金港校区

目　录

绪　论

第一节　本书选题的理由与意义

籍帐一词在隋唐时期意义比较宽泛，包括各种名籍和帐簿，但基本的是户籍和计帐两类。池田温《中国古代籍帐研究》所使用的“籍帐制度”概念，已经包括了户籍的主要内容。由于传统中国实际存在着一套完整而严密的民户管理制度，故“户籍制度”一名指代明确，表述得当①。户籍的出现可以清晰地追溯到战国时代，秦献公十年（前375）即“为户籍相伍”②。又《周礼・地官》小司徒、乡师、族师诸职都涉及了户口调查与登记制度。而《地官》之媒氏掌登男女年名、《周礼・秋官》司民以“生著死削”的方式著录男女万民之数，这些规定实是后世户籍编造的滥觞。因此，本书既以唐代户籍类文书为研究对象，研究缘起即从户籍制度的重要性开始叙述。

处于一定历史时期的户籍制度同当时的政治、经济、法律等制度密切相关，户籍的内容与格式是当时社会制度和生产关系的集中体现。这是比较宏观的认识。《孟子・尽心下》指出“诸侯之宝三：土地，人民，政事”。所以，古代户籍登载的内容往往不外乎两类核心事项——人口与土地。目的上，户籍用以统计人口，并据此征发赋役，有时亦据之征收按户交纳的赀产税③。而赋役的征发能否合理和有效，是考验王朝政治乱

① 宋家钰：《唐朝户籍法与均田制研究》，中州古籍出版社1988年版，第4页。

② 司马迁：《史记・秦始皇本纪》，中华书局1982年版，第289页。

③ 张荣强：《汉唐籍帐制度研究》，商务印书馆2010年版，前言。

与治的根本标准之一，故传统户籍便一直表现出强烈的赋役特征。

然而，户籍制度与户籍类文书的丰富内容并不局限于赋役征发的角色，它是社会秩序的真切反映，在不同阶级阶层的生存状态上留下了浓重的时代印痕。小者可以考察一个个体或一户家庭的生产生活形式，中者可以讨论一乡一县或一片区域的历史现实，大者可以借此勾画整个王朝的政治经济轮廓。就历史继承性而言，该项制度从秦汉绵延至明清两千余年，不曾间断。可以说，传统户籍制度的历史比政治层面的皇帝制度还要长久一些。这又是一个带有古代中国特点的制度和发明，自始至终受到不断的维护和调整。

在观察各个王朝的发展及与之相应的籍帐制度的演变时，可以明显地看到作为支配人民的基础的户籍，是国家统治的一贯标志，集中地反映着各时代的内在矛盾。古代中国的户籍制度在世界上“无与伦比而完备”，其实际运用和动态变化，则是重要的研究课题[①]。在 1949 年后的中国经济史学界，这些出土的中古户籍实物的深刻内涵成为探讨中国封建社会形态的绝佳材料。它不仅体现了君主专制国家的内部职能，同时体现了封建依附关系的重要特征[②]。今日看来，这两点体现依然掷地有声。当然，经济剥削之外，我们也要看到户籍制度促进封建经济繁荣的一面；政治与社会控制之外，亦应赞成作为“编户齐民”的基层群众与封建国家紧密联系的一面。

再者，选取唐代作为研究时限，乃基于它处在传统户籍制度严密而完备的形成阶段。就现有史料论，我们能够看到唐代户籍制度比较完整的运行轨迹。这首先体现在造籍有法（律、令、格、式）可依，而且律令的重新制作、制敕的及时处置都对造籍规定进行不断的调整，展示了因时而变的特点，但始终有法可依。造籍程序清晰，由下到上，层层相扣。造籍年次和日期的稳定（至少唐前期），不因君主易位、年号频换、历法改变等因素受到影响。法令对户籍类文书的保护及其内容真实与否

---

① 池田温：《中国古代籍帐研究》，东京大学出版会 1979 年版；龚泽铣译，中华书局 1984 年版；本文采用中华书局 2007 年新版，第 10 页。

② 宋家钰：《唐朝户籍法与均田制研究》，中州古籍出版社 1988 年版，第 1 页。

的强制性都有明确表述。同时，这一时期户籍类文书的种类显著增多，除基本的手实、户籍、计帐外，还有与赋役紧密关联的差科簿、名籍、特别户籍（身份籍），而且各类文书之间呈现着复杂的动态关系。另外，唐代律令体系对同时期的日本产生了积极影响，日本《养老令》（保存在《令集解》中）有关户令、田令的规定可以看到唐代户籍法令的影子。因而，留存至今的日本古代户籍、计帐实物与敦煌吐鲁番户籍类文书，是展开唐日户籍制度比较研究的珍贵资料，并借以考察唐代户籍制度在古代东亚世界中的地位。

唐五代三百余年波澜壮阔的历史为户籍制度营造了持续发展的时间和环境。池田温《中国古代籍帐研究》专设“古代籍帐制度的完成与崩溃”一章，讨论了隋唐籍帐制度的发展趋势。所谓“崩溃”一方面指唐代中后期的籍帐统计中存在着严重的伪弊行为；另一方面著者的研究下限即到唐末为止，没有研究宋及宋以后的户籍与计帐制度，故言“古代籍帐制度”于唐代终结了①。之所以冠以“古代”，主要是指从商周到隋唐，“这种时代区分，正是以东京大学为中心的学者们的说法。以京都大学为中心的学者们却将隋唐作为‘中世’的结束”。② 而古代中国籍帐制度的成熟与终结，则意味着走向下一个发展阶段。至于该制度如何渐进地向封建社会后期转变，其前提是做好唐代户籍及相关制度的研究，以揭示这一转变过程。

最后，20 世纪 70 年代以来新资料的逐渐增加与文书整理出版条件的改善，为本课题的深入讨论提供了更多支持。一是唐代之前户籍类简牍或文书的出土较多，以时代先后为例，如 2005 年湖南里耶古城北护城壕出土的 24 枚秦代户籍简；2004 年湖南长沙东牌楼 7 号古井出土的 4 枚东汉末年户籍类简；1996 年长沙走马楼 11 号古井出土的近万枚孙

① 池田温认为随着以土地财产税为中心的两税法的实施，“在唐朝前期以前，全国一律采用以丁中男为对象的，均一的租调役来征税的理念下的计帐，完全转变为异质而复杂化的帐簿体制”。（氏著《中国古代籍帐研究》，第 10—11 页注释 2。）就宋代籍帐的主要种类来看，如五等丁产簿、丁帐、税租簿帐、保甲簿和赈济户口统计帐五种，与唐代情况有很大差别。（戴建国：《宋代籍帐制度探析——以户口统计为中心》，《历史研究》2007 年第 3 期。）

② 高明士：《战后日本的中国史研究》，台北明文书局 1996 年版，第 216 页。

吴时期户籍简；20世纪初新疆吐鲁番吐峪沟出土，1997年公布的《北凉承阳二年（426）高昌郡高宁县户籍》残卷；2006年新疆吐鲁番洋海1号台地4号墓出土的《前秦建元廿年（384）高昌郡高宁县都乡安邑里籍》。还有一些有关计帐（簿）的材料，如1993年江苏东海县尹湾6号墓出土的西汉成帝时期的“集簿”；2004年安徽天长安乐镇纪庄村汉墓出土的西汉武帝时期的“算簿”“户口簿”；2007年湖北荆州纪南松柏汉墓出土的“南郡新傅簿”“免老簿”“罢癃簿”；1999年湖南虎溪山汉墓出土的120余枚统计户口、田亩诸内容的简牍。这些新材料填补了古代籍帐制度形成中的时代缺环，使我们看到了唐代籍帐制度的演进之路。二是唐代材料的显著增加。吐鲁番出土文书展示了唐代主要的户籍类文书，同时，复原整理的《唐开元二十三年西州高昌县顺义乡籍残卷》《唐开元二十九年西州天山县南平乡籍残卷》验证了开元、天宝时代造籍年次的转变；《武周天授三年（692）户籍稿》展现了户籍文书的制作动态；《唐神龙三年（707）正月高昌县开觉等寺手实》及《唐龙朔二年（662）正月西州高昌县思恩寺僧籍》为户籍类文书增加了特殊的成员；等等。

需提及的是，《天圣令》的发现、整理与复原是极为难得的学术盛事[①]。《天圣令》附载的唐代田令第12、23、25、27、43、49诸条，唐代赋役令第1、6、10、12、27诸条，与户籍、手实、计帐的内容或造写都有直接关联。20世纪（尤其后二十年）唐史研究的创新与进展，很大程度上是由敦煌吐鲁番文书的出土与刊布推动的。21世纪的唐研究将是以《天圣令》为研讨中心的时代，一度有所冷落的唐宋经济史将重新进入学术视野[②]。户籍文书与《天圣令》所载相关唐令的结合研究也将是传统户籍制度研究的热点之一。

---

① 可参黄正建《天一阁藏〈天圣令〉的发现与整理研究》，载荣新江主编《唐研究》第12卷，北京大学出版社2006年版，第1—8页。

② 荣新江主编：《唐研究》第14卷卷首语，刘后滨、荣新江撰写，北京大学出版社2008年版，第6页。

第二节　国内外关于该课题的研究现状及趋势

在传世文献中，关于唐代国家编制户口簿籍的基本史料不外乎以下几种：一、《唐六典》卷 3 户部郎中员外郎条："每一岁一造计帐，三年一造户籍。县以籍成于州，州成于省，户部总而领焉（原注：诸造籍起正月，毕三月。）"二、《新唐书》卷 51《食货志》云："凡里有手实，岁终具民之年与地之阔狭，为乡帐。乡成于县，县成于州，州成于户部。又有计帐，具来岁课役以报度支。"三、《册府元龟》卷 486《邦计部·户籍》开元十八年十一月敕称："诸户籍三年一造，起正月上旬，县司责手实、计帐，赴州依式勘造，乡别为卷，总写三通，其缝皆注某州某县某年籍。"以上记载叙述了唐代国家编制的户口簿籍主要有三种：手实、计帐、户籍。除了编制时间和程序不同之外，这三者具体的内容、格式与内在区别无法征考。清季世变以来，新资料的发现改变了研究状况，敦煌吐鲁番文书中保存了较为完整的手实、计帐、户籍实物，使我们得窥唐代户籍类文书的真面貌，推进了唐代籍帐制度的研究，成为认识唐代政治经济制度的一个重要介质。

宋家钰认为广义的籍帐是登录各类人口的姓名、年纪、身状和财物出纳的名籍与簿帐。这是从战国至唐代逐渐形成的两大系列重要官府文书。敦煌文献中各种名籍、户籍、田籍、帐簿等均是这类官府档案。它有各种名称，如籍书、籍簿、簿帐、名历、簿历、文帐等，一般泛称文书或籍、帐、簿，彼此通用；狭义的则指西魏至唐户籍与计帐的简称。唐《户令》规定的各州县一年一造的计帐、三年一造的户籍，以及与此相关的名籍、簿帐，是官府各类籍帐中数量大又独具特征的文书[①]。又，户籍的实际所指比较驳杂，如邢义田分析秦汉户籍指出："所谓户籍只是一个总的概念和名称，实际上和户籍相关的有多种不同内容和名称的簿

① 季羡林主编：《敦煌学大辞典》"籍帐"条，宋家钰撰，上海辞书出版社 1998 年版，第 402 页；并参宋家钰《唐朝户籍法与均田制研究》，第 70—75 页。

籍。"[①] 有鉴于此，本书以"户籍类文书"这一概念指代目前所见唐代的以人口为登录核心、具有一定赋役特征的籍帐，以区别于"物"的籍、簿、帐、历等文书[②]。

一 敦煌吐鲁番户籍类文书的介绍与刊布

中国古代户籍原形首次为人所知，源自1915年大英博物馆詹姆斯·翟理斯（James Gils）对西凉户籍残卷的研究介绍，发表于法国《通报》杂志。同时，内藤湖南、羽田亨等人将日本大谷探险队从新疆各地带回的资料进行整理，出版了《西域考古图谱》两册，其中附有户籍文书的照片。

1924年，罗振玉、罗福颐父子纂集的《沙州文录补》刊布了数件户籍、手实和户状等文书。这些文书是英国所藏，首先经日本学者狩野直喜、滨田耕作手录的。1925年，刘复（半农）辑录的《敦煌掇琐》出版，中辑"家宅田地"部分载有敦煌户籍的录文。1928年10月第29期、1929年7月第55期《艺林旬刊》刊布吐鲁番户籍残卷照片两件：《唐天山县户籍残本》与《唐开元户籍残本之二》，并有无名氏题跋[③]。1936年，陶希圣主编的《食货》杂志在第4卷第5期推出《唐代户籍簿丛辑》的专辑，收集了当时散见于中日书籍、杂志的二十件敦煌户籍、丁籍(今称"差科簿")。陶氏于《小序》中指出户籍、丁籍重要的经济史价值。该期《食货》杂志推进了20世纪五六十年代的经济文书研究，也成为后来资料汇集的先行者[④]。1939年，罗振玉《贞松堂藏西陲秘籍丛残》影印了"先天大顺等户籍四种"。

20世纪60年代初，由中国科学院历史研究所资料室辑录的《敦煌资

① 邢义田：《龙山里耶秦迁陵县城遗址出土某乡南阳里户籍简试探》，简帛网，2007年11月3日。

② 李锦绣《敦煌吐鲁番文书与唐史研究》第二章"户口管理及家庭"介绍敦煌吐鲁番籍帐文书的研究时，直接使用了"户籍类文书"一词，福建人民出版社2006年版，第54—55页。

③ 荣新江：《唐开元二十九年西州天山县南平乡籍残卷研究》最早揭示，《西域研究》1995年第1期。

④ 李锦绣：《敦煌吐鲁番文书与唐史研究》，第55页。

料》第一辑出版，收有户籍录文36件、名籍14件、地亩4件，涵盖的社会经济面较广。该资料是中国当时此项研究的唯一资料。

1968年，德国学者托马斯·泰勒将柏林所藏户籍残片全部附图刊行，并辅以德文解说①。1983年，苏联出版了《敦煌汉文文书》第一卷，是由丘古耶夫斯基将圣彼得堡东方研究所分所藏的籍帐资料整理编辑的。这部完整汇录圣彼得堡社会经济文书藏品的著作，计73件文书，分为四部分：籍帐21件、赋役文书和租佃关系文书15件、寺院文书18件、贷粮文书19件。每部分开头都有导言，按时间顺序对所刊文书进行综合叙述。然后，对每件文书，先作写本现状描述和录文翻译，进而对文书的年代、性质、用途、来源及相关问题进行考释，并充分注意到了纸张、书法用语、人名、地名、印章等信息，还同其他写卷进行对比，结论可靠②。2000年，中国学者王克孝翻译了该书，由上海古籍出版社出版。

1979年，池田温的《中国古代籍帐研究》由东京大学出版会出版。该书分为录文与概观两部分，其中录文部分拼合、辑录了各地出土与收藏的大量户籍、计帐类文书以及相关的官文书、寺院文书300余件。池田氏广泛收集了唐及唐以前以后的户籍、手实、计帐、户状等文书，录文规范，定名谨慎，注释详细，是被广泛应用的敦煌吐鲁番社会经济文书录文集，也是敦煌吐鲁番文书整理的划时代成果。周一良将本书与同作者的《中国古代写本识语集录》一道称为“巨大完备的结集”③。这本书对“文革”刚刚结束的中国史学界大有裨益④。随后，山本达郎、土肥义和合编的《敦煌吐鲁番社会经济文书集》第二编《户籍编》在池田著作的基础上进一步收集了该类资料，图版清晰，校录与解题亦属上乘，使

① ［德］托马斯·泰勒：《敦煌中国户籍残篇》，《德国柏林科学院东方研究所通报》14—2，1968年；《唐朝敦煌中国户籍残篇》，同刊16—1，1970年。

② 王克孝：《评丘古耶夫斯基对敦煌所出某些籍帐文书的考释》，《魏晋南北朝隋唐史资料》1993年第12期；收入北京图书馆敦煌吐鲁番学资料中心等编《敦煌吐鲁番学研究论集》，书目文献出版社1996年版，第225—243页。

③ 《日本学者研究中国史论著选译》第1卷《序言》，中华书局1992年版，第5页。

④ 李锦绣：《敦煌吐鲁番文书与唐史研究》，第58页。

用英文解说也是一大特色[①]。

20 世纪 80 年代，学界在出土文书的整理与介绍方面迈入一个新时代。唐耕耦、陆宏基《敦煌社会经济文献真迹释录》第 1—5 辑相继出版，书中配有大量图版与照片，下附录文，后缀以部分注释，层次清晰，态度严谨[②]。其中，第 2 辑收录了户籍、田簿等文书。该录文至今被广泛利用。1984 年，中华书局出版了龚泽铣翻译的池田温《中国古代籍帐研究》一书的研究部分，池田氏对中国古代籍帐的系统研究被介绍到中国。但是占著作过半以上的录文部分由于印刷技术的原因，不包括在译文之中[③]。因此，池田著作中附录的大量极有价值的敦煌吐鲁番户籍、计帐、差科簿等文书录文被省略。2007 年，中华书局重新出版该书的完整版，弥补了这一缺憾。

1983 年到 1991 年，唐长孺领导的整理小组编辑的《吐鲁番出土文书》第四至第十册由文物出版社连续出版。这批文书源自吐鲁番阿斯塔那和哈拉和卓两个古墓群。其中收载了近 40 年吐鲁番发现的唐代户籍、手实、计帐文书多种，尤其是户口帐的发现，极大促进了户籍类文书的深入研究。1992—1996 年，文物出版社又出版了《吐鲁番出土文书》图录本四大册，上图下文，图版高度清晰，便于观察文书的具体形制。同时，小田义久编的《大谷文书集成》（一）、（二）相继出版[④]，收录了编号为大谷 1404、1054“唐代西州籍”，1051“西州高昌县籍”，3272、3279 等“唐代西州籍”，3249、3821 等“唐代交河郡籍”的图版和录文。

至此，70 余年的敦煌吐鲁番地区出土的主要籍帐文书刊布工作几告完成。

20 世纪八九十年代尚有对散见户籍文书的整理介绍。郑必俊校录并

---

① 这部优秀的录文集是以英文命名和解说的，*Tun - huang and Turfan Documents Concerning Social and Economic History*. Ⅱ *Census Registers*. 东洋文库，1984—1985 年版。

② 唐耕耦、陆宏基：《敦煌社会经济文献真迹释录》第 1 辑，书目文献出版社 1986 年版；余下各辑，全国图书馆文献缩微复制中心，1990 年。

③ 《中国古代籍帐研究》中译本《著者序言》。

④ 日本京都法藏馆 1984 年、1990 年版。

考释了俄藏唐开元张掖县籍[①]。王克孝对丘古耶夫斯基的整理工作进行了补充，将“开元七年敦煌县龙勒乡籍”、“开元廿三年张掖县户籍”、“8世纪前半期西州户籍残卷”等重新拼缀、定名、录文[②]。陈国灿《斯坦因所获吐鲁番文书研究》整理释录了“唐（公元7世纪后期）西州高昌县籍”、“唐（开元年代?）西州高昌县籍”、“唐开元十六年（728）西州籍”、“唐天宝间交河郡户籍残片（一）、（二）”[③]。荣新江《唐开元二十九年西州天山县南平乡籍残卷研究》根据文书背面内容，结合20年代《艺林旬刊》发表的吐鲁番户籍残卷，重新复原北大图书馆残卷，并附带介绍了1994年以前已经刊布的敦煌吐鲁番唐代户籍简目，便于检索[④]。同作者的《唐开元二十三年西州高昌县顺义乡籍残卷跋》[⑤]介绍了德藏Ch2405户籍残卷，利用新见照片弥补阙文，肯定了文书的定名与定年。柳洪亮《新出吐鲁番文书及其研究》校录了“唐残籍”、“武周西州柳中县户籍残卷”两件，均无纪年[⑥]。

21世纪以来，吐鲁番地区出土了一些很有特色的户籍类文书，重要而完整的有：2004年阿斯塔那398号墓出土的《武周天授三年（692）户籍稿》、2006年阿斯塔那607号墓出土的《唐神龙三年（707）正月高昌县开觉等寺手实》、2004年巴达木113号墓出土的《唐龙朔二年（662）正月西州高昌县思恩寺僧籍》、2006年洋海一号台地四号墓出土的《前秦建元二十年（384）三月高昌郡高宁县都乡安邑里籍》[⑦]。从这四件文书的定名和性质看，它们为中古时代籍帐制度的演进提供了不可多得的材料。

---

① 郑必俊：《介绍唐开元张掖籍残卷并校释》，北京大学中国中古史研究中心编《敦煌吐鲁番文献研究论集》第3辑，北京大学出版社1986年版，第603—612页。

② 王克孝：《评丘古耶夫斯基对敦煌所出某些籍帐文书的考释》，《魏晋南北朝隋唐史资料》1993年第12期。

③ 本文采用该书的修订本，武汉大学出版社1997年版，第390—391、392、442、471—472页。

④ 《西域研究》1995年第1期。

⑤ 《中国古代社会研究——庆祝韩国磐先生八十华诞纪念论文集》，厦门大学出版社1998年版，第140—146页。

⑥ 《新出吐鲁番文书及其研究》，新疆人民出版社1997年版，第81、100—101页。

⑦ 荣新江、李肖、孟宪实主编：《新获吐鲁番出土文献》，中华书局2008年版，分别见于第17、53、61—62、177—180页。

而2006年征集的吐鲁番《唐开元四年（716）后西州高昌县宁昌乡逃死名籍》，是钤有“高昌县印”的官文书，现存长安二年至开元四年间宁昌乡死、逃、没落人口的丁中、男女、良贱等信息。同年征集的《唐西州破除名籍》的死亡人口多是“五九”之人（谓年龄十九、四十九、五十九、七十九、八十九者，与赋役征发蠲免有极大关系），有伪滥之嫌①。这两件文书与当时户籍人口的统计有密切关系。

二　唐代户籍文书与户籍制度研究现状

（一）手实

唐代户籍研究的肇始之作是王国维《唐写本敦煌县户籍跋》一文，考察了英藏S. 514大历四年（769）手实②。王国维根据传世记载，确定大历四年是定户之年，逐一考释了户主、老寡、废疾、中女等身份，以及甲头、户等、课户、“大历二年帐后编附”的含义。然后援引《唐会要》卷八五所见开元十八年敕，说明户籍、手实的编造过程，押缝处印记，认为户籍是以定籍之年名之，而不以造籍之年名之。跋文以唐代史籍与文书比照对勘，对文书中的名词术语，户籍、手实、计帐三者间的关系展开讨论，揭示制度的细节及实际执行情况。王国维的研究是这一领域的奠基之作③。

由于敦煌文书中标明手实的只有S. 514这一件，全称《沙州敦煌县悬泉乡宜禾里大历四年手实》。该手实又几乎和正式的户籍无甚差别，因此早年中日学者对唐代手实的形制及相关问题的研究难以深入。20世纪70年代吐鲁番出土了数件唐初手实文书，如阿斯塔那78号墓出土的《唐贞观十四年（640）西州高昌县李石住等户手实》等④。手实实物的增加，使这一类的研究走向深入。宋家钰对手实制度的研究举足轻重。他认为唐代手实基本从汉制演变而来。手实是手状一类文书，具有如下特征：

① 荣新江等主编：《新获吐鲁番出土文献》，分别见于第328—329、352页。

② 载王国维《观堂集林》卷十七，增订本卷二十一，可参中华书局1961年版，第1027—1033页。

③ 李锦绣：《敦煌吐鲁番文书与唐史研究》，第62页。

④ 唐长孺主编：《吐鲁番出土文书》第4册，文物出版社1983年版，第71—73页。

以户主名义上报，涉及家口、土地核心信息，户主保证上报内容属实，按政府规定日期责令百姓申报，手实申报时间与编造户籍保持一致等。他还对唐代手实文书进行了整体归纳，分为初唐、吐蕃占领敦煌时期、大中时期、大顺时期四个时期，并指出唐初手实侧重户口；中唐时期的手实内容趋于完备，户口土地并重；晚唐五代之际的手实有所简化，侧重于土地。唐代手实随着户籍和赋役制度的变化，既可用于单独申报户口，也可用于土地的侧重申报，超出了为编造户籍而责令民户提供的本来意图[①]。朱雷的研究贡献有以下几点：（1）手实制造之际，有“巡儿”搜查，具有一定的括客职能；（2）手实不能由户主任意申报，而取决于团貌。团貌而造的“貌定簿”是直接为制定手实提供“年”与“状”的根据，户籍依手实而定；（3）手实一年一造；（4）唐人重户籍，必重手实，一个登载完备准确的手实是建立一个完备而又准确的户籍的基础，因此手实申报具有法律的强制性[②]。针对朱雷的观点，宋家钰则持反对意见：手实的基础不来自团貌，律令条文未规定将貌阅结果用于手实的编造；团貌的结果不是注于貌定簿，而是注定于簿籍；手实是配合户籍编造的需要而三年一造，并非一年一造。

李正宇指出 S. 3287 号“子年百姓氾履倩等户籍手实牒”是民户手实。他把 S. 3384“唐大顺二年翟明明户籍残卷”等定为“里手实”，是里正整理上报和留档的文本，又将著名的大历四年手实定性为县级手实[③]。王克孝从俄藏“广顺二年（952）正月一日百姓索庆奴户状”入手，认为同五代末期宋初沙州诸户状文书的书式和内容基本一致，仍然

---

① 宋家钰：《唐代的手实、户籍与计帐》，《历史研究》1981 年第 6 期；《唐代手实初探》，载中国社会科学院历史研究所魏晋南北朝隋唐史研究室编《魏晋隋唐史论集》第 1 辑，中国社会科学出版社 1981 年版，第 210—231 页；氏著《唐朝户籍法与均田制研究》第 3 章收入了有所修改的《唐代手实初探》，材料有所增加，但基本观点不变。

② 朱雷：《唐代“手实”制度杂识——唐代籍帐制度考察》，载武汉大学历史研究室编《魏晋南北朝隋唐史资料》第 5 辑，1983 年内部发行。后收入氏著《敦煌吐鲁番文书论丛》，甘肃人民出版社 2000 年版，第 97—112 页。

③ 李正宇：《吐蕃子年（808 年）沙州百姓氾履倩等户籍手实残卷研究》，载《1983 年全国敦煌学术讨论会文集》（文史·遗书编）（上册），甘肃人民出版社 1987 年版，第 176—218 页。

属于手实性质。书式上，它们保留了原状末的年月日和户主姓名，简化了原来手实上的保证辞和公文套语，但与大历手实有异，即在纪年中加注干支，而且皆造于正月一日。内容上，仍是户口、土地的申报，只是更加简化，是从大历年间手实向五代赵宋过渡的形式。这些变化说明五代之后的户籍与赋役制度与唐代是完全不同的格局①。孙继民指出“户状”文书值得进一步研究，认为它跨越唐五代宋初，揭示了唐代民户申报文书由手实到户状、由唐代户籍到宋代地籍的发展轨迹和演变线索。敦煌户状文书反映了唐代籍帐制度演变的最终归宿，提供了与中原地区簿籍制度对比研究的样本，是类似于或曰接近于宋代“五等丁产簿”和“户产簿”的簿籍文书，堪称敦煌版的“五等丁产簿”和“户产簿”②。

孟宪实利用吐鲁番新出唐代神龙三年的开觉等寺手实残卷把唐前期包括武则天时期在内的手实分为五个时期，较宋家钰的分期更为细化：第一期是贞观十四年（640）手实，包括阿斯塔那78号墓出土的比较完整的李石住和安苦知延两份手实，以及阿斯塔那103号墓出土的《唐贞观某年西州某乡残手实》；第二期手实也属于贞观时期，含有哈拉和卓39号墓出土两件手实，命名为《唐贞观年间（640—649）西州高昌县手实》及阿斯塔那152号墓的两件《唐残手实》；第三期手实现存证据较少，阿斯塔那119号墓出土的《唐西州高昌县手实》具有相关特征，还包括阿斯塔那332号墓出土的一件唐残手实；第四期是武则天时代，是《武周载初元年（690）西州高昌县宁和才等户手实》，也是唐代前期保存完整的一件手实；第五期是后武则天时代，新发现的开觉等寺手实是这一时期的代表。他认为从这五个时期手实的外部形态看，可发现手实的发展变化是越来越严格的趋势，但基本内容均相对稳定，主要由人口、土地和誓词声明三部分构成；武则天时期的手实并不对土地的性质做规定，倾向于控制人口，反映了武周时期逃户问题的严重性。并依据新发现的“开觉等寺手实”认为，神龙复辟以后，一切制度虽然恢复高宗时代，但

① 王克孝：《评丘古耶夫斯基对敦煌所出某些籍帐文书的考释》，《魏晋南北朝隋唐史资料》1993年第12期。

② 孙继民：《唐宋之际归义军户状文书演变的历史考察》，《中国史研究》2012年第1期。

手实的式样并没有完全回到高宗时代[①]。

（二）户籍法令整理与户籍研究

仁井田陞继续中田薰复原唐代户令的工作，完成了《唐令拾遗》一书。他参照日本《（养老）令集解》户令篇的条文次第，复原唐户令四十八条[②]。1973 年，菊池英夫发表《唐令复原研究序说——特别是关于户令、田令的复原研究》和《唐代史料中令文和诏敕的关系——〈唐令复原研究序说〉之一》等文[③]，深入研究了唐令的篇目、户令条文的次序和户令的性质，并研究了有关诏敕。针对仁井田氏复原的部分唐户令条文存在的问题，作了十分有益的探讨和补充。他认为必须承认唐户令有着统一规律，也就是规定与官人等级相适应的地方区划行政等级。它以户数为标准，其次是关于“户”的基本条件、户籍上的除附和户籍、计账等基本底账的编造、保管等规定。为了确认户口的变动，还规定了有关婚姻、离婚、分家分产的条件。这表明户令的性质，具有今天所谓家族法、亲族法、财产继承法的要素。但它是地方行政的规定，与今之私法有很大的区别。宋家钰《唐朝户籍法与均田制研究》对日本学者的研究作了介绍和总结。他对唐令复原中涉及的日唐行政组织不同、州县乡里次序、户主和不课户、四邻五保制度、逃户租调代输、造计帐和貌阅等问题与条目的复原进行了辨正。认为户令与户籍法的规定有密切关系。其中有的具有行政法规性质，有的具有民事法规性质，不能认为它基本上是地方行政的规定。封建国家专门在户令中制定这些以民户为主要对象的规定，是为了统治管理民户，反映了广大农民对国家的依附关系。

在户籍法的研究方面，宋家钰讨论了唐初王朝的统治政策与户籍法的立法精神，并结合唐律与唐令的有关内容，考察了唐朝户籍法。认为唐律关于户籍制度的规定，主要是在名例律、户婚律、斗讼律、诈伪律及捕亡等律中，内容主要为：（1）脱漏户口及增减年状法；（2）家长、户主尊长的确定；（3）逃亡法；（4）相纠互保缘坐法；（5）析户合户

---

① 孟宪实：《新出唐代寺院手实研究》，《历史研究》2009 年第 5 期。

② ［日］仁井田陞：《唐令拾遗》，栗劲、霍存福、王占通、郭延德编译，长春出版社 1989 年版，第 123—174 页。

③ 分载《东洋史研究》第 31 卷第 4 号，《北海道文学部纪要》第 21 卷第 1 号。

法；（6）继承法等。陈炯总结了唐律对户籍管理的特点：（1）编造户口与赋役征纳相结合；（2）用科刑的方法加强户籍管理；（3）管理规定深受儒家道德观念影响，礼刑并用；（4）稳定性与灵活性相结合。他认为唐律总结了历代立法和实践经验，在户籍管理上订立了一套系统化严密化的制度[①]。

《天圣令》所附唐代田令、赋役令分别由宋家钰、李锦绣整理复原，为唐代户籍类文书，尤其是文书内容的讨论提供了一些直接或间接的法令依据[②]。以上是关于户籍法令的研究。

王国维对大历手实的研究揭开了唐代户籍类文书讨论的大幕[③]。与此同时及其后，日本学者积极探讨了唐代户籍制度。玉井是博广泛收集敦煌户籍文书并加以分类研究，认为敦煌未必能在所定之年造出户籍，并从中得出在天宝三载到六载之间，计帐和户籍的编造尚能依照规定，但在大历之世已经弛废。[④] 仁井田陞在《唐宋法律文书研究》第十五章中分析了唐前期户籍具有十二项内容。铃木俊指出丑辰年的造籍规定从天授三年至大足元年成立，开元后瓦解，天宝之后不再是造籍的标准年[⑤]。佐竹靖彦归纳了户籍的标准形式及中晚唐户籍类文书的格式，认为两税法实施后敦煌户籍文书的变化不大[⑥]。土肥义和考察了现存的敦煌吐鲁番各时期户籍的书写格式、书式细节、传写过程等，注意到了户籍纸缝的官印、户籍中大字的使用、给田记载的书写形式，并专门探讨了敦煌开元

---

① 陈炯：《唐律户籍管理的特点》，《中国人民警官大学学报》1989 年第 1 期。

② 令文内容有校录本、清本两种形式，以前者为准，唐代田令、赋役令条文可参天一阁博物馆、中国社会科学院历史研究所《天圣令》整理课题组《天一阁藏明钞本天圣令校证（附唐令复原研究）》下册，中华书局 2006 年版，第 254—263、268—276 页。复原思路可参本册的“唐令复原研究”部分。

③ 他的《宋初写本敦煌县户籍跋》也是户籍研究的肇始之作，载《观堂集林》卷十七，增订本卷二十一，第 1033 页。

④ 玉井是博：《敦煌户籍残简》，《东洋学报》16—2，1927 年；《再论敦煌户籍残卷》，《东洋学报》25—1，1937 年；万斯年译，载《唐代文献丛考》，开明书店 1947 年版，第 1—25 页。

⑤ 铃木俊：《户籍制作年代与唐令》，《中央大学文学部纪要》1957 年第 9 期。

⑥ 佐竹靖彦：《唐末宋初敦煌地区户籍制度的演变》，《冈山大学法文学部学术纪要》1970 年第 30 期。

四年籍、十年籍的外在风格、给田记载等①。日野开三郎讨论了手实、计帐、户籍的编造与貌定的关系②。

对于户籍类文书的集大成研究是池田温的论著。他的《现存开元年间籍帐的考察》依据西州户籍，认为从武德六年（623）到开元年间（713—741）严格执行了三年一造的制度，造籍年在开元二十年发生了变化。同时，他解释了“转前籍”中的年龄推算方式，指出武周开元初籍帐松弛反映了逃户增多的现实，宇文融括户对开元十年籍的显著影响③。其《中国古代籍帐研究》第三章“古代籍帐制度的完成与崩溃”则专门研讨了隋唐时期籍帐制度的变迁，总共包括六节内容：（1）隋代籍帐的完备；（2）唐代的造籍：造籍规定、手实与手实计帐、户籍的外形与书式、貌定与定户、造籍年次、特别身份籍、计帐；（3）开元敦煌籍中所出现的检括的痕迹：武周、开元初年籍帐的松弛、开元十年籍草稿中所见到的检括和征兵、见于开元四年籍抄录中的检括、宇文融括户政策的一面；（4）天宝敦煌籍中所出现的伪滥倾向：每户口数的增大、男女数的不均衡、伪籍的原因；（5）敦煌差科簿的变迁——丁中掌握的松弛：差科簿研究史、文书原形、文书的年代、差科簿的登录对象、破除与见在、差科簿的编制手续、年龄分布与老小登簿、差科簿中出现的乡间的差异、差科的特质、大历差科簿的形骸化；（6）安史乱后籍帐的荒废倾向——以大历四年敦煌手实为线索：大历手实的外形、登载户口的激减、田土登录的名目化、与全国统计的关联。其中，第二部分的七个方面比较全面地考察了唐代的造籍问题，而“户籍的外形与书式”一节讨论了户籍的纸质、书体、装订、编造、保存及籍帐钱等问题，并比较了沙州籍和西州籍在书式上的具体不同。在特别身份籍上，简略介绍了宗室、奴婢、僧道、外国来华僧人等依法造籍的情况④。

---

① 土肥义和：《从唐令看现存唐代户籍的基础性研究》（上、下），《东洋学报》52—1、2，1969年。

② 日野开三郎：《唐代租庸调研究》Ⅲ课输篇下《增减年状和貌》，汲古书院1977年版，第509—523页。

③ 载《东洋史研究》35—1，1976年。

④ 本文采用龚泽铣译本的完整版本，即中华书局2007年版。

在造籍年份上，宋家钰认为在开元十九年之前，始终执行丑、辰、未、戌的造籍规定。并依据俄藏张掖县开元二十三年户籍残片，确定开元二十三年是造籍年，从而推断至天宝十四载之前，都是寅、巳、申、亥年造籍，仍然三年一造。他解释造籍之所以在从开元十九年起后推一年，乃由于开元十八年敕文将原来十一月造籍改为正月造籍。同时，他还提出唐代户籍年份是以准备造籍之年得名的，而不是前引王国维所说的“定籍之年”。他的具体观点还有：唐朝户籍形制承袭北魏，由户口籍和田地籍两部分构成，户籍登记土地与课役有关；户籍由州还是由县勘造的记载差异乃因制度的变化所致；户籍可分为基本内容（名籍、田籍）和非基本内容（脚注），并揭示了脚注在唐前期的变化；分期讨论了户籍形制，唐前期登记户口土地由简到详，唐后期因两税法和土地制度的变化，才导致户籍简化、松弛、不限制土地的特征[①]。韩国磐在分析出土唐代籍帐上的各年代信息后，强调了唐代官方对户籍的重视和积极勘造[②]。张泽咸指出编制户籍和三年一定户等的原则，在两税法时期大体上沿袭下来，没有随着赋役制度的大变而变[③]。

户籍类文书研究的又一个热点是《唐神龙三年西州高昌县崇化乡点籍样》，《吐鲁番出土文书》第7册刊布了这件特别文书的全部录文[④]。土肥义和、池田温认为文书内容与均田制下的土地还授有所联系[⑤]。杨际平持不同意见，指出文书重点登录的只是丁中人口而不是全部应授田的人口，是出于赋役负担方面的需要制定的[⑥]。随后，池田氏更系统地考察了

---

① 宋家钰：《唐代的手实、户籍与计帐》，《历史研究》1981年第6期，并参氏著《唐朝户籍法与均田制研究》。

② 韩国磐：《唐籍帐残卷证明了唐代造籍均田之勤》，载中国敦煌吐鲁番学会编《敦煌吐鲁番学研究论文集》，汉语大词典出版社1990年版，第97—132页。

③ 张泽咸：《唐五代赋役史草》，中华书局1986年版，第292页。

④ 唐长孺主编：《吐鲁番出土文书》，文物出版社1986年版，第468—484页。

⑤ 土肥义和：《唐天宝年代敦煌县受田簿断简考——与田土还授问题相关联》，《坂本太郎博士颂寿纪念日本史学论集》上卷，吉川弘文馆1983年版；池田温：《唐代均田制的一则考察》，《东洋学报》第66卷1—4号特辑，1985年，译文（孙继民译）收入氏著《唐研究论文选集》，中国社会科学出版社1999年版，第312—335页。

⑥ 杨际平：《敦煌吐鲁番出土经济文书杂考（三题）》，《中国社会经济史研究》1987年第1期。

点籍样，认为“点”即核查之义，“点籍”即核对户籍，“样”是标本。在崇化乡等地制作点籍样而保管于高昌县的文书，“可以远为简便地利用于户口的统计、征税、征兵及给田等诸项民政，能够在神龙三年推动改革县政中起重大作用”[①]。朱雷在上述研究上，进一步探讨了“点籍样”制度的用途及产生时代。他认为点籍样的“样”乃指点籍的标准，是据简点户籍后所作的文簿，点籍样的重要特征是重视户内成员的丁中男口。他还比较了点籍样文书与天宝年间敦煌县洪润乡授田簿残卷（土肥义和、池田温拼合）的异同，认为敦煌这组文书也应是天宝时期敦煌县实行点籍样制度的证明。这两者之间的不同可用西州、沙州户籍书式的差异和武周至天宝年间户籍编造制度的演变来解释。点籍样的目的是整顿户籍伪滥，很可能与武则天、唐中宗之际的括户有关，是必要时采取的临时性检籍措施，不同于既有的手实、户籍勘造[②]。

另外，朱雷根据有限的史料记载和部分出土文书，对唐代籍坊的名称来源和含义进行了考证，认为吐鲁番文书中出现的籍坊，唐代州或府、县均有设置，并有“典”专门职掌，除保存户籍之外，还具有记载、调查、核对户籍等功能。他还推测户籍中将“析生新附”置于旧户后，并依次编附的工作也由籍坊承担[③]。

郑必俊比较了张掖县籍与敦煌吐鲁番籍的异同，探讨了户籍所反映的勋田问题[④]。张荣强指出唐代吐鲁番户籍将成年在室女子称为“丁女”，而敦煌户籍将其称作“中女”，这种称谓上的不同，应源于两晋南朝与北朝之间因土地、赋役制度不同造成的课役身份的差异。依据“丁从课役”

---

① 池田温：《神龙三年高昌县崇化乡点籍样》，载《中国古代的法和社会——栗原益男先生古稀纪念论集》，汲古书院1988年版。

② 朱雷：《唐代“点籍样”制度初探——吐鲁番、敦煌两地出土“点籍样”文书的考察》，原载唐长孺主编《敦煌吐鲁番文书初探二编》，武汉大学出版社1990年版；收入氏著《敦煌吐鲁番文书论丛》，第113—138页。

③ 朱雷：《唐“籍坊”考》，《武汉大学学报》1983年第1期，收入氏著《敦煌吐鲁番文书论丛》，第139—149页。

④ 郑必俊：《介绍唐开元张掖籍残卷并校释》，载《敦煌吐鲁番文献研究论集》第3辑，第603—612页。

的原则，北朝均田制下的女子只有在出嫁后才能依附于丈夫受田、纳课；未出嫁或丧夫归宗的女子不受田、纳课，亦不能称“丁”。两晋南朝则不同，女子到法定年龄就要承担课赋，成丁与否不以结婚为必要条件。敦煌户籍的称谓符合北朝以及承此而来的隋唐丁中制度，吐鲁番户籍的载录则是西晋、十六国制度的遗存[①]。他的研究从制度层面挖掘了敦煌吐鲁番户籍细节上的又一个差异。其《〈前秦建元二十年籍〉与汉唐间籍帐制度的变化》以一个较长时段的视角，从造籍日期与财政年度的调整、籍贯书式与造籍制度的演进、户籍文书类型及其功用的转变三个方面考察了籍帐制度如何演进成唐代的形式。他强调汉唐之间籍帐制度发生的一些变化，如造籍的日期与农业种植结构变动引起的财政年度调整有关。而更重要的是，如造籍程序、造籍年限及户籍文书类型等方面的变化与书写材料的变革有着直接或间接的关联。

造籍日期的讨论。宋家钰一直坚持年底修手实的观点[②]。顾乃武、潘艳蕊就《通典》《唐六典》的相关记载认为，开元十八年之前的造籍时间是在造籍年的六月到八月[③]，与出土户籍实物所显示的完全不同。张荣强《唐代造籍日期辩正》从唐代户籍的内容、功能及性质等方面判定，正常情况下唐前期的造籍时间只能在正月，并具体限定在开元十八年之前[④]。孟宪实根据新发现的《唐高宗龙朔二年（662）正月西州高昌县思恩寺僧籍》，再据手实与户籍同年编造的规律，可以肯定至晚到高宗时期，编造户籍的时间已经从年终改作年初[⑤]。

宋家钰在系列讨论的基础上形成了《唐朝户籍法与均田制研究》一书，以户籍制度的产生和发展、唐朝户籍法的基本内容、手实制度与手实文书、户籍的编造与户籍文书、计帐制度与计帐、手实户籍计帐的区

① 张荣强：《唐代吐鲁番籍的“丁女”与敦煌籍的成年“中女”》，《历史研究》2011年第1期。

② 参见宋家钰《唐朝户籍法与均田制研究》，第98页。

③ 顾乃武、潘艳蕊：《唐代造籍日期考》，《中国史研究》2005年第3期。

④ 载《河北学刊》2010年第1期，以《也谈唐代的造籍日期问题》为名收入氏著《汉唐籍帐制度研究》。

⑤ 孟宪实：《新出唐代寺院手实研究》，《历史研究》2009年第5期。

别与相互关系及唐户籍计帐制度比较等六章，较为全面地讨论了唐代户籍制度。

（三）计帐

关于唐代计帐文书的研究，源自山本达郎对敦煌文书 S. 613 背面的拼合与考释，定名为“西魏大统十三年计帐式文书”[①]。之后，学界就以此作为西魏计帐的实证，并借此推论唐代计帐的形制和内容。他还肯定了大足元年敦煌县户籍中登录赋税的实例，否定了日本学界普遍认为的有赋税记载即为计帐的观点[②]。

由于材料的限制，中国学者对唐代计帐的形式与内容也多有猜测。韩国磐认为手实、计帐、户籍皆是户口帐簿[③]。黄盛璋指出乡帐和计帐都是财政预算文书，户籍是根据计帐编制的[④]。郭道扬则认为计帐是一种具有预算性质的经济帐目，根据户籍资料和国家规定的收入项目而归类计算编制的。它是检查和落实各项赋役收入的重要依据。[⑤] 宋家钰认为唐代的计帐是由课役预算和户口统计两部分组成，有户部计帐、州计帐、县计帐三种形式，内容繁简有别。户部大计帐依州、县计帐逐级编成之外，县计帐依据的是户籍，但计帐比户籍为简，因不登载土地而可一年一造，与《唐六典》卷三“造户籍口别一钱，造计帐户别一钱”的规定吻合。县计帐是最低一级也是最原始的计帐，它为更高一级的计帐编造提供资料，同时也是官府向民户征收课税、差发徭役的凭据。在参考古代日本“延喜式”及其他一些计帐的基础上，推测了州县计帐的形式。他的《唐朝户籍法与均田制研究》一书又认为上述三种计帐都可称作带有“总计性质”的大计帐，并且唐代州县还存在着相当于日本郡司国司编制的

---

① ［日］山本达郎：《敦煌发现计帐式的文书残简——大英博物馆所藏斯坦因带来汉文文书六一三号》（上、下），《东洋学报》37—2、3，1954 年。［日］池田温《中国古代籍帐研究·录文》谨慎地定为“〔西魏大统十三年〕（547）瓜州效谷郡？〔计帐〕”，第 6 页。

② ［日］山本达郎：《敦煌发现的大足元年籍和汉书刑法志》，载《铃木俊教授还历记念东洋史论集》，1964 年。

③ 韩国磐：《隋唐五代史纲》修订本，人民出版社 1978 年版，第 173 页。

④ 黄盛璋：《唐代户口的分布与变迁》，《历史研究》1980 年第 6 期。

⑤ 郭道扬：《中国会计史稿》，中国财政经济出版社 1982 年版，第 283 页。

"计帐手实""计帐历名"一类专门登载名籍、分户统计的明细帐[①]。

吐鲁番出土的"户口帐"文书刷新了学者们对唐代计帐制度的认识，引起了新的探讨。唐长孺及其团队首先给这批文书以户口帐的定性，他本人作了精彩的考释。在《唐西州诸乡户口帐试释》[②]一文中，根据十七件吐鲁番出土的唐代西州诸乡户口残帐，分析总结了户口帐的帐式、类别，户口帐与计帐，不课口和奴婢、部曲、客女，课丁见输和见不输等问题。并将户口帐的帐式区分为简式、繁式、分里式及算草、损益帐式五种，都是以乡为单位、由里联合申报的当乡户口帐。这些户口帐的时代多在唐初，表明当时诸乡申报各项户口的统计是一种常态，帐式类别以繁式为主。在综合简式、繁式的基础上，他指出户口帐诸项与日本《延喜式·主计式》所载《大帐书式》基本一致，因无庸调诸物的统计，便将这类文书定为户口帐而非计帐。乡帐为大帐形的州帐提供必然依据，甚至是其主要组成部分。宋家钰也认为乡户口帐不是户令规定编造的计帐文书，性质只是乡需要向县申报一年来的各类户口数而已。

翁俊雄明确指出唐长孺所定性的"户口帐"文书就是计帐，在充分吸收学界对 S. 613 背西魏大统十三年计帐及计帐制度研究上，通过比较研究而认为吐鲁番户口帐应是乡计帐。并辅以传世文献的记载，对唐代计帐和西魏计帐的特点异同展开讨论，前者较后者简化，户部计帐只有户口数字，乃因租调征收对象单一所致。他还指出造籍的工作主要由里正完成，而计帐编制的基础工作由乡完成。县司所责计帐，即是乡计帐，其户口分类统计由一乡五里的里正共同负责[③]。李锦绣主张不必将有无赋税记载当作计帐成立的必要条件。她利用"仪凤三年度支奏抄"文书的

① 宋家钰：《唐代的手实、户籍与计帐》，《历史研究》1981 年第 6 期；《唐代手实初探》，载中国社会科学院历史研究所魏晋南北朝隋唐史研究室编《魏晋隋唐史论集》第 1 辑，第 210—231 页；氏著《唐朝户籍法与均田制研究》，第 70—93 页。

② 原载《敦煌吐鲁番文书初探》，收入氏著《山居存稿三编》，中华书局 2011 年版，第 95—181 页。

③ 翁俊雄：《唐代计帐制度探索》，《北京师范学院学报》1988 年第 3 期；收入氏著《唐代人口与区域经济》，北京师范学院出版社 1990 年版，第 43—72 页；另可参见氏著《唐朝鼎盛时期的政区和人口》第一部分之二《唐代的计帐制度与天宝十二载户部计帐的发现》，首都师范大学出版社 1995 年版，第 4—18 页。

有关记载，指出唐计帐上没有对赋税种类、数量的统计。计帐的目的是配合来年课役，只要丁、户数一定，具体赋税数一折算即可知，乡、县、州折算方法与户部折算一致，因而租庸调数附于计帐上的意义不大。从北朝到隋唐，计帐形式是不断简洁、完善的。取消赋税数量的繁缛申报，或许是计帐完善的内容之一①。

朱雷对计帐的研究不可不提，他直接称这批户口帐为乡帐，力图复原唐代乡帐的原貌，总结了“乡帐式”，并推断计帐是诸县依据乡帐合为一县的计帐，然后报州，州据此再上报尚书户部，户部最终据各州计帐合为全国的计帐。他还指出唐代的计帐主要是为国家提供制定下一财政年度收入预算的基础，主要是制定户税、地税、调、租四项国家税收主要项目的收入预算总数，再据此作出预算支出项目。这些西州残乡帐充分体现了“丁身为本”的赋役特征②。

至此，20世纪有关唐代户口计帐的探讨以丰硕的成果而告一段落③。

（四）手实、计帐、户籍三者间的关系

自敦煌吐鲁番户籍类文书发现以来，手实、计帐、户籍三者之间的渊源关系，一直是唐代户籍制度研究的热点。

池田温根据唐、日两国计帐的特点，提出“计帐手实”和“计帐历名”两个概念，认为《新唐书·食货志》中的“乡帐”是手实计帐。所以唐代有手实、手实计帐和计帐三种文书。州县根据民户手实编成手实计帐，户部再据之编制全国计帐④。宋家钰则认为手实是编造户籍的主要依据，仁井田陞所复原的唐令造计帐条里正责手实并不符合唐制，唐日手实用途各异。依据出土文书，他指出唐代手实是适应造籍需要的，与日本手实只报户口不登载土地、与计帐有密切关联不同。日令的规定在事实上改变了唐朝的造籍和计帐制度。手实是民户申报自家人口、年龄及田亩的文书；户籍是政府登录民户人口与土地的簿籍；而计帐是下一

① 李锦绣：《唐代财政史稿》上卷，第18—23页。

② 朱雷：《唐代“乡帐”与“计帐”制度初探——吐鲁番出土唐代“乡帐”文书复原研究》，收入氏著《敦煌吐鲁番文书论丛》，第159—189页。

③ 李锦绣：《敦煌吐鲁番文书与唐史研究》，第70页。

④ ［日］池田温：《中国古代籍帐研究·概观》，第90—93、103—112页。

年度课役征调的预算文书。三者的关系是据手实编造户籍，据户籍造计帐；户籍由户口籍和土地籍两部分组成，计帐具有户籍的部分内容[①]。

堀敏一部分赞同宋家钰的观点，怀疑户籍和计帐的分离开始于武周时期，而大历四年手实与户籍内容相似，说明户籍与手实的关系密切。户籍文书中户口栏里的“帐后”记载，表明簿籍不仅参考手实，还参考计帐。他总结认为户籍是在唐初编制的，以此为基础编制了计帐；唐代户籍和计帐是分离的，名册形式的计帐是记录户口数目，而户籍则由手实和计帐构成[②]。刘叔鹤则认定手实、计帐、户籍的关系是经过团貌编成手实，依据手实造计帐，再以手实和计帐为基础，编造户籍[③]。樋口知志指出作为乡阶段计帐的手实是实际的帐，供地方政府使用；户籍则是向中央政府提供户口资料的基本保存记录，提出了手实（于乡）→计帐→户籍的编造顺序[④]。翁俊雄前揭文认为手实连帖在里正“注籍脚”后，方由县司注定，而乡帐就是计帐，亦由里正共同负责，遂提出了手实（乡）→户籍、乡帐→县计帐这样相关又有别的新意见。

张荣强《〈新唐书·食货志〉所载“手实”、“乡帐（计帐）”关系考》[⑤] 指出，学术界对《新唐书》卷51《食货志》有“凡里有手实，岁终具民之年与地之阔狭，为乡帐”一语中的“乡帐”是指计帐还是户籍有着不同理解，由此也引发了计帐是依据手实还是户籍编制的争论。从目前所见吐鲁番出土的有关文书看，唐代手实是一年一造，这和计帐的编制年限相同，而与户籍的三年一造差异较大。《新唐书·食货志》所说“乡成于县，县成于州，州成于户部”的编造过程，也明显说的是计帐而非户籍。计帐统计的一些重要名目，不见于民户初报的手实，但可以在貌定后的手实上看到。后增定为《唐代“手实”与“计帐”关系考——

---

① 宋家钰：《唐代的手实、户籍与计帐》，《历史研究》1981年第6期。

② ［日］堀敏一：《唐代的计帐与户籍管见》，《中国律令制的展开及其与国家、社会的关系》，刀水书房1984年版，译文载《社会科学战线》1987年第1期。

③ 刘叔鹤：《唐朝的检括人口和人口统计》，《统计研究》1985年第2期。

④ ［日］樋口知志：《唐代籍帐制度试考》，《东北大学附属图书馆研究年报》20，1987年。

⑤ 《史学史研究》2009年第4期。

以朱雷、宋家钰的争论为中心》一文，认为朱、宋二人的根本分歧在于对《新唐书·食货志》一段记载的理解差异①。两位争论主要集中于两点：手实的编造年限问题及乡帐的性质问题。张氏分析认为，手实一年一造的观点更有说服力，并且认为宋家钰的计帐“户籍说”未予以充分论证。其进一步指出，唐令规定造籍时所责计帐只能是当年的计帐，而在手实、计帐、户籍三者编造的时间顺序上，手实最早、计帐次之、户籍最晚，因此只能认为计帐是据手实编造的②。

文欣《唐代差科簿制作过程——从阿斯塔那61号墓所出役制文书谈起》一文指出2004年吐鲁番阿斯塔那出土的《武周天授三年户籍稿》中4、6两行的红笔涂抹，具体展现了从手实向户籍转变的过渡形态，巩固了手实是造籍基础的经典看法③。

另外，王永兴《敦煌经济文书导论》介绍了敦煌文献中保存的户籍、差科簿及有关均田、徭役文书，并结合史籍对相关问题作了论述，是其多年研究敦煌户籍、计帐、差科簿的总结之作④。

池田温《东亚古代籍帐管见》一文论述了敦煌吐鲁番、古代日本及新罗籍帐的概况，认为中国籍帐文书的出土量较大，文书种类多样，将来的深入研究将对日本、新罗籍帐的理解大有裨益，因而唐、日、新罗三国籍帐的比较研究空间很大。古代东亚的新罗与日本以唐代籍帐制度为模范，摄取先进制度来建立本国的支配机构。户籍是治民的基础，含有统计与管理的重要职能。家族是国家社会的细胞，所以王朝支配民众的特质很容易通过籍帐来展现。因此，日本、新罗共同摄取了唐代户籍制度的形态，既有相似之处又有差异，而研究东亚国家之间的不同之处可以籍帐为媒介进行讨论⑤。文末附有《新罗村帐残卷录文》（第113—

① 即“凡里有手实，岁终具民之年与地之阔狭，为乡帐。乡成于县，县成于州，州成于户部。又有计帐，具来岁课役以报度支”。

② 收入氏著《汉唐籍帐制度研究》，第277—289页。

③ 《历史研究》2007年第2期。

④ 台湾新文丰出版公司1994年版。

⑤ 载林天蔚、黄约瑟编《古代中韩日关系研究：中古史研讨会论文集之一》，香港大学亚洲研究中心1987年版，第103—112页。

115 页)、《东亚古代籍帐类简目》(第 116—121 页) 及《近年研究文献简目》(第 122—125 页),颇便利用。

(五) 特别户籍之僧尼籍帐

敦煌文书保存了数件晚唐至宋初的僧尼籍,这为相关律令条文提供了可比照的实物。1959 年,藤枝晃对敦煌僧尼籍作了系统的介绍与研究①。池田温根据传世史料认为中唐以降的僧道籍编造出现了松弛的状况②。

卢向前分析了玄宗时期的《少林寺赐田牒》,认为僧尼也有相应的户籍(僧尼籍?),由于史料缺乏而一再提出"僧众之户籍?"的不确定概念③。郑显文认为唐代僧人与世俗百姓一样有固定的户籍,指出僧尼籍帐上的内容主要有所居州县及寺院名称,僧尼俗姓、法名、乡贯、户头、年龄、所习经业以及寺院常住人数等④。孟宪实指出郑氏所说的僧尼籍只是"总体僧尼籍账"⑤。有研究者解释开元十七年僧尼造籍将"僧尼籍"称作"供帐"时,认为唐宋时期僧尼籍的形式与当时民籍有很大不同,在登载寺院的僧人情况、寺田分布等后,还分类统计僧人破除见在情况,因而略带"帐"的内涵⑥。

必须交代的是,在《天圣令》没有发现之前,我们对唐代僧尼籍内容的了解主要依据《唐六典》卷 4 的记载:"凡道士、女道士、僧、尼之簿籍亦三年一造(其籍一本送祠部,一本送鸿胪,一本留于州县)",以及日本《养老令·杂令》的第 38 条:"凡僧尼,京国官司每六年造籍三通,各显出家年月、夏腊及德业,依式印之。一通留职国,以外申送太政官,一通送中务,一通送治部。所须调度,并令寺准人数出物"⑦。但日令与唐代的实际情况不尽一致。《天圣令·杂令》宋令第 40 条揭示了

---

① [日] 藤枝晃:《敦煌的僧尼籍》,《东方学报》京都 29,1959 年。

② 氏著《中国古代籍帐研究·概观》,第 102 页。

③ 卢向前:《唐代西州土地关系述论》,上海古籍出版社 2001 年版,第 23、147 页。

④ 郑显文:《唐代律令制研究》,北京大学出版社 2004 年版,第 251 页。

⑤ 孟宪实:《吐鲁番新发现的〈唐龙朔二年西州高昌县思恩寺僧籍〉》,《文物》2007 年第 2 期。

⑥ 张荣强:《汉唐籍帐制度研究》,第 282 页注 2。

⑦ 仁井田陞据此复原了僧籍的唐令内容。见《唐令拾遗》中译本,第 795 页。

接近唐令面貌的僧籍法："诸道士、女冠、僧尼，州县三年一造籍，具言出家年月、夏腊、学业，随处印署。按留州县，帐申尚书祠部。其身死及数有增减者，每年录名及增减因由，状申祠部，具入帐。"[①] 这为唐代僧尼籍的深入研究提供了制度材料方面的支撑。

吐鲁番2004年出土的《唐龙朔二年（662）西州高昌县思恩寺僧籍》[②]、2006年出土的《唐神龙三年（707）正月高昌县开觉等寺手实》两件西州僧尼籍帐[③]，因其特殊性掀起了热烈讨论。孟宪实连续发表了《吐鲁番新发现的〈唐龙朔二年西州高昌县思恩寺僧籍〉》、《论唐朝的佛教管理——以僧籍的编造为中心》、《新出唐代寺院手实研究》三篇论文，通过与民众户籍、手实文书及律令规定的深入比勘，揭示了西州僧尼籍帐的独特价值，认为僧尼籍的编造是一项经常性的、有序的制度。在佛教中国化的过程中，教义方面的中国化与管理的中国化是同时发生的。这些给继续探讨打下了基础[④]。他的《唐令中关于僧籍内容的复原问题》一文借助西州新出僧籍[⑤]，分析了戴建国、黄正建对唐令僧籍内容复原的同异[⑥]，认为黄氏的复原倚重的是日本《养老令》，即《天圣令》在僧籍内容复原上所发挥的作用是证实了《养老令》的记载，而具体复原时并不重视《天圣令》。并借此提出一个根本问题：宋令、日令哪一方更接近唐朝制度。这需要多方证明。但是，孟宪实对僧、民的手实与户籍的过度比较，需要纠正。

周奇对敦煌吐鲁番僧尼籍进行了集中分析，从一个更宏观的角度认为，僧尼籍作为中国古代户籍管理中的一个特殊内容，目的是检括人口，

---

① 天一阁博物馆、中国社会科学院历史研究所《天圣令》整理课题组：《天一阁藏明钞本天圣令校证（附唐令复原研究）》，第431页。

② 荣新江、李肖、孟宪实主编：《新获吐鲁番出土文献》，第60—61页。

③ 同上书，第53页。

④ 这三篇成果分刊于《文物》2007年第2期、《北京大学学报》（哲社版）2009年第3期、《历史研究》2009年第5期。其中第1篇收入荣新江等主编的《新获吐鲁番出土文献研究论集》（中国人民大学出版社2010年版），余外收入孟宪实等主编的《秩序与生活：中古时期的吐鲁番社会》（中国人民大学出版社2011年版）。

⑤ 载荣新江主编《唐研究》卷14，北京大学出版社2008年版，第69—84页。

⑥ 戴建国：《唐开元二十五年令·杂令复原研究》，《文史》2006年第3辑，中华书局编辑出版；黄正建的复原即前引《天一阁藏明钞本天圣令校证（附唐令复原研究）》一书。

防止伪滥，防止赋役流失。明确指出唐代地方编定的僧尼籍有总籍和单个僧尼籍之分，一式三份，上报州县和中央。除了进行规范的管理外，还对伪滥和无籍进行打击并几度沙汰僧尼。但是随着王朝政治的波动，僧尼籍帐常规管理出现松弛和混乱，僧尼数量膨胀，最终导致武宗时期废佛事件发生[①]。王素将大族子弟出家与避免政治社会变乱联系起来，考察了思恩寺僧籍的题外深意[②]。贞观十四年唐平高昌后，在西域形势逆转、西州基层社会矛盾交织的背景下，西州佛教整顿与建立户籍、勘查土地一样，于该年九月逐步落实。建立以寺院手实为基础的僧籍管理制度是其具体措施之一。由是，伴随着政治转变，西州佛教经过一系列整顿，开始向唐朝佛教体系转变[③]。土肥义和则从均田制推行的角度作了探讨[④]。

寺院依附人口如奴婢、部曲也需要强制附籍，《神龙三年开觉等寺手实》即为明证。张弓利用敦煌吐鲁番文书勾勒了唐五代尤其西北地区寺观依附人口的总体状况，认为以寺观户为标志的封建依附关系，其产生、发展和蜕变的全过程，是同世俗社会封建依附关系发展的总趋势基本相适应的[⑤]。而敦煌寺院的依附人口——寺户这一特别身份户籍制度的研究，当推姜伯勤的《唐五代敦煌寺户制度》一书[⑥]。本书论述了敦煌寺户制的历史前提、吐蕃占领时期的寺户制、归义军统治时期寺户制的衰落等问题，是认识唐五代户籍制度、良贱制度的一个重要侧面。

本书对户籍类文书的分类、相关名词的使用、学术史论述的安排受

---

① 周奇：《唐代国家对僧尼的管理——以僧尼籍帐与人口控制为中心》，《中国社会经济史研究》2008 年第 3 期。

② 王素：《吐鲁番〈新获唐西州高昌县思恩寺僧籍〉臆说》，载束迪生等主编《高昌社会变迁及宗教演变》，新疆人民出版社 2010 年版，第 118—128 页。

③ 赵晓芳：《论唐朝对西州的佛教管理》，《西域研究》2010 年第 4 期。

④ ［日］土肥义和：《唐代西州の均田制施行の一斑——新出龙朔二年（662）西州高昌县思恩寺僧籍及び神龙三年（707）同县开觉寺手实について》，系 2010 年 7 月 24 日作者在日本东洋文库研究部内陆アジア出土古文献研究会例会上的报告。

⑤ 张弓：《南北朝隋唐寺观户阶层述略——兼论贱口依附制的演变》，《中国史研究》1984 年第 2 期。

⑥ 姜伯勤：《唐五代敦煌寺户制度》，中华书局 1987 年版；增订本，中国人民大学出版社 2011 年版。

到宋家钰、吴丽娱和李锦绣三位学者的甚多启发，在此特别说明①。

三　对目前研究的一点看法

户籍编造是整体户籍制度的重要一环。编造是一种动态过程的展示，它将律令条文、历代诏敕的修正、时代发展、地域空间等因素比较真实地反映出来。鉴于新资料的陆续发现，更加利于唐代户籍编造具体状况的揭示，也引起了对既有研究的重新思考。

首先，户籍类文书的刊布与研究是共同展开的。敦煌、吐鲁番两地出土的户籍类文书成为研讨唐代尤其唐前期户籍制度的核心资料，而有限的散见于各类典籍中的唐代户籍规定是激活出土文书的关键。至于古代日本与唐代户籍法令的对比研究，以及唐代《户令》的复原工作，都为户籍编造研究的深入夯实了基础。所以，这些文书研究不仅仅属于出土文献的范畴，也是唐史的重要组成。但由于出土文书带有一定的地域因素，因而对唐代前期户籍制度具体执行的勾画难免带有空间上的限制。这一点在已有的研究中都有所考虑，学者们通过精准的录文工作与文书登录方式的总结，避免了对户籍实物的过度解释。部分涉及唐代西州、敦煌家庭规模、人口寿命、生存状况的研究，也都是作为一个地方样本而进行的。这种客观而谨慎的研究态度是本书时刻注意的。

其次，唐代户籍编造的周期变化一度成为研究重点，户籍类文书的种类及其相互关系也得到了深入挖掘。然而，对唐代户籍编造的讨论遵循了出土文书的时代断限，集中在唐前期尤其唐玄宗一朝的户籍状况。池田温先生的《中国古代籍帐研究》概观部分是20世纪仅有的对秦汉到唐前期户籍制度给予贯通考察的杰作，并且，唐前期户籍编造是其研究的重中之重，但没有对唐后期的具体变化展开论述。总体而言，唐代户籍编造是一项“有法可依”的国家经济举措，而律令条文的规定与主要户籍类文书的外观也表现出较高的吻合度。基于此，中外学者的精湛研

---

① 胡戟等主编：《二十世纪唐研究》，经济卷之第二章户口第四节“籍帐制度与户口管理”，吴丽娱执笔，中国社会科学出版社2002年版，第353—363页；李锦绣：《敦煌吐鲁番文书与唐史研究》第二章“户口管理及家庭”的第一、二节，第53—75页。

究给唐代户籍编造制度的长时段考察乃至还原奠定了基础。

最后，可以说，进入21世纪以来，敦煌吐鲁番社会经济文书的基本研究一度比较沉寂。由于秦汉时期户籍类简牍及人口簿籍、长沙三国吴简、新获吐鲁番文书等资料的不断发现、公布，中古社会经济史研究再度成为学术热点。而唐代户籍编造是中古政治经济发展的重要一环，它的实际情况与演变过程也就需要重新审视。

第三节 研究目标、研究内容和拟解决的关键问题

本书研究的时间范围主要定在唐代，略微下延至五代时期，不仅依据敦煌吐鲁番户籍类文书的上下限，也尽可能地考虑了传世资料的时代因素。我们拟在充分掌握已有文书整理和研究成果的基础上，并结合已经刊布而未充分利用的登载人口信息的籍帐文书，对唐代户籍编造制度展开一项较为集中的研究。因为学界已经积累了相当丰硕的成果，故在本书章节的设计上，不拟追求全面性、完整性，务必遵循详人所略的研究旨趣。本书拟通过细致释读，在充分吸收既有成果的基础上，也尽量将整体把握与差异分析相结合，以求对唐代户籍编造制度的产生、发展与历史变化有一个更加深刻而全面的认识。总之，客观为上，强调动态，避免趋同。

拟采取的研究方法与技术手段主要有三类：（1）基本考证。本书要努力地对相关出土文书的制作年代、性质、外观、用途进行客观的观察、联系与区分，并在此基础上对敦煌吐鲁番户籍类文书及带有赋役特征的名籍的价值进一步挖掘。而新出土的文书与新发现的律令条文也将是激活既有研究，并且引发新思路的重要因子，需要加强对文书与传世史料的辩证使用。（2）文献学方法。尽管敦煌吐鲁番文书绝大多数已有录文，但现有的释录难免会存在一些错漏。本书将在征引出土文书时，覆核原文书图版，并利用文献学的校勘方法和文字学方法，尽可能做到录文准确、接近文书原貌，使研究建立在更加准确的文献基础之上。并且，户籍类文书的外观是本书主要章节的考察重点。（3）长时段的考察分析。我们要避免“就文书论文书”的机械做法，努力做到在较长历史时期内

就制度与实际情况、户籍编造的发展变化予以初步的贯通性分析。不仅要对时代巨变之际户籍编造发生的大调整进行讨论，也要努力揭示平稳发展时期的某些渐变细节，以此认识唐代中国三百年间经济社会形态之一面。

本书拟分四章展开具体讨论。绪论部分主要阐明选题的缘起、学术史回顾。

唐代造籍的整体过程分两章进行叙述。

第一章讨论的时间范围是从唐初到玄宗朝结束，也就是唐前期户籍编造制度的形成、初步发展与最终确立，着重涉及四方面：将贞观时期认定为户籍编造体系形成的奠定之时；探究《天圣令》所附《唐令》的田令、赋役令等重要令文与开元时期户籍类文书编造的户籍、计帐细节；唐前期百年造籍稳定性如何实现；将天宝十四载定为唐前期造籍的终结之年。

第二章则以安史之乱开启的唐后期政治经济状况为研究重点。根据唐后期史料保存的详情，重点分析了两税法时期户等审定责任者的变化、中唐“据地造籍”的存在方式，以及户籍在中晚唐时期政治意义的凸显。因历史进程的连续性，第二章亦将五代时期户籍编造纳入讨论，指出五代在户籍编造的具体施行上与唐代尤其唐后期的异同之处。这两章的章节安排力求时代上有所贯通，但又需照顾各个时代户籍编造上的一些变化与特征，通过部分特征的揭示，使我们了解唐五代三百年间户籍编造并非陈陈相因，而是“与时俱进”。

第三章主要从民户各种户籍类文书的实际——普遍登录了被统计者的年龄情况出发，对唐代律令如何界定编户民的“籍年”、年龄统计的途径以及年龄因素与编户民的差役征发等展开考察，重点研究了貌阅与“籍年”审定之间的关系。本章的特色即充分利用现有户籍类文书中年龄登录的不同情况，认为唐代官方对编户民年龄的切实掌握是当时政治经济政策的一大特色。而且，“籍年”也被广泛运用在官员选拔与退休、刑事处罚等国家事务中。

第四章是对特殊户籍——僧尼籍的考察。这一类特殊籍帐不仅有律令条文的明确支撑，而且还得益于出土文书的宝贵印证。本章首先对新获吐鲁番僧籍文书作了分析，进而集中对唐代僧尼籍帐编造的起始年份与废弛过程进行探讨。此外，在制度对比、文书分析的基础上，对僧尼籍的造写份额作了理据充分的解释，并专节论证了时代、地域诸因素对敦煌吐鲁番僧尼籍帐的潜在影响。

虽然唐代户籍类文书的编造是本书的研讨主题，但在积累资料与考察制度演变时，需要上联下延。因而，目前时代最早的纸本户籍——十六国时期《前秦建元廿年籍》的研究价值也就增加了。附录便依据本件户籍难得的“民籍”性质与其帐面特征，讨论了新发现的《西晋建兴元年张掖郡临泽县讼田简牍》[①] 中存在的户籍要素。同时，根据敦煌吐鲁番户籍文书不同时代各类女口登录的具体形式，解释了本籍“还姓”一语的宗法内涵。

本书可预期的创新之处有如下几点：其一，尽可能地还原唐代户籍编造的整体进程，并对不同历史时段的编造特点予以探究。其二，对唐前期百年造籍的稳定性作出客观分析。其三，通过唐代律令的“籍年”规定与户籍类文书中编户民年龄的具体统计展开对比分析，肯定了年龄因素在唐代经济社会事务的实际运用上的严肃性与广泛性。其四，尽可能地勾勒唐五代三百年间僧尼籍帐编造的历史趋势。这几个创新点，都涉及相关出土文书的挖掘利用。它们是户籍编造制度研究的活性因子，是创新成果的重要基础。

不过，这些出土文书正是本书的难点所在——要切实避免写成一部“人口史”（或家庭史）、“阶级结构研究”或“赋役史”。因为任何一件户籍类文书都有人口信息（部分包含年龄），而登录人口丁中、户内土地的绝大部分文书又带有高度的赋役色彩。并且，某人只要被户籍类文书统计了，就具备了法定的政治属性，而关系到户内口登录的文书又无不隐含着当时的宗法制度等信息。所以，户籍制度是古代中国一项基础的政治经济制度。我们的努力重心是在唐代户籍编造方面，而全面的、综合的唐代户籍制度研究将是笔者的未来目标。

---

① 杨国誉：《“田产争讼爰书”所展示的汉晋经济研究新视角——甘肃临泽县新出西晋简册释读与初探》，《中国经济史研究》2012 年第 1 期。

第一章　唐代造籍事项的确立与变动

第一节　编造初期与其制度基础

一　"民"身份的统一与户籍编造一体化的初步形成

中古中国存在着一个以大多数人口为治理对象的良贱身份等级制度。这一制度有明确的法律规定，系统、完整而严密，远远超过"士庶之分"的等级差别。作为中古重要的社会制度之一，初步形成于魏晋时期，在南北朝时表现出系统化与法定化的倾向，至隋唐之际完善起来。它广泛地涉及当时的政治、经济、阶级关系、社会结构诸方面，并对民众的实际生活产生了显著影响①。

这一影响往往集中于反映民众身份的重要载体——户籍上。北周武帝建德二年（573），"改军士为侍官，募百姓充之，除其县籍。是后夏人半为兵矣。"② 这是较早地反映在户籍方面由民转兵、兵民分离的历史事件，时间处于北朝行将结束之际。身份性质的差异对户籍编造的实际影响，尚可从若干出土文书中窥见一点细节。

---

① 李天石：《中国中古良贱身份制度研究》，南京师范大学出版社2004年版，第1—3页。学界对古代中国身份制进行专门研究者有日本堀敏一《中国古代的身份制》（汲古书院1987年版）一书，而仁井田陞《中国法制史》（牟发松译，上海古籍出版社2011年版）列有专节讨论了古代中国的身份制，不过强调的是奴隶。此外，尚有从门阀氏族、阶级结构、宗法关系、特殊人户等角度展开研究的，兹不赘举。从现有记载看，中古时期存在的身份类别比较多样，而池田温《中国古代籍帐研究》则直接将身份制的具体形态通过籍帐研究的方式揭橥于世，这也是本节讨论的一个启发。

② 《隋书》卷24《食货志》，中华书局1973年版，第680页。

学界最新公布了一件简牍，内容为西晋愍帝建兴元年（313）十二月间张掖郡临泽县地方政府对一起“兄弟争田”民事案件的审理记录。此简涉及的各位当事人，如“老民孙发”“民孙金龙”“同县民苏腾（?）”、数次重复的“民孙香、孙发、孙金龙”及“户民孙丞”等，知其身份皆属于国家的普通百姓——编户民①。这些“临泽县民”不仅拥有一定的田产、坞舍等生产生活资料，而且可以进行名下田舍的自由买卖。而《前秦建元廿年（384）高昌郡高宁县都乡安邑里籍》是目前时代最早的纸本户籍②，内容十分丰富，是具有一定代表性的民籍③。本件文书现存四户的家口及年龄、丁中、奴婢、田地、屋舍信息，其中三户有明确的户头：

> 高昌郡高宁县都乡安邑里民崔奣年［　　］
> 高昌郡高宁县都乡安邑里民张晏年廿三
> 高昌郡高宁县都乡安邑里民［□□年　　］

崔奣等三人姓名前被冠以“民”字，该身份性质若不加比较，难以发现其特殊性。从时代上看，英国图书馆藏 S. 113《西凉建初十二年（416）正月敦煌郡敦煌县西宕乡高昌里籍》④ 比《前秦建元籍》晚了 32 年，并且此时的前秦已经灭亡了近 20 年⑤，但政权的不连贯并不影响两者内容和形式上的对比，因为这些户籍文书皆处在十六国北朝之际的大环境中。

---

① 杨国誉：《“田产争讼爰书”所展示的汉晋经济研究新视角——甘肃临泽县新出西晋简册释读与初探》，《中国经济史研究》2012 年第 1 期。另外，编户民一词并非臆造，已见诸《汉书·高帝纪下》所载：“吕后与审食其谋曰：‘诸将故与帝为编户民，北面为臣，心常鞅鞅’”云云。杜正胜《中国古代晚期的编户齐民》一文对该词的时代内涵有详细辨析，（台湾）《清华学报》1994 年第 2 期。

② 荣新江、李肖、孟宪实主编：《新获吐鲁番出土文献》，中华书局 2008 年版，第 176—179 页。荣先生对该籍修订后的录文参见《吐鲁番新出〈前秦建元二十年籍〉研究》，北京大学中国古代史研究中心主页 PDF 版，http://www.zggds.pku.edu.cn/004/001/124.pdf。

③ 张荣强：《〈前秦建元籍〉与汉唐间籍帐制度的变化》，《历史研究》2009 年第 3 期，第 16—38 页。收入《汉唐籍帐制度研究》一书，商务印书馆 2010 年版。

④ ［日］池田温：《中国古代籍帐研究·录文》（以下简称“《籍帐·录文》”），龚泽铣译，中华书局 2007 年版，第 3—5 页。

⑤ 前秦在公元 394 年灭于后秦。

《西凉建初籍》现存十户的资料，但只有家口及其年龄、丁中（女口无此项）、居所等信息，较《前秦建元籍》为简，其中八户记载着明确的户头：

> 敦煌郡敦煌县西宕乡高昌里兵裴晟年六十五
> 敦煌郡敦煌县西宕乡高昌里散阴怀年十五
> 敦煌郡敦煌县西宕乡高昌里兵裴保年六十六
> 敦煌郡敦煌县西宕乡高昌里散吕沾年五十六
> 敦煌郡敦煌县西宕乡高昌里兵吕德年卌五
> 敦煌郡敦煌县西宕乡高昌里大府吏随嵩年五十
> 敦煌郡敦煌县西宕乡高昌里散随杨年廿六
> 敦煌郡敦煌县西宕乡高昌里散唐黄年廿四

如上，西凉统治下的敦煌百姓其户头前标“兵”的，即兵户；标“散”者，即散吏之户，也就是吏户；标“大府吏”者，即职吏之户，亦即吏户。同时，吏户与兵户作为当时两个社会等级，身份较“庶民百姓”（或民户）低下。本户籍属于吏兵籍，而非普通的民籍，反映的是5世纪初中国的普遍制度，并非西北一地而已。但是，必须指出，这里的“兵”不是冲锋陷阵的军人性质的兵，而是为有身份者服劳役的兵①。

另外，户籍性质的差异也影响着户内人口信息的统计。《西凉建初籍》中女子不分丁中，统称“女口”，因为该籍是吏兵籍，统计目的是男子服兵役、吏役的问题，故男子的丁中身份必须详注，并有分类合计（丁男几人、次男几人、小男几人），而户内女口不服劳役，便忽略不计。但《前秦建元籍》是民籍，户内有“丁女几人、小女几人”的分类统计，可见当时的普通女口需要承担相应的租调任务。

上举两类户籍的户头登录形式具有一致性：郡+县+乡+里+身

---

① 关于本籍的解读参见王永兴《王永兴学述》“我国中古时期的户籍及其反映的社会特点”一节，浙江人民出版社1999年版，第228—234页。

份＋姓名＋年龄，旨在准确判定被统计对象的身份[①]。我们借助这两类户籍所登录的四种身份形式，在于推论"兵民分治"之际户头的身份应当明确标注。因为户籍中的身份标记带有极强的政治属性，不仅仅是职业上的区别。

陈寅恪指出东魏及北齐之初，兵制继承北魏，兵民（兵农）分离，兵由鲜卑充当，汉人主要从事耕织。至北齐文宣帝时，虽对兵制有所改革，但并未改变兵民（兵农）、胡汉之分的性质[②]。史载北齐尚书省各机构有如下部分：

> 五兵统左中兵（掌诸郡督告身、诸宿卫官等事）、右中兵（掌畿内丁帐、事力、蕃兵等事）、左外兵（掌河南及潼关已东诸州丁帐，及发召征兵等事）、右外兵（掌河北及潼关已西诸州，所典与左外同）、都兵（掌鼓吹、太乐、杂户等事）五曹。
>
> 度支统度支（掌计会，凡军国损益、事役粮廪等事）、仓部（掌诸仓帐出入等事）、左户（掌天下计帐、户籍等事）、右户（掌天下公私田宅租调等事）、金部（掌权衡量度、外内诸库藏文帐等事）、库部（掌凡是戎仗器用所须事）六曹。[③]

至河清三年（564）定令："乃命人居十家为比邻，五十家为闾里，百家为族党。男子十八以上六十五已下为丁，十六已上十七已下为中，六十六已上为老，十五已下为小。率以十八受田，输租调，二十充兵，六十免力役，六十六退田，免租调。"[④] 那么，河清三年乡里、丁中、受田、租调徭役诸制当为度支尚书之职掌，而左户曹所掌必然涉及民众之年龄与丁中。而据陈先生论断，五兵尚书之右中兵三曹关于各州丁帐、征兵事务的处置，应建立在左户曹的统计之上。

---

① 张荣强：《〈前秦建元籍〉与汉唐间籍帐制度的变化》，《历史研究》2009年第3期。

② 陈寅恪：《陈寅恪魏晋南北朝史讲演录》，万绳楠整理，贵州人民出版社2008年版，第241—242页。

③ 《隋书》卷27《百官志中》，第753页。

④ 《隋书》卷24《食货志》，第677页。

据北齐五兵尚书下辖的右中兵、左外兵、右外兵等曹的职掌，北齐当时已施行了兵民合一之制，这点可与河清三年令规定的民丁充兵年限及其受田情况相参证①。

至隋初，“兵民合一”的政治趋势明确见于诏令，开皇十年（590）五月乙未颁布的诏书曰：

> 魏末丧乱，宇县瓜分，役车岁动，未遑休息。兵士军人，权置坊府，南征北伐，居处无定。家无完堵，地罕包桑，恒为流寓之人，竟无乡里之号。朕甚愍之。凡是军人，可悉属州县，垦田籍帐，一与民同。军府统领，宜依旧式。罢山东河南及北方缘边之地新置军府。②

隋文帝使军人悉属州县，改变了西魏初创府兵时“自相督率，不编户贯”的兵民分立之制，其令“丁男、中男、永业、露田皆遵后齐之制”及“发使四出，均天下之田”③。不论具体实行如何，就法令形式而言，本条资料或已隐括北齐河清三年关于男子受田与兵役规定的主旨。因而，在府兵制由前期的兵农分离状态走向后期的兵民合一制度上，隋代是转捩点④。

有学者对北朝史籍中的“军民”“军人”用法展开综合分析，认为很难解释为军、民并立，是具有特定时代内涵的名词。从广义的角度讲，“军人”专指与一般农民有着截然不同的社会基础，且以军事为专门职业，同国家权力存在直接关系的兵士及其一家（军户、兵户）。若只限于北周与隋初，“军人”就是表示国家正规军——府兵的同义语。然而，以

---

① 陈寅恪：《隋唐制度渊源略论稿》，生活·读书·新知三联书店2001年版，第153页。

② 《隋书》卷2《高祖纪下》，第34—35页。

③ 《隋书》卷24《食货志》，第680、682页。

④ 陈寅恪：《隋唐制度渊源略论稿》，第154—155页。

开皇十年五月诏书为界，“军人”一词在史料中基本消失了①。

可以说，魏晋身份制的破产与群体分治的结束，意味着户籍制度走向一体化，而一个完整的编户民群体便成为国家赋役征发的坚实基础。百姓是国家户籍编造的被统计对象，他们在“民籍”的形式上获得了平等。随着政治形势的改观，统一帝国的面貌再次呈现，因此自开皇十年后以迄初唐，经过二十余年的户籍编造实践，民籍的独一性、重要性和民籍内容的丰富性便再次发展起来。

二　武德六年——唐户籍编造诸制的建立年份

就整体而言，初唐国制是承袭隋制的。以法律为例，武德元年（618）六月一日，诏刘文静等人损益开皇律令而定为五十三条，以宽简便时为标准，于当年十一月四日颁行。同时，仍令左仆射裴寂、吏部尚书殷开山、大理卿郎楚之等人修撰新的律令。这一编撰本朝律令的大事至武德七年（624）三月二十九日乃成，历时近六年。武德律令“大略以开皇为准，正五十三条。凡律五百条，格入于新律。他无所改正”②。可见，唐初律令基本上采用了开皇律令的组织体系与内容。所以在户籍法令方面，唐制的基础已于隋代固定下来③。

据武德六年（623）三月令，唐代初期的丁中标准是：“以始生为黄，四岁为小，十六岁为中，二十一为丁，六十为老。”同时，新政权还规定了审定户等的具体等级，武德六年三月令言：“天下户量其赀产，定为三等。至九年三月二十四日诏：天下户三等，未尽升降，依为九等。”同在武德六年三月，朝廷下令：“每岁一造帐，三年一造籍；州县留五比，尚书省留三比”④。

---

① ［日］氣賀澤保規：《北朝隋の“軍人”について》，载《堀敏一先生古稀記念　中國古代的國家と民衆》，汲古書院1995年版。现据中译文《北朝隋的“军人”与隋开皇三年的课役规定》，荣新江主编《唐研究》第六卷，北京大学出版社2000年版，第139—154页。

② 《唐会要》卷39定格令条，中华书局1955年版，第701页。

③ ［日］池田温：《中国古代籍帐研究·概观》（以下简称“《籍帐·概观》”），龚泽铣译，第84页。

④ 此三条史料分别出自《唐会要》卷85团貌条、定户等第条及籍帐条，第1555、1557、1559页。

《唐会要》卷85团貌诸条明确而完整地记载了武德六年（623）三月制定丁中老小、三等户等（俟后分作九等）、计帐与户籍的编造周期以及籍帐的保存时间。同时，《通典》卷6《食货·赋税下》（仅有定户）、《册府元龟》卷486“户籍门”中亦有同样记载。至于“团貌”一条需要一个补证，武德九年（626）十一月，魏徵与封德彝、唐太宗争辩是否将“中男十八已上简取入军”时，太宗认为：

> 中男若实小，自不点入军。若实大，是其诈妄。依式点入，于理何嫌！

但魏徵指出不应竭泽而渔，应考虑到实际的赋役需要：

> 若次男以上并点入军，租赋杂徭，将何取给？……陛下每云诚信待物，欲使官人百姓，并无矫诈之心。今之共治，所寄惟在县令刺史。年常貌阅，并悉委之。至于简点，即疑诈伪。望下诚信，不亦难乎！①

引文所谓“年常貌阅，委之州县”的说法，证明了武德年间已按照法令进行常规的貌阅，勘查编户民年龄与丁中制、身状的同异。

并且，“定户三等”之制似乎早在武德二年（619）便有端倪：

> 二年制：每一丁租二石。若岭南诸州则税米：上户一石二斗，次户八斗，下户六斗；若夷獠之户，皆从半输。蕃人内附者，上户丁税钱十文，次户五文，下户免之；附经二年者，上户丁输羊二口，次户一口，下户三户共一口。②

---

① 《唐会要》卷85杂录，第1556页。

② 《通典》卷6《食货·赋税下》，王文锦等点校，中华书局1988年版，第106页。此条史料的时间，《通典》将其置于武德二年。而《旧唐书》卷48《食货志上》则系于“武德七年，始定律令”之后，入“赋役之法”中。但就“每丁租二石”而论，《通鉴》卷187、《唐会要》卷83租税上、《册府元龟》卷487《邦计部·赋税一》皆纪作武德二年。

本令蕴含内容十分丰富，第一，民户有上中下三等之别。第二，户口的族群种类不同，依次为固有的中原民户、岭南民户、中南及西南地区的夷獠户、西北地区的蕃户及归附两年以上的蕃户。中原民户及其三等定户之制完全隐藏在“每一丁租二石”的表述之中。第三，不同地区的民户所对应的不同租税形式，照顾了各地区的生产习惯。同时，内附蕃胡的三等定户乃至此后的九等定户标准皆与全国保持一致，具有强烈的政治经济意义[①]。总之，夷獠户、蕃胡户的称谓及其户等标准是在大一统的政治环境下产生的，表明隋唐户等制度也考虑了族群因素。这一制度应完全袭自前朝规定，武德二年的唐朝实力还是很难对岭南、西南、西北地区进行有效管辖的。

但是，在丁中制颁布的时间上有个矛盾需要注意，且看唐人杜佑的记载：

> 大唐武德七年定令：男女始生为黄，四岁为小，十六为中，二十一为丁，六十为老。[②]

可上举户籍编造（包括丁中诸制）的确立时间都指向武德六年。由于武德律令的颁行是在武德七年四月庚子[③]，在法令编纂之前，必定充分考虑过已施行了丁中、定户、造籍诸制[④]。历来是实践在前，总结成文在后，武德七年颁布的律令体系只是肯定了此前的实际运转，不存在记载疏误的情况。

武德六年方开始编造户籍，乃因各地区纳入唐朝版图的时间有先后，先期占有的中原地区才有相对成熟的条件执行。所以，武德六年之前这一规定的推行确有空间上的限制。以隋为例，开皇九年灭陈，次年便采取安抚之策：

---

① 李锦绣：《唐代财政史稿》第2册，社会科学文献出版社2007年版，第182—183页。

② 《通典》卷7《食货·丁中》，第155页。

③ 《旧唐书》卷1《高祖纪》，第15页。

④ ［日］池田温：《籍帐·概观》，第118页注76。

寻令（苏威）持节巡抚江南，得以便宜从事。过会稽，逾五岭而还。江表自晋已来，刑法疏缓，代族贵贱，不相陵越。平陈之后，牧人者尽改变之，无长幼悉使诵五教。威加以烦鄙之辞，百姓嗟怨。使还，奏言江表依内州责户籍。①

但文帝认为江表初平，不可过急。同时，我们也知道在南北政权对峙期间，是无法对更广大的地区进行户籍编造的。

遗憾的是，开皇律令后世无存。隋代主要在开皇前期曾大规模阅实户口，整顿户籍。而《隋书》卷24《食货志》乃至卷67《裴蕴传》均未能说明当时户口统计与籍帐制度的具体内容，甚至对户籍编造的具体时间也语焉不详，目前所能了解的只是阅实户口、析大户为小户、输籍之法和相纠之科等户籍整顿的措施。隋志提到每年正月五日的“依样定户”这一时间，与唐代的造籍时限相近，但唐代户籍是三年一造制度，故两者不尽一致。基于此，据现有资料难以确定隋代造籍与“依样定户”的时间是否相同②。所以，关于户籍编造的武德律令在继承的同时也有自己的独立发展，而系统性的新户籍办法的及时颁定，有着非常积极的意义，也避免了历史叙事所谓“轻徭薄赋”的千篇一律。

武德六年是唐代户籍的始造之年，这一观点亦可反推出来。史载：

凡天下之户，量其赀产，定为九等（原注：每三年，县司注定，州司覆之，然后注籍而申之于省）。每定户以仲年（原注：子、卯、午、酉），造籍以季年（原注：丑、辰、未、戌）③。

鉴于《唐六典》的编撰和成书情况是以开元之制为标准，而这些制度是在损益前代的基础上形成的。季年造籍的“丑、辰、未、戌”秩序，应

① 《北史》卷63《苏威传》，中华书局1974年版，第2245页。

② 冻国栋：《中国人口史》第二卷《隋唐五代时期》，复旦大学出版社2002年版，第42页。

③ 《唐六典》卷3《尚书户部》，陈仲夫点校，中华书局1992年版，第74页。

是始造年份的确立及其干支与“三年一造”的规定共同形成的，因为武德六年的干支是癸未。这当非巧合，而是始造年份对后续的制度改进所产生的历史影响。

初唐户籍编造法令的积极制定，不仅是重新建立政治秩序的需要，也初步形成了整个唐朝国家籍帐体系中的主要部分。这一户籍计帐制同均田制、租庸调制共同构成了唐代前期主要的经济财政制度，三者密不可分。而租庸调制是其中的核心制度，均田制在于保障课丁有生产资料，以农业生产提供国家税收；户籍计帐制则保证官方对丁口的严密控制，每丁税额一致，掌握了课丁即可算出应收的租庸调数，国家收入能够一目了然。均田制是租庸调制的基础，户籍计帐制是租庸调制的保证，这是三位一体的制度设计。所以，唐后期随着均田制的破坏，租庸调制和户籍计帐制也纷纷解体①。

三　贞观时期——唐代户籍计帐体系的奠定

《旧唐书·地理志》（卷 38 至卷 41）在叙述各州府的建置沿革后分列了旧领县、户、口若干和天宝领县、户、口若干的数据，兹举两例如下：

> 关内道京兆府：旧领县十八，户二十万七千六百五十，口九十二万三千三百二十。天宝领县二十三，户三十六万二千九百二十一，口一百九十六万七千一百。
>
> 剑南道绵州：旧领县九，户四万三千九百四，口十九万五千五百六十三。天宝领县九，户六万五千六十六，口二十六万三千三百五十二。②

但“旧领户口”的具体年份不详。岑仲勉发现旧志所谓“旧领县”，即“唐贞观十三年（639）大簿之数”，揭示出魏王泰《括地志序略》据贞

---

① 李锦绣：《隋唐审计史略》，昆仑出版社 2009 年版，第 12 页。

② 此两处数据分别载于《旧唐书》卷 38、41，第 1396、1669 页。

观十三年大簿所列州府县数，正是旧唐志“旧领”县的转录数据[①]。岑先生的结论被后来研究继续肯定，贞观十三年人口数的揭示意义重大。而且，旧唐志所载贞观十三年领县与户口统计的范围包括陇右和岭南的广大地区，可知大一统的唐帝国户口统计的详备。旧唐志作为记载唐初主要是贞观年间全国范围内户口统计的唯一资料，虽然统计数字不免瑕疵，但价值不可忽视[②]。这种大范围的户口统计应于贞观三年（629）即有眉目，史称是年“户部奏，中国人因塞外来归及突厥前后降附开四夷为州县，获男女一百二十馀万口。”[③]

这样涉及广阔的行政地域而比较详备的人口统计，与户籍计帐的依法编造分不开。武德时期只有户籍编造的法令，但没有户籍类文书流传下来。相反，吐鲁番墓葬保存了不少珍贵的贞观时期西州户籍类文书，展示了以户口为中心的丰富而多样的统计。虽然贞观年间制作的正式户籍没有发现，但其中包含了富有特色的民户手实及西州所辖各乡的户口帐等文书。

学界总结了唐前期手实的五大内容与特征：一、手实均以户主名义申报；二、手实的主要内容是家口、田地；三、户主在手实上保证所报内容属实；四、民户手实均是官府按户令规定时间内，责令民户申报的；五、民户申报手实的时间，一般与造户籍的时期一致。这一总结是在结合传世记载与出土文书的情况下做出的[④]。目前可以确定的唐代手实文书有九件[⑤]，其中属于贞观时期的有五件：甲、阿斯塔那 78 号墓出土的《唐贞观十四年（640）西州高昌县李石住等户手实》[⑥]；乙、阿斯塔那

---

① 岑仲勉：《〈括地志序略〉新诠》、《〈旧唐书·地理志〉“旧领县”之表解》，收入氏著《岑仲勉史学论文集》，中华书局 1990 年版，第 519—561、562—588 页。

② 冻国栋：《中国人口史》第二卷《隋唐五代时期》，第 22—23 页。

③ 《通典》卷 7《食货·历代盛衰户口》，第 148 页。

④ 宋家钰：《唐朝户籍法与均田制研究》，中州古籍出版社 1988 年版，第 77—79 页。最后一个特征，宋先生持手实同户籍一道皆三年一造，朱雷《唐代“手实”制度杂识》论证手实是一年一造，并在每年岁终开始编造，而及时反映户口每年变化的首推手实，且在此基础上编制一乡之乡帐，载氏著《敦煌吐鲁番文书论丛》，第 97—112 页。张荣强《唐代“手实”与“计帐”关系考》亦认为手实一年一造更有说服力，载氏著《汉唐籍帐制度研究》，第 277—289 页。

⑤ 张荣强：《汉唐籍帐制度研究》，第 278 页。

⑥ 唐长孺主编：《吐鲁番出土文书》录文本第 4 册，第 71—79 页。

103 号墓出土的《唐贞观某年西州某乡残手实》①；丙、哈拉和卓 39 号墓出土的《唐贞观年间（640—649）西州高昌县手实一》② 和《唐贞观年间（640—649）西州高昌县手实二》两件③。还有一件阿斯塔那 152 号墓出土的，列为丁《唐残手实》④。现将甲、丙两件分别具列如下，以观其形制：

1. ］年卅七丁男

2. ］年肆拾丁妻

3. □安海年拾伍中男

4. ］肆黄男

5. ］ □女

6. □□□八十亩未受

7. 牒被责当户手实，具注如前，更加减。若后虚妄，

8. 求受罪，谨牒。

9. 贞观十四年九月 日户主李石住牒

……………………………………………………………………

1. ］已受

2. 应受田陆拾壹亩 七十步居住□□

3. 五□亩一百七十步未受

4. □ 段三亩半卅步世业常田 城东□□ 土门谷渠东李举西渠南［

5. □段九十步世业菜 城东一里土□谷渠 东曹寺西渠南

① 《吐鲁番出土文书》录文本第 4 册，第 216 页。

② 《吐鲁番出土文书》录文本第 6 册，第 105—106 页。

③ 同上书，第 107—108 页。

④ 《吐鲁番出土文书》录文本第 4 册，第 254—255 页。

渠［

6. □[段]六亩世业部田　城北三里潢□　东车林　西渠南李举［

7. □□七十步居住园宅

8. □□通当户来年手实，[具]注如前，并皆依[实]，［

9. □[妄]，依法受罪。谨[牒]。

[贞]□□□年　月　日户［

上举两件在形式和详略上是可以互补的。手实虽残，但基本结构清晰：手实以户为单位，以户主为申报人，先列户主，然后是户内口，有姓名、年龄等项。再登录户内土地状况，段亩数量、性质、质量和四至。最后部分是户主的誓词声明，内容是保证申报内容的真实可靠。

为文书时代辨析的需要，现将五件手实的保证辞列表如表 1－1 所示：

表 1－1　　唐代初期手实文书所见保证辞表

	文书时代	保证辞	备注
甲	贞观十四年(640）九月	牒被责当户手实，具注如前，更（无）加减，若后虚妄，求受罪，谨牒。	五件皆出自唐代西州地区，据同一墓葬内的其他文书或文物资料，时代都限定在高昌国后期至唐设置西州初期。但就手实的历史和性质来看，唐初是重要发展时期。
乙	贞观某年	牒被责当户手实，注［　］合注，求受重罪。谨牒。	
丙一	贞观年间(640—649)	］来年手实，[具]注如前，并皆依实，［	
丙二	贞观年间(640—649)	□□通当户来年手实，具注如前，并皆依实，［	
丁	无	[牒][被][责]当户来年手实，件通如前，无有加减，若后虚妄，求依法□罪。谨牒。	

《新唐书》曰："凡里有手实，岁终具民之年与地之阔狭，为乡帐。乡成于县，县成于州，州成于户部。又有计帐，具来岁课役以报度支。"[①] 可知，本年岁末开始编造次年手实的规定，被丙一、丙二、丁三件文书的保证辞所印证。贞观十四年（640）八月侯君集攻灭高昌国，同年九月设置西州。甲件具体时间为贞观十四年九月，方实行唐制之始。作为所有手实中最早的一件，其保证辞符合制度和历史形势，故无"来年"字样。我们推测乙件的"贞观某年"可能是贞观十四年，而丁件的可能年代亦在贞观年间（640—649）[②]。但丙、丁三件的时间略可修正一下，即不应将贞观十四年作为上限，而应是贞观十五年（641）或其后为下一年所造的手实。所以丙、丁三件手实的时间可修正为以贞观十五年起始的时代断限（641—649）更符合历史情况。

另外，有学者指出《新唐书·食货志》关于年终造手实的记载所反映的，只是其所谓的第一期以贞观十四年李石住等户手实为代表的文书编造。但这一结论无法解释其所谓的第二期哈拉和卓 39 号两件贞观残手实中的保证辞——"通当户来年手实"之义[③]。武德、贞观之际是唐代户籍计帐体系的发展初期，出土的贞观时期手实基本都确定在贞观十四年（640）以后。在没有充足的理据下，分类过细会影响文书整体性质的讨论。

贞观时期的手实使我们得窥唐代手实的早期面貌，而在唐代户籍类文书中，能够首先反映人户每年变化的就是手实。手实不仅每年一造，而且贞观年间的手实甚至还是每年重新编造一份[④]。

至于唐初户口帐之形式，唐长孺集合了十七件西州户口帐，并按内容大致分为简式、繁式、分里式及算草、损益帐式五类[⑤]。其中，简式户口帐总计六件，都出自阿斯塔那 103 号墓。第一件是《唐贞观十八年

① 《新唐书》卷 51《食货志一》，第 1343 页。

② 本件当是贞观间手实，唐长孺《唐贞观十四年手实中的受田制度和丁中问题》，载氏著《山居存稿三编》，中华书局 2011 年版，第 88 页。

③ 孟宪实：《新出唐代寺院手实研究》，《历史研究》2009 年第 5 期。

④ 朱雷：《唐代"手实"制度杂识》，载氏著《敦煌吐鲁番文书论丛》，第 102、105 页。

⑤ 唐长孺：《唐西州诸乡户口帐试释》，载《山居存稿三编》，第 95—181 页。

（644）西州高昌县武城等乡户口帐》[①] 的前半部分，唐文称作《唐贞观十八年（644）西州某乡户口帐》，造写日期即在此部分。第二件《唐西州某乡户口帐（草）》的字迹与第一件相同，可视作同一年代[②]。第三件残存的女口与贱口数字与第二件相同[③]，属于一式两件，一为草稿，一为誊清本。余下三件均无纪年，但形式相同，又同出一墓，可能都在贞观十八年左右。

户口帐的第一大项是计户，计户不分新旧，不分丁、中、老、小、寡以及其他类别。第二大项是计口，统计次序是：在合计当乡口数后，低格分行计旧新口若干；其次总计当乡杂任、卫士、老小、三疾、职资、侍丁等不课和课丁不输口若干；又次总计见输白丁若干；又次总计女口若干；又次总计贱口若干，后低格分行计奴若干、婢若干。奴与婢下皆以小字注新若干、旧若干；最后是当乡里正连署申报的牒文。无论是计户还是计口形式，都较繁式户口帐的帐式为简单。唐文谨慎地将户口帐定性为计帐的一种，由于户口帐的内容、形式与计帐很接近，也只有造帐才需要这样的户口统计资料[④]。

朱雷将上举西州诸乡户口帐称作“乡帐”，由各乡诸里正分别制定。虽非一乡，但确是同一时间的“乡帐”残卷，因此能够大体复原“简式乡帐”的主要形制。据对贞观十八年西州各乡户口帐的总结，兹举“乡帐式”如下：

1. 某某乡
2. 合当乡去年帐后已来新旧户若干
3. 　　户若干旧
4. 　　户若干新
5. 合当乡去年帐后已来新旧口若干
6. 　　若干口旧

---

① 《吐鲁番出土文书》录文本第4册，第214—215页。

② 同上书，第217—218页。

③ 同上书，第219页。

④ 唐长孺：《唐西州诸乡户口帐试释》，载《山居存稿三编》，第95—181页。

7. 若干口新（云新附）

8. 若干杂任卫士及职资侍丁老小三疾等

9. 若干白丁见输

10. 若干老寡丁妻黄小女

11. 若干贱

12. 若干奴 若干旧 若干新

13. 若干婢 若干旧 若干新

14. 合当乡去年帐后已来户口新旧老小良贱见输白丁并皆依实后若漏妄连署之人依法罪谨牒

15. 某某年号某月 日里正某某牒

里正某某牒

里正某某牒

…………

而在现存的贞观十八年（644）乡帐与永徽二年（651）的乡帐之间，有一个“过渡期”。此“过渡式”应在贞观十八年后到贞观二十三年（649）间。高宗永徽元年（650）后，“乡帐”帐式便发展到“繁式”阶段[①]。

贞观时期户口帐（或乡帐）表明由诸乡申报的户口分类统计是当时一项经常性的制度，而统计诸色户口数字是计帐的主要组成部分[②]。它是基础性的户口统计，为各级计帐的编制提供原始资料：先是县据各乡呈报的乡帐，编制成县计帐；再由州汇总诸县计帐，制成州计帐；最后户部总合成全国计帐[③]。

除了贞观户籍残卷以外，许多籍帐文书都在西州初置时期纷纷制定，文书形制或有不同，但都以户口统计为核心[④]。《唐西州高沙弥等户家口

① 朱雷：《唐代“乡帐”与“计帐”制度初探——吐鲁番出土唐代“乡帐”文书复原研究》，载《敦煌吐鲁番文书论丛》，第169—170、172页。

② 唐长孺：《唐西州诸乡户口帐试释》，载《山居存稿三编》，第136页。

③ 张荣强：《汉唐籍帐制度研究》，第282页。

④ 唐长孺：《唐西州诸乡户口帐试释》，载《山居存稿三编》，第168页。

籍》的主要内容是户主及户内口、奴婢的年龄，而户主孟海仁名下注以“县史”，户内还登录了一头牛，应属本户的赀产①。该种形制的文书虽非户籍，但也并非一般的、以《唐贞观某年孙承等户家口籍》为代表的家口名籍②。官府对每户家口进行统计的文书尚有《唐隆仕等家口簿》“户主姓名加口数”的形式，以及《唐张延怀等名籍》这种姓名下缀以年龄的普通年名籍③。

当时还产生了户口与户内田地同籍登录的文书，如《唐贞观某年西州高昌县范延伯等户家口田亩籍》，整理者题注曰：“本件只记户内人口年龄，未见丁中、课输诸色；家口名年后即书世业、口分亩、方位、四至，不见应授、已授、未授、园宅等记载，与通常户籍有异。”④《唐西州高昌县顺义等乡勘田簿》形制则为：姓名＋田地四至＋合计亩数⑤。

当时还存在户数统计文书，如《唐西州高昌县顺义乡户别计数帐》有老户、丁户、次户、小户、寡户五种名目，有的下面缀以用于计数的“尚”字或其部分笔画。从各户名称看，多以户头（户主）的年龄及丁中来称呼，“次户”即次丁（或称作中男）为户主，“小户”则以小男为户主，至于“寡户”当是寡妇当户者⑥。本件无年代，但同墓出土了《唐贞观某年某乡老、小、寡户计数帐草》，文书中亦有“尚”字，故与此件时代相近⑦。因此，无具体年代的文书，可以同墓出土文书的具体情况而大致推定为某一时期。

同时，贞观时期还出现了徭役分配的差科文书，这是建立在丁中男口的统计之上的。《唐令狐鼠鼻等差科簿（？）》题注认为：“本件年代当在贞观二十一年至二十四年间。簿内列举应役、免役丁中，似为差科簿，

---

① 《吐鲁番出土文书》录文本第4册，第12—14页。

② 同上书，第80—81页。

③ 同上书，第231、233—234页。

④ 同上书，第222—227页。

⑤ 同上书，第18—22页。

⑥ 同上书，第83—84页。此外，应当存在以大女为户主的“女户”，这与“寡户”不同，后者属于嫁入女性。

⑦ 同上书，第82页。

但形式与敦煌所出天宝间差科簿不同”[①]，又《唐郭默子等差科簿（?)》题注谓：“本件背面为《永徽元年后某乡户口帐（草)》，年代应早于永徽二年。簿籍形式先汇列诸人姓名，次列举应役、免役丁男，今拟为差科簿”[②]。鉴于开元时期《赋役令》规定：“每因收手实之际，即作九等定簿，联署印记。若遭灾蝗旱涝之处，任随贫富为等级。差科、赋役，皆据此簿。”[③] 这些唐代早期的差科簿便与当时的手实申报联系起来，也印证了户等审定已被正常执行。

如上，贞观时期奠定了唐代户籍计帐体系的基础，是“贞观之治”的重要体现。

第二节 武周与开元时期户籍编造的深化

高宗时期是贞观年间底定的户籍计帐诸制的深化时期，如上节所言“繁式乡帐”的出现。出土文书中还发现一些特色的户籍类文书，如《唐神龙三年（707）高昌县崇化乡点籍样》文书，主要特点是以“乡别为卷”，与户籍一样，进而按里统计，标出里名[④]。各户记载的“简点”内容如下：

户主名、年、身份

口大小总若干（户内成员男女口按老、小、丁、中、黄各若干)

丁男（首书与户主关系，次书名、年及身份)

中男（亦同丁男之例)

合已受田若干亩

可见重视户主及户内丁、中男的详细记载，而对不承担赋役及按令受田

① 《吐鲁番出土文书》录文本第6册，第212—216页。

② 同上书，第217—222页。

③ 天一阁博物馆、中国社会科学院历史研究所《天圣令》整理课题组：《天一阁藏明钞本天圣令校证（附唐令复原研究)》复原部分，中华书局2006年版，第467—468页。

④ 《吐鲁番出土文书》录文本第7册，第468—485页。

的女口、男口中的老、小、黄，仅在总口数下以脚注显示①。民籍以外的特别户籍尚有首次发现的寺院手实——《唐神龙三年（707）正月高昌县开觉等寺手实》、首次面世的僧籍实物——《唐龙朔二年（662）西州高昌县思恩寺僧籍》等文书②。龙朔三年（663）七月制曰："卫士八等以下，每年五十八放令出军，仍免庸调。"③ 学者指出"八等"之"等"乃就户籍等第而言，表明九等定户已经推广普及到设置军府地域内的全体人民④。可以说，武德末期制定的九等定户之制经过贞观时期的运作，至此，已十分成熟。

而高宗的继任者——武周政权在户籍编造的环节上仍然发生了一些显著的变化。

一 武周政权对户籍编造的适度调整

首先，武则天时期的手实编造发生了变化。

宋家钰依其总结的手实内容和特征，对唐代手实作了整体归纳，分为初唐、吐蕃占领敦煌时期、大中时期、大顺时期四个时期⑤。孟宪实认为宋氏分期时代跨度太大，而且唐前期与唐后期在制度上多有变化，不应整齐划一地看待。他把唐前期现有的手实文书分为五个时期，分别是以《贞观十四年西州高昌县李石住等户手实》为代表的、哈拉和卓39号墓出土的贞观年间高昌县手实、阿斯塔那119号墓出土的应属于高宗时代的《唐西州高昌县手实》《武周载初元年（690年）西州高昌县宁和才等户手实》⑥，以及后武则天时代。可见，孟宪实将宋氏分类的第一期"唐初的手实"重新分类为五期。唐前期的手实基本结构和式样是一致的，变化仅仅发生在细节上。这些细节体现在利用手实制度控制社会方面，

---

① 朱雷：《敦煌吐鲁番文书论丛》，第130—131页。

② 荣新江等主编：《新获吐鲁番出土文献》，第53、60—61页。

③ 《通典》卷6《食货·赋税下》，第107页。

④ 陈寅恪：《唐代政治史述论稿》，生活·读书·新知三联书店2001年版，第348页。

⑤ 宋家钰：《唐朝户籍法与均田制研究》第三章第三节"手实文书在唐代的演变"，第80—88页。

⑥ 唐长孺：《吐鲁番出土文书》录文本第7册，第414—440页。

官方有着越来越严格的倾向。武则天时期的手实，明显倾向是控制人口重于控制土地，而正是在武则天统治之际，逃户问题变得严重起来[①]。

关于武周时期手实制度变得严格的论断参考价值极大。但论者认为，根据新发现的《唐高宗龙朔二年（662 年）正月西州高昌县思恩寺僧籍》[②]，并据“手实与户籍同年编造的规律”，推定晚到高宗时期，“编造户籍的时间已经从年终改作年初”[③]。可是，年初造籍史有明证，如《前秦建元二十年（384）籍》是三月所造、敦煌文书 S. 113《西凉建初十二年（416）籍》乃正月之籍、《魏书·高祖纪下》载太和二年（486）“二月甲戌，初立党、里、邻三长，定民户籍”等。再者，没有证据说明高宗之前的户籍是在年终编造，只有手实造于年终的确切规定。手实是户籍的基础资料，其编造是整个户籍计帐体系中最先进行的[④]。而且，已有研究辨明了不能过度依赖民户手实与民籍的编造关联来推论寺院手实与僧籍之间的从属关系，这是两个相对独立的户籍系统[⑤]。

从文书学的角度看，以贞观十四年（640）李石住等户手实及其他贞观年间残手实与载初元年手实作比较，发现两者书式存在不同之处，前者在书写户内人名、年龄之后，紧接着书写土地授受情况（包括已授未受数，以及已受田地的段、亩数与四至），其后紧接着书写保证辞，三项之间，并无特别的空隙出现。相反，载初元年手实在与之相同的三项之间，保留了相当的空隙。由此推测，在载初手实中出现不同于贞观手实的变化，正是为了今后发生“析生新附”以及土地因授受而有增加时，留有空白，供“以次编附”之用。武周载初元年手实的第八段婆子户记有：“女保尚 如意元年九月上旬新生附”[⑥]。因此，发生在如意元年（692）九月上旬的“新生人口”便编入载初元年一月所造的手实中了。因而，朱雷指出手实是每年一造，在贞观年间手实甚至还是每年重新编

① 孟宪实：《新出唐代寺院手实研究》，《历史研究》2009 年第 5 期。

② 荣新江等主编：《新获吐鲁番出土文献》，第 60—61 页。

③ 孟宪实：《新出唐代寺院手实研究》，第 175 页。

④ 张荣强：《汉唐籍帐制度研究》，第 289 页。

⑤ 孙宁：《唐代前期非农人口籍帐的编造与其背景》，《中国农史》2013 年第 5 期。

⑥ 《吐鲁番出土文书》录文本第 7 册，第 429 页。

造一份。大约至迟在武周载初元年造手实时已发生了变化，表明每年造手实时，未必都重新编造一份，而是在此前所造手实中所保留的空白处，填入新的变化①。

贞观时期手实比较残缺，但结合武周载初元年手实，可知手实没有户等注记。据此，可证定户所形成的户等簿帐——“九等定簿”与手实是各自独立的，都是户籍编造的前期准备。

此处需要对载初元年手实的公元系年作一辨正。该手实末尾明确记载了申报时间：

载初元年一月　日

宋家钰据《改元载初制》认为，这里的载初元年一月实际是正月，亦即永昌元年的十一月②。且看武周建国之初《改元载初制》的原文：

宜以永昌元年十有一月为载初元年正月，十有二月改腊月，来年正月改为一月。③

《旧唐书·则天皇后纪》也有永昌元年（689）十一月，“依周制建子月为正月，改永昌元年十一月为载初元年正月”的记载。在此，我们看到载初元年正月（永昌元年十一月）与载初元年一月是两个不同的月份。但是，在这两个纪年之后附以公元年月时，出现了误差：“史籍说得很清楚，载初元年正月（690 年 1 月）和载初元年一月（690 年 3 月）并不是同一个月。”④ 按此，载初元年腊月是公元 690 年 2 月。

实际上，载初元年正月即永昌元年十一月，此年干支为己丑，亦即己丑年十一月。武周敕令是将己丑年的第十一个月开始行用周历，以为

① 朱雷：《唐代“手实”制度杂识》，载氏著《敦煌吐鲁番文书论丛》，第 104、105 页。

② 宋家钰：《唐朝户籍法与均田制研究》第三章第五节“载初元年手实文书与手实、户籍编造的时间”，第 93—102 页。

③ 《唐大诏令集》卷 4，中华书局 2008 年版，第 19 页。

④ 张荣强：《汉唐籍帐制度研究》，第 273 页。

岁正，则己丑年的永昌元年事实上只有十个月，不符十二个月为一年的历制[①]。而载初元年正月是武周时期己丑年的十一月，载初元年腊月是己丑年的十二月。公元 689 年 12 月 31 日对应的是己丑年十一月十四日[②]，可见己丑年尚有一个半月才能结束，而 690 年 1 月 31 日所对应的是己丑年十二月的中旬。所以，载初元年正月的公元系年是 689 年 12 月 18 日至 690 年 1 月 16 日，载初元年腊月则是 690 年 1 月 17 日至 2 月 15 日[③]。那么，到 690 年 2 月中旬所对应的方是庚寅年正月，而这个庚寅年正月则是武周改定的载初元年一月（690 年 2 月中旬至 3 月中旬）[④]。从载初元年一月乃庚寅年正月的实际出发，武周时期仍保持了年终始造手实、下一年初完成的制度。

因此，相对于贞观手实的保证辞而言，本件手实的保证辞并无“来年”字样，亦可求解于新历法的实施。

其次，别籍析户者的户等不准减损。万岁通天元年（696）七月二十三日敕：“天下百姓，父母令外继别籍者，所析之户，等第并须与本户同，不得降下。其应入役者，共计本户丁中，用为等级，不得以析生蠲免。其差科，各从析户祗承。勿容递相影护。”[⑤] 因为唐律规定禁止家长（祖父母、父母）在世时子孙析户立籍，否则处以徒刑[⑥]。而一些民户往往采取同财异籍或别籍异居的方式以降低户等，逃避赋役[⑦]。鉴于户等与赋役的征发紧密相连，这一析户政策的有限性实质是保证赋役标准的正

---

① 此处还需借鉴《旧唐书·则天皇后本纪》（或据《则天皇后实录》而成）对历法与年号频变的处理智慧，纂修者处理历法改变与年号迭换的对策是：永昌元年只有十个月纪事，余下为每年完整的十二个月纪事，到圣历三年（700）亦即久视元年十月恢复历法，本年是十四个月纪事。这一方式避免了年号频繁改变对历史纪事的不良影响。

② 方诗铭：《中国历史纪年表》修订本，上海人民出版社 2007 年版，第 86 页。

③ 农历大月三十天、小月二十九天，又《天圣令》所附唐令规定各项经济财政事务的截止期限有十月三十日、十二月三十日、五月卅日等。

④ 陈垣：《二十史朔闰表附西历回历》，中华书局 1962 年新 1 版，第 90 页。

⑤ 《唐会要》卷 85 定户等第条，第 1557 页。

⑥ 《唐律疏议》卷 12《户婚律》子孙别籍异财条，第 236—237 页。但冻国栋认为，与《唐律疏议》规定相比，武周实际上放宽了析户的条件，见《隋唐时期的人口政策与家族法》，载《唐研究》第 4 卷，北京大学出版社 1998 年版，第 319—335 页。

⑦ 宋家钰：《唐朝户籍法与均田制研究》，第 62 页。

常施行。

最后，勘田括户工作强化了武周时期户籍类文书的编造。哈拉和卓墓葬出土的武周勘田文书残卷，研究者将其分为四类：田籍相同、有田无籍、有籍无田、无籍无主，皆是官府对田亩勘检的实录。这些勘田文书是在综合各户手实、堰头状牒、旧有籍帐、检校营田人员的查勘牒以及里正申报牒之后所形成的草案。这是唐人在均田制下经过长期的田籍勘检工作而总结出来的一套办法。在圣历二年（699）前后，西州、沙州都进行了田籍的勘检，并对田籍关系作出大的调整。两地活动的遥相呼应，实是贯彻武周政权在全国进行田籍大勘检敕令的反映①。

武周长安年间确曾派遣御史外出检查逃亡户口②。此次全国性的勘查户籍、检括逃户工作至迟在长安二年（702）七月就开始了，并一直持续到了长安四年（704）。此次检查户籍的效果在阿斯塔那35号墓出土的《唐神龙三年（707）高昌县崇化乡点籍样》上有反映，至少有9户是新括附出来的，每户在列出户主姓名、年龄、大小口数及丁中分类之后，均标有“右件户括附，田宅并未给受”③。同墓还出土了《武周先漏新附部曲客女奴婢名籍》，可能为长安年间的文书。其中第二片末注曰：

> 右件部曲、客女、奴婢等，先漏不附籍帐，今并见在，请从手实为定，件录年名如前。④

名籍中男性总计27名，女性51名，奴婢占大部分。这些都是原来不附籍帐的隐漏人口，经过检括才将其重新附籍的⑤。从引文看，这次全国性的人口大检查强化了户籍类文书的作用，手实预其一焉。而且，检括出的

---

① 陈国灿：《武周圣历间敦煌勘田文案研究》，载氏著《敦煌学史事新证》，甘肃教育出版社2002年版，第98—144页。

② 唐长孺：《关于武则天统治末年的浮逃户》，《历史研究》1961年第6期。

③ 《吐鲁番出土文书》录文本第7册，第468—470页。

④ 同上书，第455—463页。

⑤ 陈国灿：《武周长安间敦煌括户案卷研究》，载氏著《敦煌学史事新证》，第145—166页。

“漏口”其身份、姓名和年龄等信息倚重于手实文书，也表明了武周时期手实制度的严密和可信。

另外，本件名籍上各色人口的统计顺序值得注意，分别是部曲、奴、客女、婢，十分真实地表现了部曲阶层与奴婢阶层的身份差异，关键表明了男性人口是统计的重要事项。高宗时期的西州《永徽二年户口帐》第一次出现了与奴婢并列于贱口的部曲、客女，数量虽微不足道，但是籍帐上第一次出现，也是唐代文书中第一次以法定贱口的身份出现[①]。武周时期的这次户口大检查，通过户籍类文书的编造形式深化了官方对部曲、客女的统计。

二 《天圣令》所附唐令与开元时期的籍帐编造

唐朝是我国古代法律发展的成熟时期，形成了比较完整的，以律、令、格、式为主的法律体系，通常被称作“律令制时代”。其中，唐朝《令》的地位十分重要，规定了国家各方面的制度，指导和规范着政治、经济、社会等各领域活动的有序运转。但是，《令》在元朝之后逐渐淡出了法律体系，佚失严重。经过日本学者的持续接力，20 世纪 30 年代和 90 年代先后出版了两部煌煌巨著：《唐令拾遗》[②] 和《唐令拾遗补》[③]，搜集、整理、复原了一半规模以上的《唐令》，厥功甚伟。不过，由于没有相对完整的《唐令》原文传世，上述著作所复原的《唐令》令文在篇目安排、条文顺序、行文方式乃至词语使用上，是否与《唐令》原文一致，都需要慎重对待。

天一阁博物馆藏明抄本北宋《天圣令》现存 10 卷，内容与次序分别为田令卷第二十一、赋役令卷第二十二、仓库令卷第二十三、厩牧令卷第二十四、关市令卷第二十五（捕亡令附）、医疾令卷第二十六（假宁令附）、狱官令卷第二十七、营缮令卷第二十八、丧葬令卷第二十九（丧服年月附）、杂令卷第三十（第三十卷未完），共 12 篇令。《天圣令》于北

---

① 唐长孺：《唐西州诸乡户口帐试释》，载《山居存稿三编》，第 151 页。

② ［日］仁井田陞著，日本东方文化学院东京研究所 1933 年初版，1964 年、1983 年东京大学出版会又曾两次出版缩印本。

③ ［日］仁井田陞著，池田温编集，东京大学出版会 1997 年版。

宋仁宗天圣七年（1029）修成，十年（1032）“镂版施行”，其编修原则是“取唐令为本，先举见行者，因其旧文，参以新制定之。其令不行者亦随存焉。”因此《天圣令》先列当时现行的条文，然后注以“右并因旧文，以新制参定”；再将当时不行的条文附抄于后，写明“右令不行”。各令由于情况不同，“现行之令”和“不行之令”的比重也不同。如《田令》，现行之令只有7条，不行之令有49条，而《营缮令》前者有28条，后者只有4条。全部10卷12篇令共有宋令293条，唐令221条。两者合计，共有令文514条①。

《天圣令》除了文物价值、法律史价值之外，它为当时的经济制度与社会制度，诸如土地、赋税、徭役、畜牧、仓储、医疗、丧葬、建筑工程、商贸、交通、诉讼、监狱等相关研究提供了宝贵的新资料。戴建国最早指出《天圣令》是以唐开元二十五年令为基础修定的②。这一见解被逐渐认同，高明士认为“《天圣令》含有极大成分的《开元二十五年令》内容”③。但仍有异议，尤其在涉及具体令文的年代上意见更难统一④。中国社会科学院历史研究所等整理的《天一阁藏明钞本天圣令校证附唐令复原研究》一书对此持谨慎态度，在究竟是开元三年、七年或是二十五年令的问题上，没有明确表示。综合之后，“开元令”的色彩占主流⑤。

遗憾的是，这十卷残本令文所附12种唐令，并无“户令”，户籍及其编造的具体规定无从得见。而与户令极其相关的田令、赋役令则在其中，若干内容为开元时期的户籍编造提供了不少细节。需交代的是，此

---

① 黄正建：《天一阁藏〈天圣令〉的发现与整理研究》，载《唐研究》第12卷，北京大学出版社2006年版，第1—8页。

② 戴建国：《天一阁藏明抄本〈官品令〉考》，《历史研究》1999年第3期。后又再次论证，见氏著《〈天圣令〉所附唐令为开元二十五年令考》一文，载《唐研究》卷14“《天圣令》及所反映的唐宋制度与社会研究专号”，北京大学出版社2008年版，第9—28页。

③ 高明士：《评〈天一阁藏明钞本天圣令校证附唐令复原研究〉·前言》，载《唐研究》卷14，第509—511页。

④ 刘燕俪：《评〈天一阁藏明钞本天圣令校证附唐令复原研究〉·赋役令》，载《唐研究》卷14，第518—523页。

⑤ 坂上康俊：《〈天圣令〉蓝本唐令的年代推定》，载《唐研究》卷14，第29—39页。

处所引令文使用清本[①]，并参以复原令文。

（一）唐《田令》中户籍文书的使用

《天圣令》所附唐《田令》条文可基本分为七类：田亩面积类，民户受田类，官人受永业田类，宽狭乡、园宅、卖买等杂类，土地收授与非民户受田类，公廨田、职分田类，屯田类。除第一类属于技术性的规定外，余下六类都是有关私人和官府两种性质不同的土地占有之规定。私人土地占有规定可以分为民户受田、官人受田和私人土地收授、转让三部分。官府机构对土地占有主要涉及各级官府、官人用的职田、公廨田、驿田和国家用的军事性质的屯田。可以说，这些规定是现实的土地占有关系在法律上的体现[②]。而与户籍类文书编造息息相关的则是私人土地占有的各项规定。

唐12条：诸请永业者，并于本贯陈牒，勘验告身，并检籍知欠。然后录牒管地州，检勘给讫，具录顷亩四至，报本贯上籍，仍各申省计会附簿。其有先于宽乡借得无主荒地者，亦听回给。

本条令文规定了申请永业田的必要手续。这是唐朝政府维护均田制的重要措施。据令文揭示的程序，永业田的申请、审核、给授、登记，乃至上报汇总，环环相扣，甚为严密。所谓“检籍知欠”“具录顷亩四至，报本贯上籍”，可见当时户籍和田籍是一起制作的[③]。这是为了确保均田法的施行，“就必须在户籍上同时登记民户的土地和户口，以备审核”[④]。戴先生依据宋家钰的研究[⑤]，认为令文中的“附簿”之“簿”，应

---

① 黄正建《天一阁藏〈天圣令〉的发现与整理研究》一文明确表示，使用《天圣令》时可以直接使用清本，载《唐研究》第12卷，第6页。高明士在《评〈天一阁藏明钞本天圣令校证附唐令复原研究〉》的前言部分指出，清本实际是校录本的精简本，而研究者也是校录者，这是课题组的主要贡献，载《唐研究》卷14，第511页。

② 宋家钰：《唐开元田令的复原研究》，载天一阁博物馆等《天一阁藏明钞本天圣令校证（附唐令复原研究）》，第437—453页。

③ 戴建国：《唐〈开元二十五年令·田令〉研究》，《历史研究》2000年第2期。

④ 宋家钰：《唐代户籍上的田籍与均田制》，《中国史研究》1983年第4期。

⑤ 宋家钰：《唐代的手实、户籍与计帐》，《历史研究》1981年第6期。

是户部的“大簿帐”。实际上，宋文对户部“大簿帐”的定义是户口计帐，此帐又称大簿、大簿帐，其内容当是各州计帐的总汇。户部汇编各州计帐之后，即计算出来年度的课役①。宋先生据日本《延喜式》中的大帐式推断唐朝户部大帐的内容为两部分：一是全国户、口的总计；二是转录的各州户、口总计，课与不课户、口数总计。州、县帐也是相应的户、口总计②。他认为户籍与计帐具有不同的内容，而民户的土地只有上籍的问题，没有登帐的可能③。据贞观、高宗时期的西州乡帐来看，土地是不会计入这种“户口帐”的。所以，令文中的“簿”应是关于土地数量的帐，再据“管地州”，“申省计会附簿”之语，或许存在有关一州的土地簿帐，乃至全国性的土地簿帐。

整理者将其复原为唐《田令》第13条。李锦绣依据令文讨论了均田制执行过程中的审计问题，这是土地变更能否登录于户籍的关键。故在正式授予民户土地并将其写入户籍之前，需要“授前审计”。永业田颁给之前，要由州司“检勘”：一方面对申请者的身份与土地占有状况以严格审查，另一方面对管地州的官府掌握的土地也要核实、检查。两方无误，才能授给。在写入户籍之后，仍需申报尚书省审核、检查、入帐，此为“授后审计”。而尚书省参加审核的除户部外，还应包括比部。经过这两道审核，授给百姓永业田的手续才宣告完成④。

从“检籍知欠”与“报本贯上籍”的要求，我们看到户籍在编户民土地占有关系上的绝对地位，不仅仅是土地凭证的作用。

> 唐18条：诸买地者，不得过本制。虽居狭乡，亦听依宽乡制，其卖者不得更请。凡卖买皆须经所部官司申牒，年终彼此除附。若无文牒辄卖买者，财没不追，地还本主。

据令文可知，土地的买卖只是有限允许，而买卖的结果必须经过官

---

① 宋家钰：《唐朝户籍法与均田制研究》，第176页。

② 同上书，第142页。

③ 同上书，第182—183页。

④ 李锦绣：《隋唐审计史略》，第101页。

府的认定。故“年终彼此除附”一语，意味着需要据土地买入卖出的情况，于各自的户籍文书上作出相应的调整。在唐前期，定户等、造手实是在年终进行的。至于户等审定是否将土地计算在内，还有争议。但手实是必须登录户内土地的，故民户因买卖而造成户内土地变动的结果应当会反映在每年一造的手实上。因此，就现有的唐代手实和正式户籍而言，登录的是土地变动的既成事实，而非变动的过程①。

唐25条：诸应收授之田，每年起十月十一日，里正豫校勘造簿，至十一月一日，县令总集应退应授之人，对共给授，十二月三十日内使讫。符下按记，不得辄自请射。其退田户内有合进受者，虽不课役，先听自取，有余收授。乡有余，授比乡；县有余，申州给比县；州有余，附帐申省，量给比近之州。

唐27条：诸田有交错，两主求换者，诣本部申牒，判听手实，以次除附。

从第25条看，均田制下田地收授的处理是每年地方行政事务中的重要一项，必须于每年十月一日开始造簿，十一月一日给田，十二月三十日授田完毕。我们看到田簿（田籍）的“勘造”是整个程序的关键点，因为田簿所记录的土地变动会反映在本年岁终为下一年所造的手实上，又会将阶段性的变化反映在三年一造的户籍上。田簿一年一造，手实同样一年一造，那么土地的变动会连续地记录在手实上。由于手实是户籍制作的初级资料，据之编造的户籍则认可了这种变动。所以，第27条的重要性在于肯定了——手实是记录土地情况的基本凭据。凡田亩段块、大小、四至俱载于上。田亩更动必须通过除附手续，更改手实，须经官府核准。所谓“判听手实”，即需得到官府的许可才能生效。并且，本条为解决手实究竟是计帐编制之本，还是户籍编制之本，抑或是两者编制之本的分歧，提供了法律依据。根据唐12条“诸请永业者，并于本贯陈

① 目前所见最早的纸本户籍《前秦建元籍》则带有明显的户内土地变更的痕迹，因此户籍中土地事项的登录方式应存在一个发展变化的过程。

牒，勘验告身，并检籍知欠。然后录牒管地州，检勘给讫，具录顷亩四至，报本贯上籍”之规定，既然“诸田有交错，两求换者”，要更改手实备案，而授给永业田后，“具录顷亩四至，报本贯上籍”，其中也必然先经手实的登录或更改手续，然后再于户籍上注明。由此可见，州县编制户籍是以手实为原始依据，户籍本于手实①。

如上三条，得窥土地收授与调整同户籍、手实、田簿的编造关系莫大。

> 唐 23 条：诸以身死应退永业、口分地者，若户头限二年追，户内口限一年追。如死在春季者，即以死年统入限内，死在夏季以后者，听计后年为始。其绝后无人供祭及女户死者，皆当年追。

本令主要涉及两种退田情况：死退与户绝退。在正常情况下，死退又分为户头与户内口退田两种②。而户头名下土地的追回期限较户内口长一倍，应与新户主的认定严格有关。但正常情况下的户绝退也细分为两类：户绝无嗣与女户死亡者。这两大类涉及户口存亡与土地追还的令文也反映在现实中，大谷文书《周天授二年（691）一月西州知田人郭文智辨》出现了“既称主簿不种还公、逃死、户绝等田陶菜”“不种逃死、户绝、还公等田”的表述③。据本件土地文案上的三大类退田概况，研究者指出基本包括了官府在正常情况下收回的民户土地④。而唐 23 条的宝贵在于，从制度上确定应在何种户口状态下，民户土地才能被依法追回，追回期限也完全依据各位编户民相应的户籍地位。

（二）唐《赋役令》中的籍帐信息

李锦绣将《天圣令》所附唐《赋役令》27 条复原为 50 条，并据之分作四大部分：第一部分，即属于“赋”的部分，包括租调等赋税的预

---

① 戴建国：《唐〈开元二十五年令·田令〉研究》，《历史研究》2000 年第 2 期。

② 在土地分配方面，户头与户内口要区别登记，且以高宗时期西州《唐欠田簿》为例，分为户头欠与户内欠两种，见《吐鲁番出土文书》录文本第 6 册，第 574—576 页。

③ ［日］池田温：《籍帐·录文》，第 178 页。

④ 宋家钰：《唐朝户籍法与均田制研究》，第 223 页。

算、征收、折纳、输纳、运输、入帐及减免等，是关于赋税征收的细则。第二部分，是关于免课役的部分，包括任官、附贯、死免、迁徙、没落、出使、节行、皇亲、官员、杂职、遭丧减免等诸规定，是关于复除的细则。第三部分，即属于“役”的部分，包括丁匠预算、征发、役日、口粮、支配、收庸、科唤、放假、除功、监察及遭丧等，是关于丁匠徭役的细则。第四部分，是有关赋役的杂令，包括粟草征收、丁匠管理、课役立限、营造日期、人力车牛、朝贡及征税牓示等，乃赋役制度的补充细则。所以，“赋”与“役”是《赋役令》中两个重要的部分①。

唐 1 条：诸课，每年计帐至，户部具录色目，牒度支支配来年事，限十月三十日以前奏讫。若须折受余物，亦豫支料，同时处分。若是军国所须，库藏见无者，录状奏闻，不得即科下。

丁口是诸课的重要来源，而乡帐是更高一级政区户口帐的基础。《唐贞观十八年（644）西州高昌县武城等乡户口帐》载有多位里正连署时的具体时间：贞观十八年三月某日②；又如《唐乾封二年（667）某乡户口帐》，里正署名时间为乾封二年十二月某日③。因此，每年乡帐编造的时间应从本年终开始到次年三月为限，所据资料应以当年手实为主。那么，“每年计帐至”，即地方计帐送达中央的具体时间呢？日本学者大津透拼接复原的《仪凤三年度支奏抄、四年金部旨符》之 A’ 24—32 行曰：

24. ［诸州］所申计帐比□［　　　　　　］到更下□

25. 勘□［　　　　　　　　　　　　］阙支配［　　］

26. 请每年申帐。绢乡［布］乡□［　　　］

27. 官，入国等，各别为项帐。其轻税人具

① 李锦绣：《唐赋役令复原研究》，载天一阁博物馆等《天一阁藏明钞本天圣令校证（附唐令复原研究）》，第 455—457 页。

② 《吐鲁番出土文书》录文本第 4 册，第 214—215 页。

③ 《吐鲁番出土文书》录文本第 6 册，第 331—335 页。

28. [　　　　　　　] 不役 [　　　　] 庸 丁 并 计应

29. [　　　　　　　　] 日以前申到户部，户

30. [部] [　　　　　] 应支配丁租庸调数，七月

31. [　　　　　　] 到度支，不须更录封内入国

32. 数□更有违，所由官典并请科附[①]。

大津透介绍第29行“日”前第三及第二字，依稀可辨为“五月”。李锦绣在此处直接补入“五月卅日”[②]，所以诸州计帐赴京的时间当在五月底之前。并且，据制度规定，诸州计帐是由专门的计帐使负责运送到省的[③]。

> 唐6条：诸课役，破除、见在及帐后附，并同为一帐，与计帐同限申。

就令文层次看，第1条已言及计帐。就本条令文而言，统计对象是承担课役的丁男，统计方式是先单项分类进行，再总合为一帐。此帐或为一种“丁口损益帐”，与包罗了户口之新旧、老小、良贱、男女、课役现状（课与不课、见输与见不输、白丁）等诸多内容的计帐应是两类户口帐，前者之于后者乃属于辅助性质的帐目。乡帐如《唐永徽元年（650）后某乡户口帐》明确有“去年计帐已来新附”之名目，这一“新附”或帐后附的情况目前有“被符附”“内附”“从某地附”（应与内附有别）[④]。此外还有“割贯来附”[⑤]、比较常见的“括附”与“漏附”，但

① [日] 大津透：《唐律令制国家的预算——仪凤三年度支奏抄、四年金部旨符试释》，原刊《史学杂志》第95编12号，1986年。此据中译，收入《日本中青年学者论中国史·六朝隋唐卷》，上海古籍出版社1995年版，第430—484页。

② 李锦绣：《唐赋役令复原研究》，第458页。

③ 张荣强：《从计断九月到岁终为断——汉唐间财政年度的演变》，《北京师范大学学报》（社科版）2005年第1期，收入氏著《汉唐籍帐制度研究》。

④ 《吐鲁番出土文书》录文本第6册，第237、238页。

⑤ 出自《唐（开元初年?）西州柳中县承礼乡籍》，载池田温《籍帐·录文》，第106页。

新出生人口的“新生附”不应是该帐统计的范围。从下文唐9条“课役”屡屡并称看，附帐的人口应是丁男，严格的说法是“正丁”。至于“与计帐同限申”，这个限期的具体时间应是上举“仪凤三年度支奏抄”及李锦绣复原的唐《赋役令》第1条所肯定的“五月卅日”。上言三月应是此类户口帐的编定时间，因为还存在五月三十日州一级行政申报户部的截止期限。计帐是随专职的计帐使进京的，本帐亦是如此。

唐9条：诸春季附者，课、役并征；夏季附者，免课从役；秋季以后附者，课、役俱免。其诈冒隐避以免课、役，不限附之早晚，皆征当年课、役。逃亡者附亦同。

此令应该由来已久，在《唐会要》卷85籍帐条中，乃置于武德六年编造籍帐法令之前。除了没有逃丁归附的规定外，其余内容皆同。手实、计帐与户籍三者的编造是在年初（以三月为限）完成的，“春季附籍者”所处时间与此一致。彼时丁口统计正在进行中，租调尚未启运，徭役仍待安排，这应是“春季附籍者”课役并征的缘由。春夏及秋季以后附者，与户籍类文书中通常见到的“括附”“新生附”与“逃还附”是两回事。据“春季附者，课役并征”，则是丁男人口的附籍，如《唐六典》卷3所言：“凡丁新附于籍帐者，春附则课、役并徵，夏附则免课从役，秋附则课、役俱免。”而《新唐书》卷51《食货志》则提供了具体的征免期限：“凡新附之户，春以三月免役，夏以六月免课，秋以九月课、役皆免。”

唐10条：诸户口中男以上及给侍老疾人死者，限十日内，里正与死家注死时日月，连署，经县申记，应附除课役者，即依常式。

中男的死亡是户口统计的重点之一，应该说仅次于丁男的死亡。据令文次第，前面几条专言丁男的附籍与课役。而中男，亦即次丁，需要承担地方上的轻型差役，如差科簿中的侍丁、村正、渠头、太守执衣、县令执衣等。因而，目前能直观体现丁中男口、侍丁差使的资料莫过于差科簿，而及时上报死亡讯息，避免役使落空，应与差科簿制作有关。

差科簿由本县制作，按丁中分类、分配差役、注差役于簿是其基本程序[①]，而里正与县曹在管内丁中男口的掌握上负有直接责任。

> 唐12条：诸没落外蕃得还者，一年以上，复三年；二年以上，复四年；三年以上，复五年。各给赐物十段。外蕃之人投化者，复十年。其夷獠新招慰及部曲、奴被放附户贯者，复三年。应给赐物，于初到州给三段，于本贯给。

没落外蕃者的原来身份是唐的编户民，外蕃投化之人本身也应是良民，适有如此除免课役的优待。而新招慰的夷獠本来就是没有户口者，不是大唐编户民的一员[②]。如开成四年（829）十一月，“安南都护马植奏：当管经略押衙兼都知兵马使杜存诚，管善良四乡，请给发印一面。前件四乡是獠户，杜存诚祖父以来相承管辖，其丁口税赋，与一郡不殊。伏以夷貊不识书字，难凭印文，从前征科，刻木权用。伏乞给发印一面，令存诚行用。敕旨：宜依。”[③] 官方不仅给予边疆地区归附的人口以“国民待遇”，并将其纳入人口统计范围，如哈拉和卓一号墓出土的贞观年间《唐西州某乡户口帐》，载有“合当乡归朝总［/六人并［/四人　男□/二人妇女”］[④]，该乡“归朝”后缺失部分应是人数，据男女之称呼，应属于良民的内附。出土文书尚有九姓胡诸户的年名籍，有户主姓名、年龄、丁中，并标明“户”字，即拥有户籍的作为普通百姓的胡人[⑤]。令文中部曲与奴并列，放良后可以立户，而不言及客女与婢。这两种贱口即使成为良民，也不允许自立为户，她们与敦煌吐鲁番户籍类文书中屡屡出现的“女户”有着严格界限。

---

① 文欣：《唐代差科簿制作过程——从阿斯塔那61号墓所出役制文书谈起》，《历史研究》2007年第2期。

② 李锦绣认为投化等于离蕃国而投于唐，招慰附户贯则是一个部落同意归唐者，载氏著《唐代财政史稿》第2册，第182页。

③ 《唐会要》卷73安南都护府条，第1322页。

④ 《吐鲁番出土文书》录文本第4册，第7页。

⑤ 《吐鲁番出土文书》录文本第7册，第350页。

以上令文不仅揭示了正式户籍形成之前的诸项工作，还展现了已完备的户籍在土地、人口、课役方面的巨大功用。户籍编造的细节通过此令的字里行间使我们加深了这方面的认识。

第三节　干支纪年与唐前期造籍的稳定

一　唐前期例行造籍年份

唐代户籍三年一造的制度不见于前朝史籍。而今日所见十六国户籍实物，如吐鲁番新出《前秦建元二十年（384）三月高昌郡高宁县都乡安邑里籍》、敦煌文书 S. 113《西凉建初十二年（416）正月敦煌郡敦煌县西宕乡高昌里籍》、德藏吐鲁番文书 Ch. 6001 残片背面的《北凉承阳二年（426）十一月籍》，及西魏大统十三年计帐中的户籍部分，这些户籍文书在政权和时间上缺乏连贯性，但与唐代同类文书在书写材料（纸本）、反映的地域（西北地区）、造籍时间（部分属于年初造籍）上具有同一性，可无法揭示出“三年一造”的制度渊源。不过，“三年一造”之制亦非唐代首创。南齐高帝即位，敕虞玩之与骁骑将军傅坚意检定簿籍。建元二年（480）下诏深刻地指出黄籍的伪弊，玩之上表曰：

> 宋元嘉二十七年八条取人，孝建元年书籍，众巧之所始也。元嘉中，故光禄大夫傅隆，年出七十，犹手自书籍，躬加隐校。隆何必有石建之慎，高柔之勤，盖以世属休明，服道修身故耳。今陛下日旰忘食，未明求衣，诏逮幽愚，谨陈妄说。古之共治天下，唯良二千石，今欲求治取正，其在勤明令长。凡受籍，县不加检合，但封送州，州检得实，方却归县。吏贪其赂，民肆其奸，奸弥深而却弥多，赂愈厚而答愈缓。自泰始三年至元徽四年，扬州等九郡四号黄籍，共却七万一千余户。于今十一年矣，而所正者犹未四万。神州奥区，尚或如此，江、湘诸部，倍不可念。愚谓宜以元嘉二十七年籍为正。民惰法既久，今建元元年书籍，宜更立明科，一听首悔，迷而不反，依制必戮。使官长审自检校，必令明洗，然后上州，永

以为正。若有虚昧，州县同咎[1]。

本段表文内涵丰富，不但批评了刘宋孝建元年籍的可信度之差，还肯定了宋文帝元嘉二十七年籍的有效性，同时倡言南齐肇建之初的建元元年籍必须要做到杜弊清源，为新政权提供一份符合实际的户籍统计。

传主奏表提到了刘宋后期的户籍情况："泰始三年至元徽四年扬州等九郡四号黄籍"，有学者认为分别是指泰始三年（467）、泰始六年（470）、元徽元年（473）及元徽四年（476），并进一步指出刘宋已如后世的唐代，形成了三年一造籍[2]。虞玩之在所言"四号黄籍"后，便述及"今建元元年书籍"，这意味着建元元年（479）是造籍之年，此与元徽四年（476）相隔正好三年。再据虞氏之表，"宜以元嘉二十七年籍为正"、"宋元嘉二十七年八条取人，孝建元年书籍，众巧之所始也"，可见元嘉二十七年（450）与孝建元年（454）是相邻的两个造籍年，此处相隔四年。而自孝建元年籍到泰始三年籍则有十三年的间隔，其间至少没有完全遵循三年一造。故严谨地讲，从刘宋时期开始，造籍制度仅仅大致定式为三年一造[3]。

据《通典》对历代官员政绩考核的总结，无不遵循《周礼》"三载考绩，三考黜陟"的标准[4]。中央政府对官员政绩实行三年一考，以便擢升或罢黜，而户口增减与否是考绩的重要指标。因此，唐代户籍三年一造也就顺势配合了官员政绩的考核周期。

但是，仅仅凭借"三年一造"的规定无法从制度上保证唐前期造籍的稳定。按照"造籍以季年"之制，唐前期应当造籍的年份如表 1 – 2 所示：

---

① 《南齐书》卷 34《虞玩之传》，中华书局 1972 年版，第 608—609 页。

② ［日］池田温：《籍帐·概观》，第 47 页。

③ 张荣强：《汉唐籍帐制度研究》，第 251 页。

④ 《通典》卷 15《选举·考绩》，第 366—373 页。

表 1－2 唐代前期例行造籍年份表

轮值年份	对应的年号纪年
未	武德六年（623）、贞观九年（635）、贞观二十一年（647）、显庆四年（659）、咸亨二年（671）、弘道元年（683）、证圣元年（695）、景龙元年（707）、开元七年（719）、开元十九年（731）、天宝二年（743）、天宝十四载（755）
戌	武德九年（626）、贞观十二年（638）、永徽元年（650）、龙朔二年（662）、上元元年（674）、垂拱二年（686）、圣历元年（698）、唐隆元年（710）、开元十年（722）、开元二十二年（734）、天宝五载（746）
丑	贞观三年（629）、贞观十五年（641）、永徽四年（653）、麟德二年（665）、仪凤二年（677）、永昌元年（689）、大足元年（701）、开元元年（713）、开元十三年（725）、开元二十五年（737）、天宝八载（749）
辰	贞观六年（632）、贞观十八年（644）、显庆元年（656）、总章元年（668）、永隆元年（680）、如意元年（692）、长安四年（704）、开元四年（716）、开元十六年（728）、开元二十八年（740）、天宝十一载（752）

注：各年号纪年后为相应的公元纪年。

上表涉及唐前期八位皇帝（包括少帝李重茂）、按照造籍年次理应造籍的45个年份，占唐前期总计138年（从武德元年至天宝十四载）的三分之一强。这应是东汉末年以来第一次建立了连续的全国范围内的户籍编造秩序。[①] 当然，这带有一定的假设。

二 百年造籍的稳定性

韩国磐对当时（1990）所见唐代各类户口帐簿中的各个时间作了集中整理，并列有相应表格，直观易览[②]。荣新江总结了当时（1995）所能了解的唐代户籍文书，来源清晰，统计细致[③]。本节将据讨论主旨对其有所取舍。目前所见实物或其他官文书提及的户籍如表1－3所示：

① 孙宁：《干支纪年因素与唐前期户籍编造的稳定》，《中国农史》2017年第1期。

② 韩国磐：《唐籍帐残卷证明了唐代造籍均田之勤》，载中国敦煌吐鲁番学会编《敦煌吐鲁番学研究论文集》，汉语大词典出版社1990年版，第97—132页。

③ 荣新江：《〈唐开元二十九年西州天山县南平乡籍〉残卷研究》，《西域研究》1995年第1期。

表 1－3　　唐代户籍类文书所见造籍年份表

造籍年	公元纪年	证据资料
永徽元年籍	650	荣文将《唐贞观二十一年（647）帐后□苟户籍》① 定为永徽元年籍
龙朔二年籍	662	《唐龙朔二年（662）西州高昌县思恩寺僧籍》②，这是特殊的僧道户籍，由于编造年限上与民籍一致，姑且作为一个造籍年份的实物使用
咸亨二年籍	671	《唐咸亨二年（671）西州高昌县感仁等户籍》③
垂拱二年籍	686	《唐永昌元年（689）西州高昌县籍坊勘地牒》④
天授三年籍	692	《武周天授三年（692）户籍稿》；《周天授三年（692）西州籍》⑤
证圣元年籍	695	《武周万岁通天二年（697）帐后柳中县籍》⑥
圣历二年籍	698	《武周万岁通天二年（697）帐后柳中县籍》，依籍注常例，本件当为圣历二年户籍
大足元年籍	701	《武周大足元年（701）西州柳中县籍》；《周大足元年（701）沙州敦煌县效谷乡籍》⑦
先天二年籍	713	《唐先天二年（713）沙州敦煌县平康乡籍》⑧

① 《吐鲁番出土文书》录文本第 6 册，第 101 页。一般而言，户籍的三年一造，即上次造籍与本次造籍三年间隔内的户口异动，需要反映在本次所造户籍上，如其拼合的《唐开元二十九年西州天山县南平乡籍》有“男惠一年 肆 岁 小男 开元二十六年帐后新生附”字样。贞观二十一年适逢造籍，三年后即为永徽元年，所以荣文对此籍时间的判定可以接受。

② 荣新江等主编：《新获吐鲁番出土文献》，第 60—61 页。具体论证可参孟宪实《吐鲁番新发现的〈唐龙朔二年西州高昌县思恩寺僧籍〉》，《文物》2007 年第 2 期；《论唐朝的佛教管理——以僧籍的编造为中心》，《北京大学学报》（哲社版）2009 年第 3 期。

③ 《吐鲁番出土文书》录文本第 7 册，第 129—134 页。

④ 同上书，第 407—408 页。

⑤ 前者出自荣新江等主编《新获吐鲁番出土文献》，第 17 页；后者出自池田温《籍帐·录文》，第 95 页。

⑥ 《吐鲁番出土文书》录文本第 7 册，第 218—219 页。

⑦ 前者出自《吐鲁番出土文书》录文本第 8 册，第 112—117 页；后者出自池田温《籍帐·录文》，第 24—26 页。

⑧ ［日］池田温：《籍帐·录文》，第 27—29 页。

续表

造籍年	公元纪年	证据资料
开元四年籍	716	《唐开元四年（716）沙州敦煌县慈惠乡籍》，《唐开元四年（716）西州柳中县高宁乡籍》①；《唐开元二年（714）帐后西州柳中县康安住等户籍》，籍注有“先天二年帐后附”者，荣文判为四年籍；《唐开元四年（716）西州高昌县安西乡安乐里籍》②
开元七年籍	719	《唐开元十年（722）沙州敦煌县悬泉乡籍》，户主郭玄昉妻名下有“开元七年籍后被其年十二月十三日符从尊合贯附”③。俄藏《唐开元七年沙州敦煌县龙勒乡籍》④
开元十年籍	722	《唐开元十年（722）沙州敦煌县悬泉乡籍》、《唐开元十年（722）沙州敦煌县莫高乡籍》、《唐开元十年（722）西州高昌县籍》两件⑤。《唐开元七年（719）帐后西州籍》⑥，荣文判定
开元十三年籍	725	《唐开元十三年（725）西州高昌县籍》两件⑦
开元十六年籍	728	《唐开元十六年（728）西州籍》⑧
开元十九年籍	731	《唐开元十九年（731）西州柳中县高宁乡籍》⑨
开元二十三年籍	735	《唐开元二十三年（725）西州籍》、《唐开元二十三年（725）甘州张掖县□□乡籍》，皆俄藏⑩；德藏《唐开元二十三年西州高昌县顺义乡籍》⑪

① ［日］池田温：《籍帐·录文》，第30—35、100—104页。

② 《吐鲁番出土文书》录文本第8册，第280—286、314—319页。

③ ［日］池田温：《籍帐·录文》，第36—43页。

④ ［俄］丘古耶夫斯基：《敦煌汉文文书》，第70—72页。

⑤ ［日］池田温：《籍帐·录文》，第36—43、44、107页。

⑥ 《吐鲁番出土文书》录文本第8册，第308—310页。

⑦ ［日］池田温：《籍帐·录文》，第107页。

⑧ 同上书，第108页。

⑨ 《吐鲁番出土文书》录文本第8册，第403—407页。

⑩ ［俄］丘古耶夫斯基：《敦煌汉文文书》，王克孝译，王国勇校，上海古籍出版社2000年版，第72—75页，图版3、4。

⑪ 录文见荣新江《唐开元二十三年西州高昌县顺义乡籍残卷跋》，载《中国古代社会研究——庆祝韩国磐先生八十华诞纪念论文集》，厦门大学出版社1998年版，第140—146页。

续表

造籍年	公元纪年	证据资料
开元二十九年籍	741	《唐开元二十九年西州天山县南平乡籍》①
天宝三载籍	744	《唐天宝三载（744）敦煌郡敦煌县神沙乡弘远（?）里籍》②
天宝六载籍	747	《唐天宝六载（747）敦煌郡敦煌县效谷乡□□里籍》；《唐天宝六载（747）敦煌郡敦煌县龙勒乡都乡里籍》③
天宝九载籍	750	《唐天宝九载（750）交河郡籍》④；龙骨藏 4158 号⑤
乾元三年籍	760	《大历四年（769）沙州敦煌县悬泉乡宜禾里手实》⑥
大历四年籍	769	即上言《大历四年手实》，一般认为该手实已是正式的户籍⑦

注：以唐玄宗朝结束为界，最后两个年份属于唐后期开启时的造籍年。

本表与理应造籍年份的上表可以互相发明，首先证实的是武德六年户籍编造规定的颁布之可靠，后即著于武德七年律令。其次，我们发现了公元纪年的三年间隔（亦即每两年一造），表明“三年一造”制度的存在，并被切实执行。同时，从公元纪年观察，很容易看到表中的开元二十三年与二十九年、天宝三载、六载与九载没有出现在表 1－2 中。可见，唐令规定的造籍以“丑、辰、未、戌”之制并未贯彻始终。池田温根据史籍记载确认了唐开元十九年籍（未年）的存在，从而指出造籍年次发生变化是在开元二十年代⑧。三十年来，随着《唐开元十九年（731）西州柳中县高宁乡籍》《唐开元二十三年甘州张掖县□□乡籍》《唐开元二十三年西州籍》《唐开元二十三年西州高昌县顺义乡籍》的相继公布，可以明确，就是在开元十九年籍后，造籍年发生了变动。这是开元十八

---

① 荣新江：《〈唐开元二十九年西州天山县南平乡籍〉残卷研究》，《西域研究》1995 年第 1 期。

② ［日］池田温：《籍帐·录文》，第 47 页。

③ 同上书，第 48、49 页。

④ 同上书，第 118 页。但文书仅存一行，不知年代判定所据是何。

⑤ 转自丘古耶夫斯基《敦煌汉文文书》，第 63 页。

⑥ ［日］池田温：《籍帐·录文》，第 72—90 页。

⑦ ［日］池田温：《籍帐·概观》，第 178—179 页。

⑧ 同上书，第 102 页。

年（730）敕改变了造籍日期所致[①]。阿斯塔那509号墓出土的《唐开元二十一年（733）西州蒲昌县定户等案卷》表明，在开元二十一年（酉年）的十二月，亦即原规定的定户之年岁末，蒲昌县还正常完成了评定户等的工作。但接下来的一年——开元二十二年，官府并没有遵循原定时间造籍。玄宗在当年五月颁布了“定户之时，百姓非商户郭外居宅及每丁一牛，不得将入货财数”的诏令[②]，表明开元二十二年（734）重新开始了户等评定工作。造籍也从而被推后了一年。此后，造籍年次便从以前的“丑、辰、未、戌”变为“寅、巳、申、亥”[③]。

百年造籍的稳定性值得深思。

首先，表1-3中明确记载的造籍年份涉及了太宗、高宗、武后、玄宗四个时期。可见这一制度没有因为君主的变换而中断。而属于武周时期的户籍实物上保存了四个造籍年份，占表1-2中武则天当政时期（包括临朝称制）七个造籍年份的二分之一强。武后于光宅元年（中宗嗣圣元年、睿宗文明元年，甲申，684）临朝称制，垂拱二年春正月，“皇太后下诏，复政于皇帝。以皇太后既非实意，乃固让。皇太后仍依旧临朝称制，大赦天下”。[④]出土文书保存了垂拱二年（丙戌，686）造籍的信息。天授元年（载初元年九月，庚寅，690）改国号为周，而据吐鲁番新出《武周天授三年（692）户籍稿》，可见唐朝确立的户籍三年一造制度没有随着国号的改变而改变。永昌元年十一月改变历法，施行周正，以是年十一月为载初元年正月，十二月为腊月，以原正月为一月。至久视元年（圣历三年）十月恢复旧历，行用近十年，其间适逢三次造籍，皆有实物对应。故历法的变化也未改变“三年一造籍”的经济国策[⑤]。造籍制度的稳定性在武周政权的执行方面，没有因为政治变动而出现异常。本表出现了先天二年籍，对应了上表例行造籍的“开元元年”，鉴于先天

① 可参《唐会要》卷85籍帐条。

② 《唐会要》卷83，第1533页。

③ 张荣强：《唐代造籍日期辨正》，《河北学刊》2010年第1期，以《也谈唐代的造籍日期问题》为名收入氏著《汉唐籍帐制度研究》。

④ 《旧唐书》卷6《则天皇后本纪》，第118页。

⑤ 本观点受张荣强的启发，见氏著《汉唐籍帐制度研究》，第275页注4。

二年十二月才改元开元，这只是按照既定的造籍轮值干支而顺延。

唐前期的百年造籍（武德六年到开元二十年代，开元二十年代到天宝末年），没有因为君主易位、国号更改、历法变动、年号迭换而受到影响，地方完全按照干支纪年的轮值年份进行户籍编造。据表 1 - 3 各文书的年份信息，我们发现从咸亨二年到开元十九年是造籍一甲子，六十年后的造籍轮值又重新开始。而永徽元年与龙朔二年、垂拱二年与圣历元年、大足元年与先天二年（即开元元年）、先天二年（即开元元年）与开元十三年、开元四年与开元十六年、开元七年与开元十九年、开元二十三年与天宝六载，以上对比各组的地支是一致的，乃十二年一循环。所以，相对“三年一造”的数字约束，干支纪年的循环性引入户籍编造的制度设计中，使其更具稳定性，为州县及乡里的管理者带来了方便。①

另外，唐宋户籍造写周期需比较一下。唐代户籍“三年一造”之制，传世文献还是出土文书皆有确证，兹不赘论。研究认为，五等丁产簿制度从宋政权建立初年起，即作为主户的户籍制度而存在。因此，五等丁产簿是宋代籍帐制度的重要一种。北宋建立之初，除九等定户制被五等制代替外，唐代户籍三年一造的制度仍在沿用②，后来才改为逢闰年造五等丁产簿。至于五等丁产簿由三年一造改为逢闰年一造，应与宋代闰年造闰年图有关。《续资治通鉴长编》卷 18 太平兴国二年闰七月丁巳条载：“有司上诸州所贡闰年图。故事，每三年一令天下贡地图，与版籍皆上尚书省。国初以闰为限，所以周知山川之险易，户口之众寡也。”所谓“故事”，乃指唐代之规定：“凡地图委州府三年一造，与版籍偕上省。”③ 研究者指出为节约成本考虑，此后宋代五等丁产簿的撰造时间逐渐与闰年造闰年图的时间同步④。换言之，北宋的“主户户籍”由初期遵循唐制的

① 孙宁：《干支纪年因素与唐前期户籍编造的稳定》，《中国农史》2017 年第 1 期。

② 《续资治通鉴长编》卷 1 建隆元年十月壬申条载：“有司请据诸道所具版籍之数，升降天下县望，仍请三年一责户口之籍，别定升降。从之”，上海师范大学古籍所等点校，中华书局 2004 年第 2 版，第 26 页。

③ 《唐六典》卷 5“职方郎中员外郎”条，第 162 页。

④ 本段引用的结论都出自戴建国《宋代籍帐制度探析——以户口统计为中心》，《历史研究》2007 年第 3 期。

“三年一造”逐渐调整为“逢闰年一造”。

于是，有学者指出唐代户籍的三年一造与北宋“主户户籍”的闰年一造仅仅是撰造时间上的区别[①]。唐人贾公彦在注释《周礼·地官》小司徒条“及三年，则大比”时，认为之所以每三年一次按比人口，是由于“三年一闰，天道有成”。此亦可作为唐代户籍三年一造的理论基础。当然，这或是当时户籍造写周期的设计根据。北宋肇建，改成“闰年一造”，以示维新，优于前朝。实际上，“三年一闰”并非农历的恒定标准[②]，所以历法继续通过“五年二闰、十九年七闰”的形式进一步推求天体运行规律与人类生产生活的平衡。因此，从农历的闰年规律而言，我们很难承认作为北宋非常重要籍帐之一的五等丁产簿，会按照如此不均衡的方式展开编造，应当还是遵从“三年一造”的运作经验。

干支纪年方式的循环往复，同“三年一造”户籍法令相结合，保证了制度层面的造籍稳定，呈现一种长达百年的有序状态。干支纪年的稳定性与“造籍以季年”的法令，使史籍表现了三年之内“必经造籍”的源自制度的自信：“若流、移人身丧，家口虽经附籍，三年内愿还者，放还”，疏议曰：“籍谓三年一造，申送尚书省。流人若到配所三年，必经造籍，故云‘虽经附籍，三年内听还’。”[③]

三 造籍之年的“帐后”与“造籍之年仍造帐”

铃木俊曾根据户籍籍注中的记载，认为凡注明“某年籍”的某年就是造籍年，而“某年帐”的某年则是非造籍年[④]。池田温则指出，这仅适用于敦煌户籍，至于西州籍即便是在造籍年制作，也不写“某年籍后”，而是“全部使用‘某年帐后’”。这是敦煌籍与西州籍在书写方式上的差异[⑤]。在当时，池田先生的反驳主要依据开天户籍中的注记信息，如“永昌元年帐后”“圣历二年、三年帐后”等。不过也得到了后续公布的、属

① 戴建国：《宋代籍帐制度探析——以户口统计为中心》，《历史研究》2007年第3期。

② 唐宋时期闰年情况可参陈垣《二十史朔闰表》一书，第83—149页。

③ 《唐律疏议》卷3犯流应配条，第68页。

④ ［日］铃木俊：《户籍作成の年次と唐令》，《中央大学文学部纪要》1957年第9期。

⑤ 池田温：《籍帐·概观》，第95页。

于唐代早期的吐鲁番文书的支持（因其著作在1979年已出版），如《唐贞观十八年（644）西州高昌县武城等乡户口帐》载有多位里正连署时的具体时间：贞观十八年三月某日[①]，贞观十八年是辰年，适值造籍之年。《唐贞观二十一年（647）帐后□苟户籍》[②] 之贞观二十一年是未年，即造籍年。《唐总章元年（668）帐后西州柳中县籍》[③] 之总章元年乃辰年，亦属造籍年。而据贞观十八年三月户口帐，乡帐每年的编造时间应是到三月为止，所据资料应以手实为主。此帐编定的时间正好与造籍的规定期限相同，开元十八年十一月敕曰：

> 诸户籍三年一造，起正月上旬，县司责手实、计帐，赴州依式勘造……三月三十日纳讫并装潢，一通送尚书省，州县各留一通[④]。

吐鲁番新出《武周天授三年户籍稿》的户内各口年名下，有“永昌元年帐后”“载初元年括附”的注记。据造籍轮值年份的规定，永昌元年干支为己丑，乃造籍之年。因此，研究推定永昌元年“帐后”实际上就是永昌元年“籍后”。[⑤]

上述观点总结了出土西州户籍中“籍后”“帐后”的规律。由于目前没有在西州户籍文书中发现以造籍之年同时冠于是年户籍、计帐之上者，造籍年的“帐后”就是“籍后”的观点找不出反证。因而，本为造籍之年的“籍后”亦是当年的“帐后”——这一认识似成定论。

韩国磐对此有一个折中的见解。他对开天时期西州、沙州户籍中的注记作了详细统计：沙州在开元四年、七年、十年，天宝三载、六载均造籍；西州在先天二年，开元四年、七年、十年、十三年、十六年、十九年均造籍，表明两地都遵循“三年一造籍”。至于计帐，沙州地区在开

① 《吐鲁番出土文书》录文本第4册，第214—215页。

② 《吐鲁番出土文书》录文本第6册，第101页。

③ 《吐鲁番出土文书》录文本第7册，第117—119页。

④ 《唐会要》卷85籍帐条，第1559页。张荣强认为是唐玄宗诏令的原文，见《唐代造籍日期辨正》，《河北学刊》2010年第1期。

⑤ 张荣强：《唐代造籍日期辨正》，《河北学刊》2010年第1期。

元二年、三年、八年、九年和天宝四载、五载都有帐，接着第三年便造籍。而西州于开元二年、三年、十七年、十八年也都有帐，并在第三年造籍。结论是：在造籍的这一年，以户籍为主，计帐退居其次，但也偶尔看到造籍这年的帐。若以籍帐通计，也可说是“每年一造帐”[①]。韩先生认为造籍之年仍然造帐，但主次有别。

虽然户籍与计帐在编造上有极大的关联，但户籍的性质与统计重心同计帐的性质和内容并不能完全重合。

首先，《唐开元四年（716）西州高昌县安西乡安乐里籍》第一户下：“男旡忌，年十六岁，中男，先天二年籍十二，开元三年帐□□□入 十六从实”[②]，这是非同年的籍、帐并称，因为开元三年是造籍之年。可《唐开元十九年（731）西州柳中县高宁乡籍》[③] 第一件谓：“姑汉足，年七十九岁，老寡开元十六年籍七十九，其帐后貌减三年就实”，“其帐后”是哪一年帐后呢？这是开元十九年的西州籍，汉足为 79 岁老寡妇人，她的年龄在开元十六年籍上即已 79 岁，这一错误经过貌阅而减去三年，纠正为 76 岁。开元十六年籍后的下一个籍年是开元十九年，“其帐后”即指开元十六年帐后，因已言及“开元十六年籍”，顺势以“其”代替。根据“貌减三年就实”以及年龄的前后差，这里的“帐后”不会是开元十七年帐后，更非开元十八年帐后。在造籍之年的造帐之际貌阅，核查编户民年龄，恰恰反映了武周延载敕令与开元二十五年《户令》“若有奸欺者，听随事貌定，以附于实”的精神[④]。

开天户籍中对籍年貌阅的注记都标明“转前籍年（载）若干，某年帐（籍）后貌加（减）就实”，据此，本件应用“转前籍年七十九，开元十六年帐后貌减就实”的注记。这样的话，由于“开元十六年帐”的存在，则“前籍”的实际所指易生混淆。大谷文书 3291 号《唐开元十三

① 韩国磐：《唐籍帐残卷证明了唐代造籍均田之勤》，载中国敦煌吐鲁番学会编《敦煌吐鲁番学研究论文集》，第 122 页。

② 《吐鲁番出土文书》录文本第 8 册，第 314—319 页。

③ 同上书，第 403—407 页。

④ 前令出自《唐会要》卷 85，后令出自《通典》卷 7《食货 · 丁中》，第 155 页。

年（725）西州籍》[①] 之佚名户“年五十九岁，准开元十年籍五十九，其年［缺］”，该人现籍与前籍年龄一致，此点与汉足情况相同，故注记句式亦相同。而“其年”缺失部分，当是“其年帐后貌减三岁就实”之谓。

前引贞观十八年三月户口帐有“合去年帐后已来”之语，即十八年的某乡户口帐是以贞观十七年的旧帐和十八年新造的手实为基础的统计。贞观十八年虽为“籍年”，可见仍然独立地造帐，与造籍平行展开。再者，垂拱二年本是籍年，《唐垂拱三年（687）帐后西州交河县亲侍、废疾等簿帐》[②] 有多处“垂拱二年帐”关于当户内丁男服役的安排，足证造籍之年仍造帐。

其次，《天圣令》附唐《赋役令》第6条曰：“诸课役，破除、见在及帐后附，并同为一帐，与计帐同限申。”[③] 本章第二节认为，这种与计帐按同一期限申报的帐，当是丁口损益帐，内容比较单一，与课役的承担者直接相关。并据文书分析了“帐后附”的几种形式，而且本帐是“一年一造”，与计帐的编造周期一致，较三年一造的户籍更易于反映户口变化。所以，在西州、沙州户籍实物中可见“某年帐后”统计之频繁，并以“某年（载）帐后死”居多。而户籍作为根本的法定依据只是认可了三年内的这些变化。故“帐后”是根据现实创立的专门用语，并被入令，不可能与“籍后”通用。

最后，西州籍中亦有不言“某年帐后”如何者，《唐（开元初年？）西州籍》有“先天二年五月死”的注记[④]。“某年帐后如何”的事例是存在的，此处不言“先天二年帐后死”，是否因为五月还处于计帐的申报期限——五月卅日内？但是，每年的造帐于三月底就应结束了。

编定于大历四年的《沙州敦煌县悬泉乡宜禾里手实》被认为是安史之乱以后对唐代政治经济有重大影响的著名实物[⑤]，亦证明了户籍每三年一造的制度没有贯彻始终。其中，各户名下的注记涉及了九个年份内的

① 池田温：《籍帐·录文》，第107页。
② 《吐鲁番出土文书》录文本第8册，第419—423页。
③ 《天一阁藏明抄本天圣令校证（附唐令复原研究）》，第392页。
④ 池田温：《籍帐·录文》，第105页。
⑤ 池田温：《籍帐·概观》，第178页。

人口异动，自“乾元三年籍（760）后”到大历四年（769）已是第十个年头对宜禾里户口的统计了。这10个籍帐年份的不间断，表明了肃、代之际控制户口的努力。一般认为大历四年手实的形制是“正式”户籍，故九年内只有一次造籍的可能性也是较小的。连续八年的“帐后”似乎成了肃、代之际人口统计的主要措施，或有本为籍年而冠以“帐后”者，这又与开天时期敦煌户籍中的注记规律不合。

基于此，在考虑法令规定、地域差异、文书内容等因素后，关于造籍之年的“帐后”即为“籍后”的推论要慎重。

第四节　天宝十四载：唐前期造籍的终结

前已述及开元二十年代是唐前期造籍年份发生变化的时期，虽仍遵循着三年一造的规定，但不再是“丑、辰、未、戌”，而变成了“寅、巳、申、亥”轮值形式。按照新的造籍年份，则应是开元二十三年、二十六年、二十九年，天宝三载、六载、九载及十二载开展造籍。遗憾的是，开元二十六年籍、天宝十二年籍没有发现文书实物或相关注记，荣新江缀合复原的《唐开元二十九年西州天山县南平乡籍》有“开元二十六年帐后新生附”的记载，《唐至德二载（757）交河郡户口损益帐》明确载有“天十四载帐后新生附”①。肃宗即位后的造籍应未遵循这一新规，目前反映在出土文书上的只有乾元三年籍（庚子，760）②，距天宝十四载（755）是五年的时间。

天宝十四载末，安史之乱爆发，唐朝历史开始了前后不同的进程，由盛唐转而步入中晚唐的发展阶段。户籍计帐制、均田制与租庸调制是三位一体的关系。安史之乱后，北方大部分地区沦为战场，租庸调收入显著减少，加之战争时期的军需消耗，供求矛盾尖锐。为广开财源，盐、茶、酒诸税从增税固定为正常税收，税制体系发生了由一元农业税变为

① ［日］池田温：《籍帐·录文》，第119页。

② 见于《大历四年（769）沙州敦煌县悬泉乡宜禾里手实》，载池田温《籍帐·录文》，第72—90页。

农商并行的二元税制。故以丁身为本、征收实物的租庸调制难以为继，促使了两税法的产生[①]。于是唐前期一直奉行的户籍计帐诸制也就纷纷瓦解。因此，天宝十四载是证据确凿的唐前期造籍的终结年份。[②]

在这个终结年份到来之前，玄宗一朝户籍编造的成就与疏失需要梳理一下。

一 宽松的户籍处置办法

玄宗一朝各项户籍事务的宽松首先表现在定户与团貌上，而定户等与团貌是造籍前期的必备工作之一。但是，开元二十九年（741）下令停止施行了每年一次的“小团”，其年三月二十六日敕：

> 天下诸州每岁一团貌，既以转年为定，复有籍书可凭。有至劳烦，不从简易，于民非便，事资厘革。自今已后，每年小团宜停，待至三年定户日，一时团貌[③]。

由于尊崇道教之故，自开元二十九年之后，定户工作暂作停止。颁于开元二十九年五月的《玄元皇帝临降制》载：

> 至如州县造籍之年，因团定户，皆据资产，以为升降。其有小葺园庐，粗致储蓄，多相纠讦，便被加等。……自今岁已后，且三五年间，未须定户。其中或有家资破散，检覆非虚，不可循旧差科，须量事与降[④]。

德宗朝宰相杨炎于建中元年（780）八月上疏称：“至开元中，玄宗修道德，以宽仁为治本，故不为版籍之书”[⑤]，可见杨炎对玄宗朝不积极编制

---

① 李锦绣：《隋唐审计史略》，第12页。

② 孙宁：《唐玄宗时期的户籍编造特征》，《重庆科技学院学报》2017年第4期。

③ 《唐会要》卷85团貌条，第1555页。

④ 《唐大诏令集》卷113，第589页。

⑤ 《唐会要》卷83租税上，第1535页。

户籍原因的总结，是有根据的。

减少团貌部分手续。天宝九载（750）十二月二十九日敕："天下郡县，虽三年定户，每年亦有团貌。计其转年，合入中男成丁、五十九者，任退团貌。"早在天宝四载（745）时，下敕要求户等审定务必均平："朕听政之余，精思治本，意有所得，庶益于人。且十一而税，前王令典，农商异宜，旧制犹阙。今欲审其户等，拯贫乏之人。赋彼商贾，抑浮惰之业；优劣之际，有深察之明。闾里之间，无不均之叹。顷以人不欲扰，法贵从宽，所以比来未全定户。今已经数载，产业或成，适可因兹，平于赋税。自今已后，每至定户之时，宜委县令与村乡对定，审于众议。察以资财，不得容有爱憎，以为高下。徇其虚妄，令不均平，使每等之中，皆称允当。仍委太守详覆定后，明立簿书。每有差科，先从高等，矜兹不足，庶协彝伦。"①

成丁年龄的放宽。天宝三载（744）十二月二十三日赦文："比者成童之岁，即挂轻徭；既冠之年，便当正役。悯其劳苦，用轸于怀，自今已后，百姓宜以十八已上为中男，二十三已上成丁。"②《天宝八载册尊号赦》曰："高年给侍，义存养老，因时定式，务广仁恩。其天下百姓，丈夫七十五已上，妇人七十已上，宜各给一人充侍，任自拣择。至八十已上，依常式处分。"③ 将进入中男的年龄从 16 岁放宽至 18 岁，成丁的标准由 21 岁加宽至 23 岁，表明国家对丁中的控制趋于放缓。本来唐代的给侍标准是："诸年八十及笃疾，给侍丁一人，九十二人，百岁三人。"④ 而天宝时代将给侍人群扩大为男子 75 岁及以上、女子 70 岁及以上，可见国家掌握了大量的劳动力而放宽了给侍条件。这些都是建立在当时良好的经济形势上的⑤。

酌情免除同籍多丁户的赋役。天宝元年（742）正月赦文："如闻百姓之内，有户高丁多，苟为规避，父母见在，乃别籍异居，宜令州县勘

---

① 《唐会要》卷 85 团貌条，第 1556 页；同书同卷定户等第条，第 1557—1558 页。

② 同上书，第 1555 页。

③ 《唐大诏令集》卷 9，第 54 页。《唐会要》卷 85 团貌条直接言明"宜各给中男一人充侍"。

④ 《通典》卷 7《食货·丁中》，第 155 页。

⑤ 李锦绣：《唐开元二十五年仓库令所载给粮标准考——兼论唐代的年龄划分》，载《传统中国研究集刊》第 4 辑，上海人民出版社 2008 年版，第 304—316 页。

会。一家之中，有十丁以上者，放两丁征行赋役；五丁以上者，放一丁。即令同籍共居，以敦风教。其侍丁、孝假者，免差科。”① 另外，国家出台了宽松的析户政策，开元二十五年《户令》云：“诸以子孙继绝应析户者，非年十八以上不得析，即所继处有母在，虽小亦听析出。诸户欲析出口为户及首附口为户者，非成丁皆不合析。应分者不用此令。”② 可以说，这一处置办法较武周为宽容③，且看万岁通天元年（696）七月二十三日敕：“天下百姓，父母令外继别籍者，所析之户等第并须与本户同，不得降下。其应入役者，共计本户丁中，用为等级，不得以析生蠲免。其差科，各从析户祗承，勿容递相影护。”④ 武周“析户”政令字字着眼于户等、应承担徭役的丁中以及差科诸要素，这与天宝之际免除部分户内丁多家庭的赋役政策相比，存在天壤之别。

二　严密的户籍书式与频繁的籍帐编造

目前唐代户籍类文书以7世纪末到8世纪中叶居多，经过初唐不遗余力地创设户籍法令和户籍编造实践，到盛唐阶段，户籍文书的造写走向成熟。早在20世纪中后期，日本学界总结了开、天之际户籍书式完备的几大特征，迄今仍有参考价值，今逐录如下（据后续出土文书修正者，以“按”字补充）。

第一，官、勋叙任注记。大足元年籍的“上柱国子”及先天二年籍的“轻车都尉”均无注记，开元十年籍以后至大历四年手实诸籍中原则上有注记。

第二，户等。大足元年籍中没有此项，先天二年籍以后至大历四年手实诸籍中有记载。

第三，捺印。8世纪初以前的籍，所有户口、公课、田土，全都在确认之处盖章。相反，开元以后的籍，则限于官勋叙任注记与户口异动注

---

① 《通典》卷6《食货·赋税下》，第108页。

② 《通典》卷7《食货·丁中》，第155页。《白氏六帖事类集》卷22《户口图版第一》所引“户令”略同。

③ 冻国栋：《隋唐时期的人口政策与家族法》，载《唐研究》第4卷，第326—327页。

④ 《唐会要》卷85定户等第条，第1557页。

记处盖印之例颇多，其他也有应受田额及细目盖印之例。自开元以降，与前代相比，盖印之处是受限制的。按：户籍纸缝“某地某年籍”处皆加盖县级行政朱印。

第四，各口记载下端的“空”字。自开元十年籍至天宝年代籍，户口记载的下端书一“空”字，表示以下空白之意，以防窜改补记。这是典型的表示盛唐户籍形式的完备之例。

第五，数字的大写。壹贰叁等大写，是为了防止窜改而用于重要处的数字。武后以前的西州籍，只是各人的年龄及应受田的合计额使用大写，其他用小写，但开元四年籍以后，所有的数字全用大写。7 世纪时，沙州籍用大写的地方也少，自 8 世纪以降，便与西州不同，只限于年龄、应受及已受合计亩数和地段亩数使用大写。

第六，纸缝注记。开元四年籍之前皆记于纸背，开元十年籍之后全记在纸面。又开元四年籍以前记至乡名，天宝籍及大历手实则记载至里名。按：《唐开元四年（716）西州高昌县安西乡安乐里籍》[①] 题注曰：“本件背面骑缝书‘安西乡安乐里开元四年籍’”，故所言注记特征无误，里名最早在开元初年即已著于籍中。《唐开元十九年（731）西州柳中县高宁乡籍》[②] 与德藏《唐开元二十三年西州高昌县顺义乡籍》《唐开元二十九年西州天山县南平乡籍》[③]，三者纸缝注记亦仅写到乡为止。不过，以“里”为户籍编造的基本单位应是由来已久，如吐鲁番新出《前秦建元二十年（384）三月高昌郡高宁县都乡安邑里籍》、敦煌文书 S. 113《西凉建初十二年（416）正月敦煌郡敦煌县西宕乡高昌里籍》。

第七，应受田记事。开元十六年籍以前，应受田，已受、未受田额及已受田细目，全写成四行，天宝三载籍以后，则全记载为一行（上方记应受田额，其他则记于下方，分注为双行或三行的细字）。按：上举开元十九年《西州柳中县高宁乡籍》与开元二十九年《西州天山县南平乡

---

① 《吐鲁番出土文书》录文本第 8 册，第 314—319 页。

② 同上书，第 403—407 页。

③ 录文分别见荣新江《唐开元二十三年西州高昌县顺义乡籍残卷跋》（载《中国古代社会研究——庆祝韩国磐先生八十华诞纪念论文集》）及《〈唐开元二十九年西州天山县南平乡籍〉残卷研究》（《西域研究》1995 年第 1 期）两文。

籍》依然分开写。

至于户籍上“道”与“路”使用的总结，不属于户籍完备的特征①。

韩国磐据当时所见户籍文书，精彩地论证了唐代前期造籍均田的频繁。韩先生将开天时期编造籍帐的 22 个年次以表格呈现，其中所谓的“天宝二年籍”是其按照旧的造籍轮值年份推断的，是时制度已于开元二十三年改变，天宝二年（743）并非籍年，应删去②。同时，“天宝八年帐”亦未见相关记载。所以，还余下 20 个年次。据后来发现的开元二十三年籍、开元二十六年帐及开元二十九年籍，合计 23 个造籍年次。传世文献又记载了开天时期 8 个年次的户口帐，除去与出土文书重复的两个，总计 29 个年次的籍帐编造。由上，在唐玄宗统治的 44 年中，平均一年半就编造户籍或户口帐一次，亦即三分之二的时间有明确的户籍编造记载③。这是令人惊叹的政治业绩，也是唐前期繁荣与稳定的一个重要注解。

另外，出台禁止富裕商贾冒居下等户的政策。开元十八年十一月敕称：“天下户等第未平，升降须实。比来富商大贾，多与官吏往还，递相凭嘱，求居下等。自今已后，不得更然。如有嘱请者，所由牧宰，录名封进，朕当处分。京都委御史，外州委本道，如有隐蔽不言，随事弹奏。”④

天宝出台处置官员、百姓非婚生子的户籍办法。天宝五载（746）五月二十四日敕谓：“百官、百姓身亡殁后，称是别宅异居男女及妻妾等，府县多有前件诉讼。身在纵不同居，亦合收编本籍，既别居无籍，即明非子息。及加推案，皆有端由。……其百官、百姓身亡后，称是在外别生男女及妻妾，先不入户籍者，一切禁断。辄经府县陈诉，不须为理，

① 以上特征皆见于池田温《籍帐·概观》，第 94 页。

② 《唐天宝二年（743）籍后高昌县户等簿帐》（《吐鲁番出土文书》录文本第 8 册，第 433—436 页）之第六行曰：“三百五十户下下，户天宝元年后加籍一十［/天宝二年籍一［”，这是文书定年的主要依据。本件钤有高昌县印，属于官文书。此处的“籍”与造籍年的关系不大，从“天宝元年后加籍多少”的注记看，应指“附籍”之义，即天宝元年、二年高昌县下下户的增加如何。

③ 韩国磐：《唐籍帐残卷证明了唐代造籍均田之勤》，载中国敦煌吐鲁番学会编《敦煌吐鲁番学研究论文集》，第 126—127 页。

④ 《唐会要》卷 85 定户等第条，第 1557 页。

仍量事科决，勒还本居。”天宝七载十二月十二日敕曰：“其宗子、王公以下在外处生男女，不收入宅，其无籍书，身亡之后，一切准百官、百姓例处分。”[①] 可知，两年之内再次肯定了官民非婚生子的处置办法：必须编入户籍，并以此为准，要求宗室贵族及官员有相似情况者亦照章办理。

除了户籍办法的不断调整外，制度上还确立了户籍计帐的监察审核制度。由于国家实行的丁中制直接关系政府的财政收入与徭役征发，因而户口管理极为严格，严密审计便成为户口管理的一项重要措施。就出土文书而言，唐前期一切有关户口的簿帐，都要经过勾检官的审核[②]。尚需注意的，造籍工作的顺利进行与所造之籍的有效性，离不开外部之监察。监察御史的职掌有“巡按郡县”一项[③]，内容是“六条问事”：“其二，察户口流散，籍帐隐没，赋役不均”云云[④]。

除了“地方之自律与外部之强化”[⑤]，还应加上“制度之可行”。这些因素都保证了户籍编造的有序及登录事项的有效，为唐前期的繁荣与稳定带来了保障。而特定人户与民户分籍造写之成熟[⑥]，也是唐代户籍内部结构完善的有力措施。

三　伪滥现象的严重

宽严结合的户籍编造仍然难免伪弊的发生。

开元盛世背后的隐忧，也表现在户籍文书编造的松弛上。这是制度层面的懈怠。池田温对武周及开元初期沙州、西州两地的户籍文书作了深入讨论，认为武周到开元初年（大足元年至开元四年为止）户口籍帐有所废弛，表现为记载中正确和周详的程度减少，有不合乎户口与田土

---

① 《宋刑统》卷12“卑幼私用财”条附“别宅异居男女”，中华书局1984年版，第196—197页。

② 李锦绣：《隋唐审计史略》，第131—136页。

③ 《唐六典》卷13《御史台·监察御史》，第381页。

④ 《新唐书》卷48《百官志三》监察御史条，第1240页。

⑤ 孟宪实：《宇文融括户与财政使职》，载《唐研究》第7卷，北京大学出版社2001年版，第362页。

⑥ 张荣强：《汉唐籍帐制度研究》，第258页。

实际情况的倾向。以这一时段的九件户籍文书为据，从户口死亡率、死亡年龄段、附籍数量、每户口数、逃走数量等方面展开统计与分析。研究结论是：按户口记载的全部情况看，显著表现了漏籍逃籍的倾向。这反映了户籍统计的不准确，同时户口信息的作伪比较严重①。

而一件新出文书《唐开元四年（716）后西州高昌县宁昌乡逃死名籍》②，是钤有“高昌县印”的官文书，应属于宁昌乡统计的户口破除名籍。现存最早的户口异动时间是长安二年（702），迟者为开元四年（716），统计时间跨度为14年。今按照年号先后列表1－4如下：

表1－4　《唐开元四年（716）后西州高昌县宁昌乡逃死名籍》所见人口异动表③

发生时间	人口异动数量（人）	备注	
长安二年（702）	2	武周时期	
神龙元年（705）	3		中宗时期
神龙二年（706）	1		
景龙二年（708）	1		
景龙三年（709）	1		
景云元年（710）	2	是年七月改元	睿宗时期
景云二年（711）	3		
先天元年（712）	1	是年八月改元	玄宗时期
先天二年（713）	3	是年十二月改元开元	
开元二年（714）	6		
开元三年（715）	1		
开元四年（716）	2		
总计	26	历经四朝十四年	

名籍现存26人，其中贱口7人，顺序排列未按照良贱、男女、丁中老小等分类，有可能是按照该乡原有户籍的各户次序而统计的，亦即本

① ［日］池田温：《籍帐·概观》，第121—123页。

② 荣新江等主编：《新获吐鲁番出土文献》，第328—329页。

③ 孙宁：《唐玄宗时期的户籍编造特征》，《重庆科技学院学报》2017年第4期。

件逃死名籍是逐户勘查统计的。26 人中有 20 例死亡，2 例逃走，2 例没落，2 例因文书残缺而未知。良口 19 人中，女口有 15 人，以丁寡（亦包括老寡一人）为多数，计 11 人。丁寡是出自户头男丁死亡的人家，占现存全部良口的 57.9%，占现存女性良口的 73.3%。15 位女口中，除两人由于文书缺损不明外，13 例死亡，占全部良口的 68.4%。男丁 4 人，两人逃走、两人没落，占全部良口的 21.1%。贱口 7 人中 6 位女性，除一人因文书残缺不明外，5 例死亡。良贱女口合计 21 人，死亡 18 例，比例为 85.7%，占全部现存人口（不分良贱）的 69.2%。因此，该名籍的一大特点是女性死亡比例过高，并集中于丁寡身份。

而相对于玄宗统治晚期的《唐天宝六载（747）敦煌郡敦煌县龙勒乡都乡里籍》①，研究者指出关于该籍女口的突出特征是：死亡过少，在籍的 124 人中，过去三年内仅 2 例死亡，推测有死亡未申报者或不实在的女口被登籍的可能性较大。肃、代之际的大历四年手实，则显现出女口骤减的特征②。但是，按律令规定，女口属于不课口③，并不承担赋役，所以各年代的差科簿实物全部登载了男口。但对其展开的籍帐统计却表现出如此相反的差异：死亡过多或死亡过少，故户籍上女性信息的真实性需要深思，不仅仅是人为地作伪因素。

属于玄宗初年的人口异动有 13 人：男性 3 人，皆为良口白丁；女口 10 人，良 7 人，贱 3 人。这 13 人占全部现存良贱的 50%，其中标明身死者占全部良贱的 34.6%。而且，开元二年发生的人口变动是历年中最高的。可见，玄宗初期的高昌县宁昌乡算不上“安宁昌盛”。武周政权结束后，中宗当政五年略多，加上睿宗亦不过七年有余的执政时光。表中统计了两位皇帝执政的六个年份，宁昌乡人口异动 11 例，占全部良贱的 42.3%。基于此，从中宗到玄宗初期，宁昌乡户口异动占据本籍统计年份的 90% 多。11 例丁寡的背后就是 11 户的户头失去男丁的家庭，也可以

---

① ［日］池田温：《籍帐·录文》，第 49 页。

② ［日］池田温：《籍帐·概观》，第 185 页。

③ 据《通典》卷 7《食货·丁中》所引开元二十五年《户令》云：“诸户主皆以家长为之。户内有课口者为课户，无课口者为不课户。诸视流内九品以上官及男年二十以上、老男、废疾、妻妾、部曲、客女、奴婢，皆为不课户。”

说大致在武周统治到玄宗初年的数十年间，宁昌乡便损失了 15 位男丁（包括名籍中的四例）。李唐复国后最初几年内政治经济状况的稳定与否，或可于此得窥一斑。据池田温对这一时期户口籍帐松弛的观点，本籍名单的背后很难没有作伪的可能。

新出《唐西州破除名籍》也不免有伪滥之嫌，现存破除状况有三类：死亡、籍帐虚存、出家为僧①。其中，身死 10 人：年龄为七十九岁 5 例，八十九岁 1 例，五十九岁 1 例，十七岁 1 例，余下因文书残缺不明；户口虚存 2 人：五十九岁 1 例，余下不明。出家为僧 1 人，年龄是十七岁。该籍破除人口属于“五九”者（十九、四十九、五十九、七十九、八十九）有 8 例，分别是五十九岁 2 例、七十九岁 5 例、八十九岁 1 例。“五九”人员本来与三疾（残疾、废疾、笃疾）一道是县府貌阅的重点之一②。其中，五十九岁是马上进入老年的标志——六十岁的关口，老男身份有赋役上的优待。七十九岁与八十九岁分别是作为八十岁和九十岁由官方指配侍丁予以照顾的准备年龄③。而上述正好处在“五九”阶段的死亡有点集中，似乎为官府节省了向来承担侍丁的中男的征发。另外，该籍中两例十七岁中男（或小男，随政策而有差异）的破除也是需要措意的。

出土文书还发现了对旧籍的不当使用，如开元二十三年（735）岐州郿县的某些百姓虽已“见逃见死”，但户籍“未削未除”，其“地税及草等”被“柳使按籍之勾”④。又杨炎奏疏曰：“旧制：人丁戍边者，蠲其租庸，六岁免归。元宗方事夷狄，戍者多死不返。边将怙宠而讳败，不以死申，故其贯籍之名不除。”天宝四载（745），“时边将耻败，士卒死者皆不申牒，贯籍不除”⑤。同时，亦见诸杨炎奏疏的是对旧籍的滥用，“至天宝中，王鉷为户口使，方务聚敛。以丁籍且存，则丁身焉往？是隐课而不出耳！遂按旧籍，计除六年之外，积征其家三十年租庸。天下之

① 荣新江等主编：《新获吐鲁番出土文献》，第 352 页。

② 《唐六典》卷 30 县令职掌条，第 753 页。

③ 据《通典》卷 7，开元二十五年《户令》规定八十者给侍丁一人，九十者侍丁二人。

④ P. 2979《唐开元二十四年（736）岐州郿县尉□勋判集》，载［日］池田温《籍帐·录文》，第 230 页。

⑤ 《通鉴》卷 215，第 6869 页。

人，苦而无告”。[①] 大历十四年（779）八月敕称：理应三年一造的职田黄籍，“自天宝九载之后，更不造籍”[②]。

唐长孺据开元二十一年（733）西州都督府案卷之《蒋化明判辞》等史料，揭示处在西州的逃户此次被括后，便立即附籍为编民，不同于开元十三年（725）括客先须附籍做六年客户，也没有将京兆人蒋某“勒还本贯”，而是就地落籍，可见关于逃户处置的“禁令进一步宽弛”。且举天宝十一载（752）十一月诏书所称“客户人无使惊扰”，指出“朝廷无意采取强制性手段迫使他们归贯或附籍”，“在制止浮客流入私家方面，已不再想有什么行动”，而是“默认了贵族豪强‘潜停客户’”的事实[③]。

至此，我们总结一下唐前期百年户籍编造的标志性年份：武德六年→贞观十四年→永徽元年→垂拱二年→开元十九年→开元二十三年→天宝十三载，可谓不绝如缕，政事修明。但是，存在一个深深的疑惑：开天之际籍帐编造之勤户籍注记日趋严密，国家对民众和地方的控制仍在制度之内，但如何解释唐朝自此渐渐走向衰落的呢？如果编户民和土地依然是一个古代政权控制的重中之重，造籍造帐是例行公事，而国家并未出现管理诸方面的多种松弛现象，那么天宝十四载这场动乱的症结何在？若将籍帐编造之勤，看作过于削夺民力的苛政，又和玄宗宽松治理的有关诏令发生了矛盾。但肃、代及其之后时期的西州文书鲜有发现，又不能不说明安史之乱是整个唐朝的转捩点。

---

① 《唐会要》卷83《租税上》建中元年条，第1536页。

② 《唐会要》卷92《内外官职田》，第1671页。

③ 唐长孺：《唐代的客户》，载《山居存稿》，中华书局2011年版，第133—170页。

第二章　唐后期五代户籍编造的艰难与继续

第一节　唐后期户籍编造的变化

一　代宗时期对户口帐的重视倾向

据编定于大历四年的《沙州敦煌县悬泉乡宜禾里手实》，天宝后第一个明确的造籍年份是乾元三年（760）。故本件被认为是安史之乱对唐代政治经济有重大影响的著名实物[①]。《通典》卷7所载乾元三年户口数与《唐会要》卷84所载是年户数，也都证明了乾元三年籍编造属实。其中各户名下注记涉及九个年份内的异动，到大历四年（769）已是第十个年头，兹列举如表2－1所示：

表2－1　《大历四年沙州敦煌县悬泉乡宜禾里手实》所见籍帐统计时间表

籍帐统计时间	公元纪年	人口异动数量（人）	备注
乾元三年籍后	760	28	肃宗时期
上元二年帐后	761	7	
宝应元年帐后	762	4	

① ［日］池田温：《籍帐·概观》，第178页。

续表

<table>
<tr><th>籍帐统计时间</th><th>公元纪年</th><th>人口异动数量（人）</th><th>备注</th></tr>
<tr><td>宝应二年帐后</td><td>763</td><td>1</td><td rowspan="6">代宗时期（代宗于宝应元年四月即位）</td></tr>
<tr><td>广德二年帐后</td><td>764</td><td>1</td></tr>
<tr><td>广德三年帐后</td><td>765</td><td>1</td></tr>
<tr><td>永泰二年帐后</td><td>766</td><td>23</td></tr>
<tr><td>大历二年帐后</td><td>767</td><td>3</td></tr>
<tr><td>大历三年帐后</td><td>768</td><td>3</td></tr>
</table>

这九个籍帐年份的不间断，表明了肃、代之际控制户口的努力。一般认为大历四年手实的形制是正式户籍，故九年内只有一次造籍的可能性也是较小的。连续八年“帐后”的“帐”，这一形式似乎成了肃、代之际地方人口统计的主要措施。虽然安史之乱扰乱了正常的国家秩序，但在战争未波及地区，仍然按照常规进行户籍计帐的编造。由于《旧唐书》卷11《代宗纪》、《唐会要》卷84与《册府》卷486等史籍都有广德二年（764）户口的具体数据，文书中的“广德二年帐后”便在传世文献中获得确认。广德二年二月十一日赦文谓：

> 天下户口，委刺史县令据见在实户，量贫富等第科差，不得依旧籍帐。①

可见，代宗上台伊始，在对待此前统计的户数与户等信息上，表现了冷静的一面。

本件手实中的统计频次虽然较高，但实际效果与史籍中代宗年间的户口数是有矛盾的。现存唐代宗时期的户口数字有两组：一是广德二年户口数，据《旧唐书》所载：“是岁，户部计帐管户二百九十三万三千一百二十五，口一千六百九十二万三百八十六。”② 此与《唐会要》、《册府

① 《唐会要》卷85定户等第条，第1558页。

② 《旧唐书·代宗纪》广德二年条，第277页。

元龟》所记同一年份的户数相同，但无口数。而乾元三年的户数是193万余，广德二年距乾元三年仅四年时间，户数净增100万，当非户口自然增殖所致，似与中央与藩镇之间势力消长有关。另一组是大历中的户数，据《通典》卷7《食货七》历代盛衰户口条所言“户至大历中，唯有百三十万户”。大历中距广德二年仅几年时间，户数却减少160余万，这同样表明当时的许多州郡根本未向中央申报户口。而且大历中130万的户数也是唐后期（到会昌五年止）最少的一次统计①。

从乾元三年（庚子）籍而言，开元二十年代确立的造籍新年次（寅、巳、申、亥）已经破坏，至于户籍每三年一造的制度是否被继承，也难以证明。官方在造籍制度的继承上，亦表现出一定的游移。大历十四年（779）五月德宗即位，是年“十一月己丑诏：令前州府造籍者罢之。初，户部奏请令造籍，从之，寻以为未可，故罢”②。显然，诏令暂时停止了所谓“不合时宜”的造籍，或许蕴藏着一次很大的有关户籍改革的消息。

然而，《旧唐书·德宗纪》建中元年条所载：

> 是岁，户部计帐，户总三百八万五千七十有六，赋入一千三百五万六千七十贯，盐利不在此限。③

史载建中元年正月颁布两税法，要求地方如实统计“百姓及客户”数量，而到建中元年年末，308万户的数据赫然在目，速度之快，令人惊讶。这若以常规造籍能否及时完成，难以推论，统计形式或者变为更易操作的“户口帐”。这在大历四年手实中已切实采用。

定户工作与户籍编造在大历时期的实际运转，可以通过差科簿的继续制作来体现。S. 543号《大历年代沙州敦煌县差科簿（稿）》现有81行，总计登录了80位敦煌县民众的年名、丁中身份与部分“三疾”貌状，其明显之处在于不注差役④。由于历史的大变化，研究者认为这是件

---

① 冻国栋：《中国人口史》第二卷《隋唐五代时期》，第98—99、102页。

② 《册府元龟》卷486《邦计部·户籍》，第5813页上栏。

③ 《旧唐书》卷12，第327页。

④ ［日］池田温：《籍帐·录文》，第141—143页。

已制作完成的差科簿，并恰好如实印证了“差科制的变质和差科簿的空洞化”[①]。不过，山本达郎、土肥义和认为本件应是差科簿的草稿[②]。文欣指出本件无印鉴、无押署，不应看作正式的差科簿，确为官府统计时的草稿。唐代差科簿制作的过程可分三个步骤：首先按身份分类，其次配差役，最后注差役于簿。而《大历差科簿（稿）》只是完成了前两步，并无具体的差役注记，应是还未登录，而非所有人均未承担任何差役。此差科簿稿应直接抄自九等定簿，在差役分配完毕后，最后的工序便是登录差役注记[③]。

据广德元年（763）七月十一日赦文：“天下男子宜二十五岁成丁，五十五入老。”[④] 这件大历差科簿草稿上的丁中反映了广德新制，出现了二十一至二十三岁的中男身份，以及五十六、五十八岁的老男身份。李锦绣据《天圣令·赋役令》第九条复原的唐《赋役令》第30条谓：

> 诸县令须亲知所部富贫、丁中多少、人身强弱。每因收手实之际，即作九等定簿，联署印记。若遭灾蝗旱涝之处，任随贫富为等级。差科、赋役，皆据此簿。[⑤]

令文不仅界定了手实与九等定簿的编造关联，还规定了九等定簿是差科、赋役征发的法定依据。基于此，在本件大历差科簿草稿上，不但丁中按照广德新制注定，且第42行“八十五人不济户”表明了户等评定工作的实际存在。但是，我们不能照搬令文，毕竟这时已属唐后期的历史阶段。如有名的大历四年《敦煌县悬泉乡宜禾里手实》已具备了完整的户籍特征，也被学界认为是正式户籍，而其纸缝注记明确标为“手实”，并钤以

---

① ［日］池田温：《籍帐·概观》，第317页。

② Yamamoto Tatsuro, Dohi Yoshikazu (eds.) *Tun－huang and Turfan Documents Concerning Social and Economic History* 8 *Census Registers* (*A*) · (*B*). The Toyo Bunko 1985, 1984, pp. 112—113.

③ 文欣：《唐代差科簿制作过程——从阿斯塔那61号墓所出役制文书谈起》，《历史研究》2007年第2期。

④ 《唐会要》卷85团貌条，第1555—1556页。又见《新唐书》卷51《食货志》。

⑤ 《天一阁藏明抄本天圣令校证（附唐令复原研究）》复原部分，第467—468页。

"沙州都督府印""敦煌县印"①。这说明当时官府认可了这种外观与唐前期手实形制有很大改变的新"手实"。当然，也不排除大历时期手实与户籍编造的程序有所统一的可能。

总之，在天宝之后、两税法正式颁布之前的这段时间（肃、代两朝），是唐前期户籍编造制度向后期转变的调整阶段。

二　两税法时期定户事务的变化

关于唐代户等的基础研究，宋家钰仅研究了户等划分的标准，但未考虑历史阶段的不同。他认为定户等时的"量其赀产"之"赀产"并不包括户内的土地，并据著名的开元二十一年十二月西州蒲昌县定户文书等材料，坚持这一看法。由于文书显示粮食屡屡被统计在内，其解释道：不依据户内土地的多少而据民户收获的粮食数量，是为比较实际的操作办法，避免了丁多地少、地多丁少或实际生产所导致的各种不利户等评判的因素②。池田温主要就蒲昌县定户文书作了释读，推测当时土地不计入户等的原因是：均田制下的西州口分田缺乏私有性质，算作民户的赀产是不适当的。但是，就整体而论，丁中数应是定户优先考虑的因素，赀产是次要的③。杨际平认为田产始终是唐代据以定户的标准④。邢铁指出，隋唐时期的户等制度处在整个古代户等制度的发展阶段，并将唐代户等状况合理地分为租庸调时期与两税法时期。他认为唐前期划分户等主要依据赀产，土地也包含在内，但户等与人丁因素没有关系。而这一规定在两税法时期发生了变化，赀产与人丁同时成为户等划分的条件，这是户等制臻于完善成熟的标志，并对这两个时期户等制度的具体作用作了归纳⑤。

如上，对定户具体依据的认识或有差异，但户内赀产与丁口无疑是

---

① 捺印十分清晰，其图版参《英藏敦煌文献》第1卷，编号S.514，中国社会科学院历史所等合编，四川人民出版社1990年版，第213—221页。

② 宋家钰：《唐朝户籍法与均田制研究》，第120—127页。

③ ［日］池田温：《籍帐·概观》，第98—101页。

④ 杨际平：《唐代的户等与田产》，《历史研究》1985年第3期。

⑤ 邢铁：《户等制度史纲》，云南大学出版社2002年版，第21—55页。

户等的首要因素，这在建中元年（780）制定两税法时已考虑在内了。

此时的定户周期仍在努力维护唐前期确立的“三年一定”制度。德宗贞元四年（788）正月赦文：“天下两税，更审定等第，仍令三年一定，以为例程。”① 这是两税法颁布八年来，官方第一次明令重新调整户等②。宪宗元和二年（807）正月赦文：“天下两税，贞元四年已三年一定，委有司举旧数商量处置。”③ 元和六年（811）衡州刺史吕温奏称当州征税，没有户等依据，而且二十余年未曾定户④。据此上推二十年，不仅元和二年赦令未切实执行，而且德宗贞元四年的赦令也应没有认真执行。迄至穆宗长庆三年（823），元稹《同州奏均田状》谓：“右件地，并是贞元四年检实，至今已是三十六年。其间人户逃移，旧地荒废。又近河诸县，每年河路吞侵，沙苑侧近，日有沙砾填掩，百姓税额已定，皆是虚额征率。”⑤ 衡州在中南，同州在京师附近，可见地无南北，数十年内户等评判工作的废止是一致的⑥。意味深长的是，元和十四年（819）七月又令地方长官务必执行三年一定户，以期均平⑦。宪宗在位十四年，三次重申“三年一定户等”，可见政令执行的效果不尽如人意。

元和十五年（820）正月，穆宗即位，赦文称“宜准例三年一定两税”，同年二月再次重申此令⑧，长庆元年再次下令审定户等⑨。即位不足两年的穆宗，几乎把重新审定户等作为自己新政的一部分了。这不仅说明两税法离不开户等制，亦可知当时的户等制度已不能按照常规进行整饬⑩。至于敬宗即位后的长庆四年（824）三月“今后户帐田亩，五年

① 《唐会要》卷85定户等第条。又见《册府元龟》卷89《赦宥》及卷488《赋税》。

② 张泽咸：《唐五代赋役史草》，第141页。

③ 《唐大诏令集》卷70，第391页。又见《册府元龟》卷89。

④ 《唐会要》卷85定户等第条，第1558页。

⑤ 《元稹集》卷38，冀勤点校，中华书局1982年版，第435页。

⑥ 张泽咸：《唐五代赋役史草》，第142页。

⑦ 《唐大诏令集》卷10，第60页。又见《文苑英华》卷422《元和十四年上尊号赦》。

⑧ 《唐大诏令集》卷2《穆宗即位赦》，第11页。又见《册府元龟》卷486《邦计部·户籍》、《唐会要》卷85定户等第条。

⑨ 《唐大诏令集》卷10《长庆元年册尊号赦》，第61页。

⑩ 邢铁：《户等制度史纲》，第53页。

一定税”的赦令[①]，可见户等审定周期有所延长，等于默认了户等制度的混乱状况。研究认为赦文中的“户帐”当含户税[②]。其实，这里的户帐仍是户口帐之义。记载更详的是长庆四年三月制：“自今已后，州府所由户帐及垦田顷亩，宜据见征税案为定申省后，户部类会具单数闻奏，仍敕五年一定税。如有逃亡死损州县，须随事均补，亦仰年终申户部”[③]，所谓“逃亡死损”即就户帐上的人口统计而言。两税法时期的力役、杂徭仍然需要丁口承担[④]，故“户帐”统计人口的原本目的没有变。虽然户等划分依据不包括土地，但粮食是民户的重要赀财之一，而谷物生产不可能离开土地[⑤]。引文中的“户帐田亩”依然遵循建中元年初定两税法时“约丁产，定等第”的定户原则。

然而，敬宗以后乃至唐朝覆亡的八十余年间，连这种徒具形式的户等审定诏令都无记载了[⑥]。至此，唐初即已确立的户等制度在施行二百余年后，终于停止。唐后期以诏书形式三令五申地维护户等制度，同唐前期频频载有民户户等及户等评定信息的各种户籍文书，两相比较之下，户等制度的实践已荡然无存。

值得关注的是，史籍出现了道一级行政长官负责定户的记载，此与道、州、县三级地方行政体制的形成息息相关。

首先，这一变化出现在建中时期的政令中。建中元年正月制：“诸道宜分遣黜陟使，观风俗，问疾苦。自艰辛以来，征赋名目繁杂，委黜陟使与诸道观察使、刺史，计赀产作两税法。比来新旧征科色目，一切停罢。两税外辄别配率，以枉法论。”[⑦] 同年正月五日赦文：“宜委黜陟使与观察使及刺史转运所由，计百姓及客户，约丁产，定等第，均率作，年支两税。如当处土风不便，更立一限。其比来征科色目，一切停罢。”同

---

① 《旧唐书》卷17上《敬宗纪》，第508页。
② 邢铁：《户等制度史纲》，第53页。
③ 《册府元龟》卷488《邦计部·赋税二》，第5836—5837页。
④ 张泽咸：《唐五代赋役史草》，第291—305、326—329页。
⑤ 宋家钰：《唐朝户籍法与均田制研究》，第120—127页。
⑥ 张泽咸：《唐五代赋役史草》，第142页。
⑦ 《唐会要》卷78黜陟使条，第1419页。

年二月十一日起请条谓："令黜陟、观察使及州县长官，据旧征税数，及人户土客，定等第、钱数多少，为夏秋两税。其鳏寡惸独不支济者，准制放免。其丁租庸调，并入两税。州县常存丁额，准式申报。其应科斛斗，请据大历十四年见佃青苗地额均税。夏税六月内纳毕，秋税十一月内纳毕。其黜陟使每道定税讫，具当州府应税都数及征纳期限，并支留合送等钱物斛斗，分析闻奏。并报度支、金部、仓部、比部。"建中元年"其月（二月）大赦天下。遣黜陟使观风俗，仍与观察使、刺史计人产等级为两税法。此外敛者，以枉法论。"①

迄至宪宗末年，元和十四年七月诏："比来州县多不定户，贫富变易，遂成不均。前后制敕，频有处分，如闻长吏不尽遵行，宜委观察使与刺史、县令商量，三年一定，必使均平。其京兆府亦宜准此。"② 又至穆宗登极之始，《长庆元年册尊号赦》曰："其诸道定户，宜委观察使、刺史必加审实，务使均平。京兆府亦宜准此。"③ 在定户方面，长庆元年的这道赦文与元和十四年的有相似之处，只是更加明确了定户工作是在道一级行政内展开。文宗太和六年（832）九月"淄青观察使王承元奏：准旨，定征两税五州共一十九万三千九百八十九贯。淄青自收复后，未有两税上供，自此始征。"④

同时，据历朝一系列规定，户等评定工作的介入者多起来了，有黜陟使、观察使、刺史与县令。相对黜陟使的差遣性质与职责所在，观察使作为道级行政长官，是直接管理辖区内的户等审定。观察使对州长官的民事处理权限有所制约，如元和十二年（817）四月的一道敕令规定：自今已后，刺史如有利病可言，可以不限时间，自行上表奏闻，不必事先向节度观察使通报⑤。另外，观察使对刺史政绩有监督考核之权，太和三年（829）五月中书门下奏："增秩赐金，有故事，前史所载，得者甚希。近日方镇所奏，人数渐多。自今已后，刺史在任，政绩

① 《唐会要》卷83《租税上》，第1535页。

② 《唐大诏令集》卷10，第60页。又见《文苑英华》卷422《元和十四年上尊号赦》。

③ 同上书，第61页，又见《文苑英华》卷422。

④ 《册府元龟》卷488《邦计部·赋税第二》，第5838页。

⑤ 《唐会要》卷68刺史条，第1203页。

尤异，检勘不虚者，观察使具事状。及所差检勘判官名衔同奏。若他时察勘不实，本判官量加削夺，观察使奏听进止。所陈善状，并须指实而言”，奏文以刺史任内户口、垦田、租赋增加如何为例，作了详细说明①。

但在唐前期州县两级地方行政的状况下，定户本是县令全权指导负责的。《唐六典》规定：“京畿及天下诸县令之职，皆掌导扬风化，抚字黎氓，敦四人之业，崇五土之利，养鳏寡，恤孤穷，审察冤屈，躬亲狱讼，务知百姓之疾苦。所管之户，量其赀产，类其强弱，定为九等。其户皆三年一定，以入籍帐。若五九（谓十九、四十九、五十九、七十九、八十九）、三疾（谓残疾、废疾、笃疾）及中、丁多少，贫富强弱，虫霜旱涝，年收耗实，过貌形状及差科簿；皆亲自注定，务均齐焉。若应收授之田，皆起十月，里正勘造簿历；十一月，县令亲自给授，十二月内毕。至于课役之先后，诉讼之曲直，必尽其情理。每岁季冬之月，行乡饮酒之礼……若籍帐、传驿、仓库、盗贼、河堤、道路，虽有专当官，皆县令兼综焉。”②

天宝之际，仍然强调县令的定户权限，太守审核辖县的户等评定工作：“顷以人不欲扰，法贵从宽，所以比来未全定户，今已经数载。产业或成，适可因兹，平于赋税。自今已后，每至定户之时，宜委县令与村乡对定，审于众议，察以赀财。不得容有爱憎，以为高下，徇其虚妄，令不均平。使每等之中，皆称允当。仍委太守详覆定后，明立簿书。”③

出土的《开元廿一年西州蒲昌县定户等案卷》④ 载有“但蒲昌小县，百姓不多，明府对乡城父老等定户，并无屈滞，人无怨词，皆得均平，谨状录上”，文书末尾残存“已上并依县”字样，被认为是州司勘覆之辞，按照原样认可了蒲昌县的户等审定⑤。可见，户等审定工作在唐前期

① 《唐会要》卷68刺史条，第1203—1204页。

② 《唐六典》卷30，第753页。

③ 《唐会要》卷85《定户等第》天宝四载条，第1557—1558页。

④ 《吐鲁番出土文书》第9册，第97—100页。

⑤ ［日］池田温：《籍帐·概观》，第101页。

本是州县两级行政的任务，直接面向尚书户部负责，与开天之际的以军事为主的“道”无涉。而道一级行政长官负责基层户等的审定，便成为唐后期户籍编造的一大特点。

太和九年（835）三月，都省奏称“湖州百姓韩巨川及庾威男道彰进状称庾威缘定户左降及录事参军县令等黜责事”，敕付尚书省四品已上官员进行集议。议曰：“定罪者必原其情，议事者宜究其本。庾威均税之法，情实扰人，顾其施为，必有工拙。工者何也？富户业广以赀自庇，产多税薄，归于羸弱。威能尽简并包者加籍取均，困穷者蠲减取济，税既顿异，法亦稍严，事归平一，人无冤诉，此所谓威之工也。其拙何也？五县土广人奸，征簿书即隐占居多，简田苗即惊扰为虑，散乱村野，胥徒千人。虽成功于已事之时，而受弊于作法之始。岂无他术，用以周知，竟此纷纭，斯所谓威之拙也”。议决的结果是在肯定庾威做法的同时，严厉批评了他猛苛的一面，最终庾威及其“连坐左迁录事参军杜膺及县令等六人并复本资官”[①]。从百官决议之辞看，湖州长官庾威“均平赋税”的施政方式兼具利弊，进而说明两税法施行之际的户等评定工作比较棘手。

三　“按地收敛”辨正

杜佑奏议曰：“自圣上御极，分命使臣，按地收敛，土户与客户共计得三百余万。比天宝才三分之一，就中浮寄仍五分有二。”[②] 作为两税法颁布前夕的全国人口大清查，是以“按地收敛”的形式开展括户的，目的在于改进和推行与租庸调法不同的新税制[③]。今检点校本《通典》，此作“按比收敛”，并出校曰：

> “比”原讹“地”，据北宋本、明抄本、明刻本改。

① 《册府元龟》卷474《台省部·奏议五》，第5660—5661页。

② 《通典》卷40《职官二十二》，第1108页。

③ 张泽咸：《唐代的客户》，原刊中国科学院历史研究所编《历史论丛》第一辑，中华书局1964年版，第177—193页。此据氏著《一得集》，兰州大学出版社2003年版。

查看北宋本《通典》，实作“按比收敛”[①]。可见研究者当年使用了《通典》的另外版本（可能是通行的“十通”本）。究竟是“按比收敛”符合情况还是“按地收敛”符合历史实际，不仅与两税法的推行有关，还涉及唐后期客户的户籍身份转变的关键。

由于两税法的征收原则是“户无土客，以见居为簿；人无丁中，以贫富为差”，意味着不论民户是土著还是外来者，皆需履行纳税义务。这在原则方面消除了有产客户的“客籍户”之义。而完全没有产业的客户亦即佃农和雇农，因为无法承担两税，一般未将其列入正式户籍，“客户的原始意义至此起了巨大的变化”[②]。那么，这里的“产业”无疑是土地。在本次按土地有无而进行的户口清查中，占全部居民五分之二的客户，正是“按地收敛”的成果[③]。因此，从人口检括的条件与目的而论，“按地收敛”是站得住的。

有关建中初年括户的记载，尚见于《通典》卷 7 历代盛衰户口条：“建中初，命黜陟使往诸道按比户口，约都得土户百八十余万，客户百三十余万。”本条史料与上引所言乃同一件事，但此处使用的是“按比户口”[④]。当然，若使用“按地户口”，有表述不当之嫌。《周礼注疏》卷 11《地官・小司徒》曰：

> 乃颁比法于六乡之大夫，使各登其乡之众寡、六畜、车辇，辨其物，以岁时入其数，以施政教，行徵令。及三年，则大比，大比则受邦国之比要。

本段经文的相关注解是：“注：大比，谓使天下更简阅民数及其财物也。受邦国之比要，则亦受乡遂矣。郑司农云：五家为比，故以比为名，今时八月案比是也。要谓其簿。疏：凡言‘比’者，是校比之言。但五家

---

① 《北宋版通典》，杜佑原撰，［日］长泽规矩也、尾崎康校订，韩昇译订，上海人民出版社 2008 年影印版，第 2 册，第 411 页。

② 张泽咸：《唐代的客户》，载氏著《一得集》，第 246 页。

③ 张泽咸：《唐五代赋役史草》，第 144—145 页。

④ 《新唐书》卷 52《食货志二》亦言“按比”，第 1351 页。

为比者，案比之法从少至多，以五家为始，故以比为名。云‘今时八月案比是也’者，汉时八月案比而造籍书，周以三年大比，未知定用何月，故司农以汉法八月况之。云‘要谓其簿’者，谓若今之造籍，户口、地宅，具陈于簿也。”

注解家从小司徒的职掌之一——户口与户内财产统计出发，将其与汉唐时期的户籍编造联系起来。汉代“八月案比”在张家山汉墓所出《二年律令·户律》中得到印证：

> 恒以八月令乡部啬夫、吏、令史相杂案户。
>
> 民欲先令相分田宅、奴婢、财物，乡部啬夫身听其令，皆参辨券书之，辄上如户籍。有争者，以券书从事；毋券书，勿听。所分田宅，不为户，得有之，至八月书户，留难先令，弗为券书，罚金一两。[①]

对于《后汉书》“案比”之语，李贤注称“案验户口，次比之也”“案验以比之，犹今貌阅也”。《后汉书·孝安帝纪》元初四年（117）纪事曰：“方今案比之时，郡县多不奉行”；同书《江革传》：“建武末年，与母归乡里。每至岁时，县当案比，革以母老，不欲摇动，自在辕中挽车，不用牛马，由是乡里称之曰‘江巨孝’。”[②] 汉唐之间的北魏时期，太和十年（486）二月初立三长制，及“定民户籍”[③]，公卿参议，太尉元丕认为“咸称方今有事之月，校比民户，新旧未分，民必劳怨”，应于冬闲之时为便[④]。唐代里正的职责是：“掌案比户口，收手实，造籍书”[⑤]，“籍书”是唐律中屡次提及的户籍的法定名称，则贾公彦的注释“汉时八月案比而造籍书”是以唐法比况汉制。所以，“按比户口”是渊源有自的传

① 张家山二四七号汉墓竹简整理小组：《张家山汉墓竹简247号墓释文》（修订本），文物出版社2001年版，第54页。

② 《后汉书》卷5、39，中华书局1965年版，第227、1302页。

③ 《魏书》卷7下《高祖纪下》，中华书局1974年版，第161页。

④ 《魏书》卷53《李冲传》，第1180页。

⑤ 《唐律疏议》卷12“里正不觉脱漏增减”条，第233页。

统用法。

基于上，《通典》关于建中初期统计户口的用辞，应以“按比”为准，而“按地收敛”在史实与文献角度都略有瑕疵。

不过，研究者对将有土地的客户列入正式户籍的看法是正确的。这一做法在代宗时已有措置，宝应元年（762）九月敕：“客户若住经一年已上，自贴买得田地、有农桑者，无问于庄荫家住，及自造屋舍，勒一切编附为百姓。差科比居人例量减一半，庶填逃散者。”[①] 这种占有一定土地并已开展正常农业生产的客户，须被编入当地的正式户籍，承担较土著户二分之一的差科，而宅舍的有无显然不是客户著籍的必要条件。

这远较开元九年（721）开始括户的处置办法便捷，彼时《科禁诸州逃亡制》谓：“诸州背军逃亡人，限制到日百日内，各容自首。准令式合所在编户，情愿住者即附入簿籍。差科赋敛于附入令式，仍与本贯计会停征。若情愿归贯，及据令式不合附者，首讫明立案记，不须差遣。先牒本贯知，容至秋收后递还。情愿即还者，听待到本乡讫免今年赋租课役。……过限不首，并即括取，递边远附为百姓，家口随逃者，亦便同送。”[②] 制文考虑了逃户附籍的各种情况，增加了编入户籍的可选择性。经过长达四年的检括，新附客户八十多万，优复六年租调，每丁课以轻税钱。可是六年后的开元十八年，由于现实因素，这批客户很难成为国家的正式编户[③]。宝应元年敕令则根据客户已有的生产生活资料，直接予以列入正式户籍。

“据地造籍”的可操作性，被后来的地方长官用以均平税役。杜牧《唐故太子少师奇章郡开国公赠太尉牛公墓志铭并序》称：牛僧孺于开成四年出任襄州节度使，由于朝廷“饶假军人，入赋不一”，“公至，据地造籍，免贫弱四千万，均入豪强，皆曰甘心，不出一怨言”[④]。据地造籍，

① 《册府元龟》卷486《邦计部·户籍》，第5813页。

② 《全唐文》卷22，第256页。

③ 张泽咸：《唐代的客户》，载氏著《一得集》，第238—239页。

④ 《杜牧全集》卷7，陈允吉点校，上海古籍出版社1997年版，第74页。

是朝廷统一规定，用意仍是将有土地的客户收入户籍，使之成为编户①。原则上，客户不可能占有大量土地，因而“据地造籍”在祛除税役伪弊的同时，还掌握了部分人口。

代宗敕令揭示了有产客户是户籍整顿的重点，不像玄宗时期的无区别对待，因而在其继任者那里“以见居为簿”的原则贯彻执行。而建中元年土客户的共同统计，使人明白了广德二年二月“不得依旧籍帐”征发赋役的缘由，以及德宗即位伊始于大历十四年十一月暂停户籍编造的原因。

第二节 户籍在中晚唐时期的政治意义

一 户籍背后的政治服从

户口多寡是中国古代政治盛衰的重要指标，如唐代史臣所言：“谨详前代隆平之时，校今日耗登之数，存诸户籍，以志休期。”② 且“以版籍奉还”为标识的政治服从，古有成例。王隐《蜀记》就蜀汉刘禅降魏一事曰：“又遣尚书郎李虎送士民簿，领户二十八万，男女口九十四万，带甲将士十万二千，吏四万人，米四十余万斛。”③ 这是帝制时代一个政权以奉上户籍，作为向另一个政权归顺象征的较早实例。

而唐代户口统计的地域范围数百年间不尽一致，与唐代前后期版图的盈缩和统治力量的强弱有关④。但藩镇与战乱是唐后期政治生活的重要组成，也是户口统计准确与否的重要因素。因此，户籍编造与户口掌握的经济意义之外，其背后的服从象征于中晚唐之际更加凸显。

安史之乱以后，人口减少是不争的事实，部分州郡未向中央申报户口也是实情。《通典》卷7历代盛衰户口条载：

---

① 翁俊雄：《唐后期政区与人口》，首都师范大学出版社1999年版，第55页。

② 《旧唐书》卷38，第1383页。

③ 《三国志》卷33《蜀书·后主传》，中华书局1959年版，第901页。

④ 冻国栋：《中国人口史》第二卷《隋唐五代时期》，第92页。

肃宗乾元三年，见到帐百六十九州，应管户总百九十三万三千一百三十四。不课户总百一十七万四千五百九十二，课户七十五万八千五百八十二。管口总千六百九十九万三百八十六，不课口千四百六十一万九千五百八十七，课口二百三十七万七百九十九。自天宝十四年至乾元三年，损户总五百九十八万二千五百八十四，不课户损二百三十九万一千九百九，课户损三百五十九万六百七十五；损口总三千五百九十二万八千七百二十三，不课口损三千七十一万三百一，课口损五百二十一万八千四百三十二。[①]

据“肃宗乾元三年，见到帐百六十九州，应管户总百九十三万三千一百三十四”的引文，可见乾元三年（760，上元元年）户口数绝非全国的户口数，该数字应是本年度向中央申报户口帐的169个州的户口数。再据两《唐书·地理志》，天宝十一载全国州郡数达310个，而《通鉴》则言天宝十三载（754）有321州[②]，则乾元三年至少有150余州未向中央申报户口。换言之，乾元三年的户数只是全国二分之一稍多一些州郡的户口数，而非全国户口数[③]。

但肃宗之时具体哪些地区未如实申报管内户口，只能推测。据《旧唐书》卷38《地理志一》总叙部分：“永泰之后，河朔、陇西，沦于寇盗。元和掌计之臣，尝为版簿，二方不进户口，莫可详知。”永泰是代宗即位初年，去乾元三年甚近，河朔不申户口完全由于战乱与藩镇割据所致。而言陇西于永泰之后沦于寇盗（吐蕃或吐蕃与回鹘联军），当是宝应元年（762），临、洮、秦、成、渭等州被吐蕃攻陷[④]。至于沙州是贞元二

① 关于该处户口数的辨析可参冻国栋《中国人口史》第二卷《隋唐五代时期》，第101—102页。

② 《通鉴》卷217天宝十三载条，第6929页。

③ 冻国栋：《中国人口史》第二卷《隋唐五代时期》，第102页。

④ 《旧唐书》卷11《代宗纪》，第271页。

年（786）陷蕃，西州于贞元八年（792）陷蕃[①]。故史籍当是概言之，但亦可得知河朔地区在肃、代之际即已不申户口，并一直是不申户口的地区。

宪宗时期唐廷对藩镇采取强硬措施，先后有部分强藩归附中央。而宪宗也因此获誉“中兴之主”。是时，李吉甫指出：

> 天宝之季，王途暂艰，由是堕纲解而不纽，强侯傲而未肃逮至兴运，尽为驱除。故蜀有阻隘之夫，吴有凭江之卒，虽完保聚，缮甲兵，莫不手足裂而异处，封疆一平四海，故鄘、卫风偃，朔塞砥平，东西南北，无思不服。[②]

有鉴于此，李吉甫“前上《元和国计簿》，审户口之丰耗；续撰《元和郡县图志》，辨州域之疆理”。元和二年（807）年末，李吉甫奏呈了十卷《元和国计簿》：“总计天下方镇凡四十八，管州府二百九十五，县一千四百五十三，户二百四十四万二百五十四，其凤翔、鄜坊、邠宁、振武、泾原、银夏、灵盐、河东、易定、魏博、镇冀、范阳、沧景、淮西、淄青十五道，凡七十一州，不申户口。每岁赋入倚办，止于浙江东西、宣歙、淮南、江西、鄂岳、福建、湖南八道，合四十九州，一百四十四万户。”[③] 天下划为48道，除去15道不申户口外，尚余33道。这33道中的浙江东西诸八道的户数，已经占到了所申总户数的59%，可谓是唐朝此时经济财政的中流砥柱。

---

① 沙州于贞元二年陷蕃目前被广泛接受，参山口瑞凤《讲座敦煌》第二卷《敦煌的历史·吐蕃支配敦煌时代》，大东出版社1980年版，第197—232页；陈国灿《唐朝吐蕃陷落沙州城的时间问题》，氏著《敦煌学史事新证》，第472—485页。而据敦煌出土的P.3918（2）号文书《佛说金刚坛广大清净陀罗尼经》，其跋文为“西州没落官、甘州寺户、唐伊西庭节度留后使判官、朝散大夫、试太仆卿赵彦宾”于贞元九年（癸酉岁）所写，文中有“其经去年西州倾陷，人心苍忙，收拾不着，不得本来”一句。从跋文判断，这个甘州寺户赵彦宾是“去年西州倾陷”以后被掠卖到甘州的，“去年”即贞元八年（792），西州陷蕃。

② 李吉甫：《元和郡县图志·序》，贺次君点校，中华书局1983年版，第2页。

③ 《旧唐书》卷14《宪宗纪上》，第424页。《唐会要》卷84《租税下》杂录条有相同记载。

《元和国计簿》统计的“不申户口数”的71州实际包括两类地区：一是藩镇割据之地，主要是河东、魏博、范阳、镇冀、易定、沧景、淮西、淄青等地。上述地区在唐前期人口一直比较稠密，现为强藩控制，户口赋税不向朝廷申报。安史之乱和连年的割据混战势必造成这些地区的人口减损，但具体情况无从知悉。二是首都西北的部分地区，如凤翔、鄜坊、邠宁、振武、泾原、银夏、灵盐等地。这些地区本为中央控制，但因是中央西北的军事要地，户口数可能另加控制，所以亦不申报，与强藩性质有别①。同时，在元和末年的又一份户口数据中，我们看到了一些南方州府不申户口的情况：“是岁（元和十五年），计户帐，户总二百三十七万五千四百，口总一千五百七十六万。定、盐、夏、剑南东西川、岭南、黔中、邕管、容管、安南合九十七州不申户帐。”② 除了定、盐、夏三地以外，属于今天四川、两广、贵州等广大南方地区也是不向中央申报户口的。

因此，在强藩与中央对抗的环境下，户口掌握也就成了国家权威的集中表现之一。《唐会要》载曰：元和“五年诛李师道，收复淄青十二州，未定户籍。乃命谏议大夫王彦威充十二州勘定两税使，朝法振举，人不以为烦”。③ 据《旧唐书》卷14《宪宗纪》，李师道被诛于元和十四年二月，故《唐会要》于此条纪事有误。唐廷在淄青十二州按照国家赋税制度审定户等，推行两税法，这即是“朝法振举”的深刻内涵④。

李师道与中央对抗的严重后果，致使部分强藩主动归服。元和十三年，“淄青节度使李师道平。镇州王承宗惧，上章请割德、棣二州自赎，又令二子入侍。宪宗选使臣宣谕，以尚书右丞崔从中选……至镇州，于鞠场宣敕，三军大集，乃谕以逆顺，辞情慷慨，军士无不感动。承宗泣

① 冻国栋：《中国人口史》第二卷《隋唐五代时期》，第95—96页。

② 《旧唐书》卷16《穆宗纪》，第484页。

③ 《唐会要》卷84两税使条，第1550页。

④ 陈寅恪在《唐代政治史述论稿》上篇《统治阶级之氏族及其升降》中认为，安史之乱后的唐朝只是外表的统一，中央与部分地方藩镇截然划为不同的区域，不仅军事政治不能统一，社会文化也是互不关涉，统治阶级更是不同（第202—203页）。因此，强藩辖区内的赋税与户籍之制与中央政令也存在差异。

下，礼貌甚恭，遂按德棣户口、符节而还。”[①] 这里的“按”字即是史籍中常见的“按（案）比”一词的缩略。王承宗将藩内州县割还国家之举，是以使臣按比德、棣两州户口的形式表现的，证明唐廷对两地恢复了统治权。

肃、代交嬗之际的宝应元年（762），临、洮、秦、成、渭等州被吐蕃攻陷[②]。大中三年（849）八月，凤翔节度使李玭奏收复秦州，至此秦州等已被吐蕃统治了87年。故宣宗下制优待归国的秦州军民，辞曰：“其秦、威、原三州及七关侧近，访闻田土肥沃，水草丰美，如百姓能耕垦种莳，五年内不加税赋。五年已后重定户籍，为永业。……三州七关镇守官健，每人给衣粮两分，一分依常年例支给，一分度支加给，仍二年一替换。其家口委长吏切加安存。官健有庄田户籍者，仰州县放免差役。”[③] 显然，唐廷是通过重定民户户籍与认可士兵已有户籍的形式，对待和安抚刚刚恢复唐人身份的沦陷区人民的。

另外，出现了地方官“主动”隐冒管内户籍的情形。自建中到贞元年间，各地流徙蜂拥而起。流民潮中，出现了地方官隐瞒民户的现象。裴倩任信州刺史时，“复其庸亡五千室……交代之日，不书于簿，且曰‘吾以恤隐，岂当沽美！’”。[④] 韶州刺史徐申“罢去之日，夫家名数倍差于始至，而不书于籍”。[⑤] 很显然，这些行为是被视作“德政”加以赞扬的[⑥]。其原因，韦处厚于长庆年间（821—824）指出“今所在户口，都不申明实数”之时，解释道：“自兵兴以来，垂二十年，百姓粗能支济，免至流离，实赖所在浮户相倚，两税得充。纵遇水旱虫霜，亦得相全相辅。

---

① 《唐会要》卷58《尚书省诸司中》左右丞条，第1000页。

② 《旧唐书》卷11《代宗纪》，第271页。

③ 《旧唐书》卷18下《宣宗纪》，第623—624页。

④ 权德舆：《尚书度支郎中赠尚书左仆射正平节公裴公神道碑铭》，载《权德舆诗文集》，郭广伟校点，上海古籍出版社2008年版，第260—265页。

⑤ 权德舆：《唐故金紫光禄大夫检校礼部尚书使持节都督广州诸军事兼广州刺史御史大夫充岭南节度支度营田观察处置本管经略等使东海郡开国公赠太子少保徐公墓志铭并序》，载《权德舆诗文集》，第355—358页。

⑥ 翁俊雄：《唐后期政区与人口》，第43页。

若搜索悉尽，立至流亡。”[①] 此类地方户籍的欺隐被赋予一定的“德政”色彩，体现了地方官吏主持户籍编造与户口检查的苦衷和困境。

二　沙州归附与户籍整顿——藩镇户籍编造实例考察

《唐会要》载：大中五年（851）七月，“刺史张义潮遣兄义潭将天宝陇西道图经、户籍来献，举州归顺”。[②]《新唐书》则称：“明年（按其文义，指大中四年），沙州首领张义潮奉瓜、沙、伊、肃、甘等十一州地图以献。”[③]《新唐书》撰者或认为“十一州图籍”语义不明，直接换作“地图”。今据英藏敦煌 S. 11345 号残文书，是大中二年（848）张议潮率众光复敦煌后，唐中央为褒奖张氏而以宣宗名义颁布的一件正式的诏敕，内容如下：

（前残）

1. 达多等沙州郡敦煌
2. 平时三万余口是吾
3. 远祖□□□□□□
4. 之□□□□□□□
5. □□□□张议潮□
6. 知顺逆忠义之道□
7. 图籍户□□僧俗□
8. 来归□可□□□□

（后残）

本件虽残，然是唐代重要的官文书，见证了沙州等地归唐、中央政府嘉勉的史实[④]。文书明确提及了沙州人口规模，而第 7 行“图籍户”上承第 6 行之文义，亦即《唐会要》所记载的“陇西道图经、户籍”之义。

---

① 韦处厚：《驳张平叔粜盐法议》，载《全唐文》卷 715，第 7345—7346 页。

② 《唐会要》卷 71《州县改置下》陇右道沙州条，第 1269 页。

③ 《新唐书》卷 216 下《吐蕃传下》，第 6107 页。

④ 方广锠：《宣宗关于归义军的诏敕》，《敦煌研究》2000 年第 3 期。

当然，沙州驱逐吐蕃后，地方官长以河西各州图经与户口数归唐，与上节讨论的河东强藩归顺朝廷的性质不同，前者意义更大，是为唐对沙州诸地恢复行使主权。

在唐朝未设置归义军节度之前，张议潮于大中四年（850）便开始了沙州人口的调查与登记。据日本京都有邻馆藏敦煌文书第 51 号《唐大中四年（850）十月沙州令狐进达申报户口牒》：

1. 令狐进达
2. 　应管口妻男女兄弟姊妹新妇僧尼奴婢等共三十四人
3—11 行为户内家庭成员及贱口之姓名
12. 　　　右具通如前，请处分
13. 牒件状如前，谨牒
14. 　　　　大中四年十月　日令狐进达牒①

如上，可知此次户口统计范围之广，不仅包括普通人户，还包括户内的僧尼亲属及奴婢，调查的应是沙州当时所有的人口。与户口申报牒内容有着直接对应关系的便是正式的户口簿，以 S. 4710《沙州阴屯屯等户口簿》阴屯屯户为例：

户阴屯屯
妻男女兄弟新妇僧尼孙侄等二十一人
（下具各口姓名，略②）

刘进宝认为本件文书与令狐进达申报户口牒不仅主要内容一致，而且两者字体系一人书写，应是沙州基层胥吏整理户口的定本③。上述关于户

---

① 唐耕耦、陆宏基：《敦煌社会经济文献真迹释录》第 2 辑，全国图书馆文献缩微复制中心 1990 年版，第 462 页。

② 同上书，第 470 页。综合户籍类文书或相关者，妻、新妇或母称姓不称名。

③ 刘进宝：《唐宋之际归义军经济史研究》，中国社会科学出版社 2007 年版，第 9—11 页。

口统计的文书其形式较为简单，就是户内口与依附人口的统计，并以户主为核心，家庭成员都要在名字前突出与户主的亲属关系。

大中五年（851），唐廷诏设归义军于沙州，首任节度使张议潮便在次年对管内土地占有状况展开调查[①]。现以俄藏Дx2163《唐大中六年（852）十一月百姓杜福胜申报户口田地状》为例，从题名看，该状分为户口与户内占有土地这两部分情况。其中，户口部分较大中四年申报的户口形式有显著变化，户内口（包括贱口）有年龄注记；土地占有部分要交待其方位、亩数及四至。该状尾部略带保证语气：

> 右通上件户口及地一一具实如前，请处分
> 牒 件 状 如 前 谨 牒
> 大中六年十一月　日百姓杜福胜谨状[②]

同类文书尚有P. 3254背《唐大中六年（852）十月令狐子安状》、S. 6235背《唐大中六年（852）十一月唐君盈申报户口田地状》、Дx2163与Дx2393缀合的《唐大中六年（852）十一月女户宋氏申报户口田地状》等[③]。这种由户主申报户内家口与土地占有信息的形式，与敦煌吐鲁番文书所反映的唐前期户口申报十分相似。因此，有学者认为大中年间沙州地区的这些申报户口田地状具有手实的基本特征，应属于民户申报的手实一类[④]。

不过，此时沙州与天宝之前的沙州情况有别，手实的申报方式自大历年后已经鲜见，其后是否继续施行，也无足够证据。而且，这些大中年间的户口申报文书是以“状”的名称出现的，所以应当考虑历史形势与制度变迁。沙州归义军当局根据管内百姓申报的户口田地状，编制了正式的户口田地簿，形制与内容是按照申报状中的户口土地信息直接移

① 刘进宝：《唐宋之际归义军经济史研究》，第11页。
② 《敦煌社会经济文献真迹释录》第2辑，第467页。
③ 同上书，第464—466页。
④ 宋家钰：《唐朝户籍法与均田制研究》，第85页。

录，P. 4989《沙州安善进等户口田地簿》是为成品[①]。该簿也是按户类编而成，没有具体年月与署名。宋家钰认为相对于下文的大顺二年户状，本件已经脱离了手实形式而编成的正式户籍簿，“应是户籍无疑”[②]。

处于晚唐时期的归义军政权（851—907）仍旧编造了具有户籍性质的户口统计文书，即 P. 3384 与罗振玉旧藏缀合的《唐大顺二年（891）正月沙州翟明明等户状》[③]，形制是在 P. 4989《沙州安善进等户口田地簿》的基础上，每登录毕一户，末尾署有年月户名，如“大顺二年辛亥岁正月一日百姓翟明明户”。池田温将本件命名为《唐大顺二年（891）正月沙州翟明明等户口受田簿》[④]，实有不妥。宋家钰将其修正：“据手实初步摘编的近于户籍的文书”，但还未制成正式的户籍簿[⑤]。诚然，这些结论都是对唐前期户籍实物的总结而作出的。

本节已经强调了这是藩镇政治环境下的户口统计。鉴于大顺二年户状的 13—14 行恰有“（一段田地）四至在和胜户状上”之语、S. 3877《唐天复九年己巳（909）洪闰乡百姓安力子卖地契》“中间或有回换户状之次”及 P. 4974《唐天复年代神力为兄坟田被侵陈状并判》“故尚书阿郎再制户状之时”等[⑥]，皆有“户状”的用法。孙继民认为这些文书性质的判定，应当从原始文献出发，站在时人的概念使用上。“户状”本来应指各户申报土地的文书，时人之所以将此类文书的汇集称作户状，可能因其本身是由众多单件的“户状”编连而成。沙州归义军的户状行用较久，可见是一种长期使用且形态稳定的簿籍文书。晚唐户状制度是对唐前期手实制度的继承，两者是前后相连的亲缘关系。但晚唐时期归义军户口申报文书已由“手实”易名为“户状”，著录重点已由“详于

---

① 《敦煌社会经济文献真迹释录》第 2 辑，第 471—472 页。冷鹏飞认为其登录方式具有张议潮统治初期户口登记的特征，应当成于张议潮当权之时的 848—867 年，见《唐末沙州归义军张氏时期有关百姓受田和赋税的几个问题》，《敦煌学辑刊》1984 年第 1 期。

② 宋家钰：《唐朝户籍法与均田制研究》，第 86 页。

③ 《敦煌社会经济文献真迹释录》第 2 辑，第 474 页。文书上钤有“沙州观察处置使”之印。

④ ［日］池田温：《籍帐·录文》，第 445 页。

⑤ 宋家钰：《唐朝户籍法与均田制研究》，第 86 页。

⑥ 后两件分别见于《敦煌社会经济文献真迹释录》第 2 辑，第 8、292 页。

人口而略于土地”改为“详于土地而略于人口”，文体也已由“牒文”变成“状文”。因此晚唐的户状已可与手实相提并论，成为唐代户口申报文书的两大种类之一[①]。

大顺二年已临近唐朝结束之时，归义军作为唐朝的一个边陲藩镇，明确地统计藩内户口田地的时间有四十年之久。围绕着户口统计的核心，唐朝归义军（由于归义军存在180年，横跨晚唐五代宋初）户口编造清晰地呈现三个层次：户口申报牒与户口簿→户口田地申报状与户口田地簿→正式户状。一个藩镇常年保持着人口与土地的基本统计，目的很简单，如大中六年（852）三月中书门下所奏：“据地出税，天下皆同；随户杂徭，久已成例，将务致治，实为本根。”[②] 人口与土地作为藩镇的存在基础，也就具体而微地展示出来。

三　户贯因素与贞元食封继承新规

首先，简略回顾一下唐代食封研究现状。韩国磐较早勾画了唐代食封制度的概貌[③]。阎守诚强调了玄宗在唐朝食封制度上发挥了承前启后的作用[④]。黄正建、马俊民两者的研究都着重于食封的封物来源[⑤]。李锦绣从唐代国家的财政开支出发来讨论食封问题[⑥]。戴建国利用《天圣令》所附唐《赋役令》关于食封家封物分配的令文，讨论了开元年间封户租庸调三分制的具体情况[⑦]。

上述重要成果是本节主旨的坚实基础。对王公贵族与功臣食封的继承作出完整规定的当推“开元令”：

凡有功之臣赐实封者，皆以课户充。准户数，州县与国官、邑

---

① 孙继民：《唐宋之际归义军户状文书演变的历史考察》，《中国史研究》2012年第1期。

② 《唐会要》卷84租税下，第1544页。

③ 韩国磐：《唐代的食封制度》，《中国史研究》1982年第4期。

④ 阎守诚：《论唐玄宗对食封制度的改革》，《北京师范学院学报》1983年第3期。

⑤ 黄正建：《关于唐代封户交纳封物的几个问题》，《中国史研究》1983年第4期；马俊民：《唐朝的“食封家”与“封户”》，《天津师大学报》1986年第3期。

⑥ 李锦绣：《唐代财政史稿》第3册第三编《唐前期的财政支出》，第326—331页。

⑦ 戴建国：《关于唐食封制》，《中国经济史研究》2002年第3期。

> 官执帐共收其租、调，各准配租调远近，州、县官司收其脚直，然后付国、邑官司；其丁亦准此，入国、邑者，收其庸。凡食封皆传于子孙。①

引文不仅明确课户应缴纳的租庸调是受封者封物的直接来源，并规定食封的荣典可由子孙继承。令文详细界定了继承实封的具体范围与标准：

> 食封人身没以后，所封物随其男数为分，承嫡者加与一分。若子亡者，即男承父分；寡妻无男，承夫分。若非承嫡房，至玄孙即不在分限，其封物总入承嫡房，一依上法为分。其非承嫡房，每至玄孙，准前停。其应得分房无男，有女在室者，准当房分得数与半；女虽多，更不加。虽有男，其姑、姊、妹在室者，亦三分减男之二。若公主食实封，则公主薨乃停。

可见是从家庭伦理关系与传统礼法两个角度展开，规定详细，而嫡子在食封继承上的重要性十分显著。但唐前期包括开元时期食封继承规定在内，鲜有涉及食封继承人户贯问题的。

唐中叶之后，政治军事的频繁变动对勋贵阶层的姻娅关系与家族内部秩序产生了显著影响，势必影响食封继承人的身份确认。唐德宗贞元八年（792）八月户部奏："准贞元七年三月二十日敕节文，比来食实封人，多不依令式，皆身殁之后，子孙自申请传袭。伏请自今以后，并今日以前应食实封人，并一年内准式具合袭子孙官品、年名，并母氏嫡庶，于本贯陈牒。如无本贯，即于食封人本任本使申牒。如合袭人有罪疾及身死者，亦限一周年内申牒，请立以次合袭人。仍具家口陈牒，请附籍帐。本贯勘责当家及亲近，如实是嫡长，即与责保，准式附贯，然后申省。到后即取文武职事三品正员一人充保。敕旨。宜依。"②

前揭开元令规定的是"食封人身没之后"处置封物的情况，而德宗

---

① 《唐六典》卷3《尚书户部》，第78—79页。

② 《唐会要》卷90缘封杂记条，第1646—1647页。

朝为避免“子孙自申请传袭”所造成的混乱以及可能存在的冒名顶替，遂下令享有食实封的勋贵应事先预定符合袭封标准的户内子弟。贞元诏敕强调了“本贯”的重要，即食封人的户贯所在地。食封人的封物取自国家课户，在此时，也就是占有部分“两税编户”应缴纳的税役。国家要求严格审定承封人的嫡庶身份以及户贯所在，并将承封人的户内口与其嫡子身份登录在户籍上，一是避免侵占国家税役，二是保证食封继承的有效。

当然，享有食封的勋贵并非普通的国家编户民，但在这一荣典的子孙继承上，国家通过户贯勘查与户籍注记（如出土文书中的“品官子”等）来保证食封继承的正当性。此正是张鷟所谓“户标九等，俱陈万国之图；人有十伦，并挂三年之籍”之义①。这使人联想到唐前期在官员受田方面的处理办法，《天圣令》附唐《田令》第12条要求：请永业田的官员先在“本贯陈牒，勘验告身，并检籍知欠。然后录牒管地州，检勘给讫，具录顷亩四至，报本贯上籍，仍各申省计会附簿”。令文同样强调了“本贯”的重要性。处置食封继承则拓宽了我们对乡贯与户籍作用的认识，出土的七世纪后半期唐代判辞“贯为黔首之根由，籍是生人之大信”则很好地表达了此层意思②。

另外，在特殊阶层上，唐后期出现了假冒衣冠户现象。会昌五年（845）正月三日南郊赦文言：江淮假冒衣冠户“广置资产，输税全轻，便免诸色差役。其本乡家业渐自典卖，以破户籍。所以正税百姓日减，州县色役减少”③。这些江淮地区的假冒衣冠户本为富裕人户，故具备财力以改变原来作为“正税百姓”的户籍身份。这一改变过程不仅违背了阶层秩序，还导致正常赋役征发的减损。

---

① 张鷟：《龙筋凤髓判校注》，田涛、郭成伟校注，中国政法大学出版社1996年版，第38页。

② 见P.3813号背，载［日］池田温《籍帐·录文》，第173—177页，引文在本件文书的第194行。

③ 《文苑英华》卷429，中华书局1966年版，第2175页上栏。又见《全唐文》卷78武宗《加尊号后郊天赦文》。

第三节 五代户籍编造绪余

一 五代户口统计的继续努力

开平元年（907）四月，“梁王始御金祥殿，受百官称臣，下书称教令，自称曰寡人。辛亥，令诸笺、表、簿、籍皆去唐年号，但称月日”。[①]开平三年（909），中书侍郎同平章事判户部事于兢奏：“伏乞降诏：天下州府各准旧章申送户口籍帐，允之。”[②] 另一处史源则称：开平三年三月，尚书户部奏：“请诏天下州府，准旧章申送户口帐籍”，从之。[③] 所谓“旧章”，应是按照唐后期所确定的两税法条件下，也就是包括主客在内，以户内赀产为依据的户口统计办法，故史称“梁太祖开平元年既受唐禅，两税之法，咸因唐制”[④]。因为唐后期政治经济发展的变化，中央在财政经济政策上相应地积累了一些符合历史形势的新规定。后梁的建立者本身是从藩镇政治中脱颖而出的，与唐的政权交替比较平稳，深谙新规则的创制与推行的双重艰难，而下令地方遵从“旧章”申报户口，试图不对新政权产生不良后果。所以，后梁以前朝户口调查与户籍编造的规章制度拉开了五代时期“申送户口帐籍”的序幕。

不过，变乱频生的五代政治并不影响户口统计方面的部分改革。后唐庄宗同光二年（924）二月敕：“历代以后除桑田正税外，只有茶盐铜铁，出山泽之利，有商税之名，其馀诸司并无税额。伪朝已来，通言杂税，有形之类，无税不加，为弊颇深，兴怨无已。今则军需尚重，国力未充，犹且权宜，未能全去。见简天下桑田正税，除三司上供，既能无漏，则四方杂税，必可尽除，仰所司速简勘天下州府户口正额、垦田实数，待凭条理，以息烦苛。”[⑤] 庄宗朝认可“桑田正税”的合法性，斥责后晋利用山泽之利增加苛捐杂税的弊端，用意是遵从“据地出税”的原

① 《通鉴》卷266，第8672页。
② 《册府元龟》卷486《邦计部·户籍》，第5814页。
③ 《五代会要》卷25帐籍条，第405页。
④ 《册府元龟》卷488《邦计部·赋税》，第5839页。
⑤ 同上。

则，以农业为正统。国家谋求税收种类的改变，势必影响到户口掌握的严格与否。因此，敕令中提出了检查天下州府“户口正额”与“垦田实数”的措施，这无疑将有土地的主客户作为统计的对象。

在这种检勘天下户口正额的背景下，史籍记载了后唐地方官招徕户口并增加税收的情况。天成年间，乐勋“为果州团练使，奏南充等五县除旧管户帐外，招得四千二百五十八户，税钱七千五百九十八贯”，敕旨嘉奖①。在旧有的户口上，开创了4258户的招集成绩，如不加以比较，很难了解这是具体怎样的户口规模。且看长兴元年（930）九月阶州刺史王宏贽对管内户口勘检的业绩：“一州主客户才及千数，并无县局。臣今检得新旧主客户已及三千二百，欲依旧额，立将利、福津二县，请置令佐”，于是朝廷批准了其建议②。据《武德令》，户五千以上为上县，二千户以上为中县，一千户以上为中下县。开元十八年三月提高了标准：以六千户以上为上县，三千户以上为中县，不满三千户为中下县；而赤、畿、望、紧等县不限户数，并为上县；去京五百里内并缘边州县，户五千以上亦为上县，二千以上为中县，一千以上为中下县③。因此，即使按照开元的新标准，王宏贽括出的3200户，也完全符合中县等级。当然，五代仍有五代的标准。后周广顺三年（953）十一月为解决天下县邑等级混乱，按照五代时期户口变动趋势，出台了新的等第规定：“除赤县、畿县、次赤、次畿外，其余三千户以上为望县，二千户以上为紧县，一千户以上为上县，五百户以上为中县，不满五百户为中下县。”④ 如上，我们方能理解王宏贽所括3200户为何足以设立两县管辖了，而乐勋的“加光禄大夫、封南阳县开国男、食邑三百户”的奖励也就名副其实。

就阶州而言，管内原有的主客户称为“旧主客”，王宏贽检括出的主客户称为“新主客”。这批“新主客”所占全州户口比例之高，可见当时户口隐冒的严重性。晚唐五代之际，由于无地农民人数的上升，佃农队伍的持续扩大，此时的后唐终于公开了这个已存在的事实，出现了新编

---

① 《册府元龟》卷673《牧守部·褒宠》，第8044页。

② 《旧五代史》卷41《后唐明宗纪》，中华书局1976年版，第568页。

③ 《唐会要》卷70《量户口定州县等第例》，第1231页。

④ 《五代会要》卷20《量户口定州县等第》，第325页。

的主客户籍。鉴于后唐某些地区已开始编造主客户籍，当时的客户大概附于主户户籍，所以主户为了逃避税役设法隐匿时，客户也就随之脱离国家的户籍控制。因而检括户口所得，也就很自然地主客并举。我们知道，两税法颁行之初，原则之一是不分土户、客户，但随着"佃食"队伍的不断壮大，至此主客户再次并称，表明百余年来客户佃食制的进一步发展，使得客户的"客籍户"含义已基本消除。这为北宋实行新的主客户制度开启了进程[①]。

晋高祖《平范延光大赦文》言："近令检田，有隐漏合当罪犯者并放。所有合罚令倍纳租税者特放，并令却依实顷亩输纳。货泉所聚，征督必行。况系省之逋悬，宜应期之供办。但以兵戈之后，帐籍空存。"[②]此处"帐籍"明显指代户口，也就解释了《册府元龟》的编纂者为何把晋少帝开运元年（944）八月"夏秋征科为帐籍一季一奏"的敕令，列入《邦计部·户籍门》的原因了[③]。但是，从时代环境看，五代"帐籍"的内涵实将户口与税役征发紧密捆绑起来，而梁开平三年三月"奏准旧章申送户口帐籍"也就无法点断，只可连读。

天福九年七月改元开运，故《五代会要》有同样记载：晋天福九年八月敕："天下诸州，各以系省钱谷、秋夏征科为帐籍，一年赋税及限，其藩侯郡守更委在任一年。次年又不逋欠，听三周年为满。三年皆办，别议迁陟。"[④] 虽然史臣将上举开运元年"夏秋征科为帐籍"当作户籍内容，但结合本处引文，"帐籍"的赋税内涵不言自明。由于征科时间限定在夏秋，与两税征收相似，此乃属于同"系省钱谷"有别的正税。鉴于此类帐籍"一季一奏"，有学者指出：上报上一级领导机构审核的财务帐簿按季编造，称为季帐，实际是勾帐，向上申报会计[⑤]。所以，在具体语境下，五代"帐籍"的双重含义不可忽视。

另外，当时首善之区的户口多寡与户等高低亦是问题多多。《旧五代

① 张泽咸：《唐代的客户》，载氏著《一得集》，第250—253页。
② 《全唐文》卷117，第1192页下栏。
③ 《册府元龟》卷486《邦计部·户籍》，第5814页下栏。
④ 《五代会要》卷25帐籍条，第405页。
⑤ 李锦绣：《隋唐审计史略》，第49页。

史·郑受益传》载：“宰相赵莹出镇咸秦，以受益（时任京兆少尹）朝班旧僚，眷待甚至。属天下率借金谷，乃谓莹曰：‘京兆户籍登耗，民力虚实，某备知之矣，品而定之，可使平允。’莹信之，因使与王人同掌其事。”① 又，户等制度的倾颓与主客户口的隐匿，导致税役难以均平，官吏从中作梗渔利。《旧五代史·王瑜传》曰：“天福中，授左赞善大夫。会濮郡秋稼丰衍，税籍不均，命乘使车，按察定计。既至郡，谓校簿吏胡蕴、惠鹗曰：‘余食贫久矣，室无增资，为我致意县宰，且求假贷。’由是濮之部内五邑令长共敛钱五十万，私献于瑜”，王瑜随即奏闻，晋高祖叹其廉直清慎，实乃良臣②。王瑜并未效法后唐乐勋招集户口的做法，而与地方官吏勾结，直接利用“税籍不均”的情形以增加税收，是后晋户政败坏的极端一面。后晋末年也有主、客户籍并造的史实。赵在礼掌宋州时，“命吏籍管内户口，不论主客，每岁一千，纳之于家，号曰拔钉钱”③。从本条与后唐阶州刺史王宏贽检查管内主客户一事并观，可知五代时期不分朝代、不分地点地编造主、客户籍。

后周的户口统计可圈可点。首先，据广顺年间掌握的各县户口数，对县的等级作出相应调整。广顺三年（953）十一月敕定的新标准是：“除赤县、畿县、次赤、次畿外，其余三千户以上为望县，二千户以上为紧县，一千户以上为上县，五百户以上为中县，不满五百户为中下县”。随之下令有司据“今年天下县户口数”，定为64个望县、70个紧县、124个上县、65个中县、97个下县④。其次，后周统治者努力统计疆域内的户口总量。世宗显德五年（958）十月，“命左散骑常侍艾颖等三十四人，下诸州检定民租。六年春，诸道使臣回，总计检到户二百三十万九千八百一十二”。⑤ 这是五代近50年时间唯一一个所谓全国性质的人口数字。

---

① 《旧五代史》卷96，第1279页。

② 同上书，第1273页。

③ 陶岳《五代史补》卷3《赵在礼拔钉钱》。这里需稍微澄清，陶岳将此事系于后晋时期，《新五代史》卷46亦相同处置。张泽咸认为是后唐时期，与后唐王宏贽检勘主、客户相提并论，以便于结论（《唐代的客户》，载氏著《一得集》，第251页）。

④ 《五代会要》卷20《量户口定州县等第》，第324—325页。

⑤ 《旧五代史》卷146《食货志》，第1947页。

后周肇建初年，国家下令宫廷内务、苑囿所占用的“百姓系税户”放归州县。周太祖广顺二年（952）二月，宣徽院言：

> 雒京留司奏庄宅等六司夏秋税额、顷亩地土、园林亭殿、房室水硙、什物系籍者；庄宅司诸巡元额定夏秋税，定是百姓系税户千三百五十七；内侍省诸巡户四百六十三；宫苑司三巡户二百九十七；内园两巡户三百二十七，并属诸县界。广德宫并苑昇平宫等，敕庄宅司、内侍省、宫苑司、内园等四司所管诸巡系税人户，宜据逐县界分割，并还本县管属，依例赋税。巡司所置节级、所由名目并停废。其诸司所有行从诸庄及园林亭殿、房舍什物、课利等仍令逐司依旧收管，广德、昇平二宫并废，宫额隶庄宅司管系。①

当然，这只是遣散了陪都——洛阳的宫廷内务与苑囿占据的编户，他们原来应不承担国家税役的，现在不再被洛京留守驱使，于县附籍，交纳赋税。《通鉴》后周广顺三年正月条：“唐末，中原宿兵，所在皆置营田以耕旷土。其后又募高赀户使输课佃之，户部别置官司总领，不隶州县，或丁多无役，或容庇奸盗，州县不能诘。梁太祖击淮南，掠得牛以千万计，给东南诸州农民，使岁输租。自是历数十年，牛死而租不除，民甚苦之。帝素知其弊……敕：‘悉罢户部营田务，以其民隶州县；其田、庐、牛、农器，并赐见佃者为永业，悉除租牛课。’是岁，户部增三万馀户。民既得为永业，始敢葺屋植木，获地利数倍。”② 这一做法同样将逃避国家赋役的特殊人户恢复为正常的编户属性，对农业生产与赋役征发带来刺激作用。

据现有史料，后汉作为五代存在时间最短、国力亦最弱小的朝代，当时户籍调整的相关信息没有详尽地保存。隐帝以乾祐元年二月辛巳即位，癸巳制曰：“天下州县户口，除宣省指挥外，不得辄有科配徭役。如合充色役者，并须定夺允当。其力及大户，并不得诸处投名影占，稍违

---

① 《册府元龟》卷488《邦计部·赋税第二》，第5842页。

② 《通鉴》卷291，第9488页。

科条，当举典宪。”[①] 制文中的“宣省指挥”，当是宣徽院驱使的为皇家服务的各类民户。无论五代时期户口统计与户籍编造的弊端如何严重，但历代统治者都积极地去掌握和控制，保证政权的有序运转。

二　手状与敦煌所出五代户状

《旧五代史·食货志》载后唐天成四年（929）五月敕曰：“百姓今年夏苗，委人户自通供手状，具顷亩多少，五家为保，委无隐漏，攒连手状送于本州，本州具状送省，州县不得迭差人检括，如人户隐欺，许令陈告，其田倍令并征。”[②]《五代会要》的记载是，天成四年五月敕称：“百姓今年夏苗，委人户自通供手状，具顷亩多少，五家为保，委无隐漏，攒连状本州具状送省，州县不得迭差人检括。如人户隐欺，许令陈告，其田倍令并征。”[③] 可见两者所载时间、内容和关键用辞相同。不过，《旧五代史·后唐明宗纪》则谓：“同光”四年四月丙申下敕：“今年夏苗，委人户自供，通顷亩五家为保，本州具帐送省，州县不得差人检括。如人户隐欺，许人陈告，其田倍征。”[④] 两种史源三处记载基本一致，但在申送中央的程序上出现了“帐”与状的区别。据各条记载的行文而言，显然存在着内容表述的省略或缺失情形。《旧五代史·食货志》保存的应是手状敕令的原本，关于手状申报、编造与上报州省的程序十分紧密，没有任何省略。《五代会要》不但在编造成册的环节上忽略“手状”一词的完整性，并省去了“本州”在基层手状进一步编造上的中间作用。因此该书整理者应当将“攒连状本州具状送省”点断，即“攒连状，本州具状送省”，如此前后文义才能畅通。至于明宗本纪部分未言及“手状”

---

① 《册府元龟》卷95《帝王部·赦宥十四》，第1138页。

② 《旧五代史》卷146《食货志》，第1946页。

③ 《五代会要》卷25租税条，第401页。

④ 《旧五代史》卷35，此卷为唐明宗本纪第一，纪事截至同光四年，这段史料置于是年四月叙述。此后明宗天成元年纪事占用两卷（卷36、37），天成二年、三年、四年纪事各占一卷（卷38、39、40），而第40卷“明宗纪六”天成四年四月或五月纪事并无诏敕。因此，在百姓手状的编造时间上，唐明宗本纪与《食货志》、《五代会要》的记载不一致，但都是“某某四年”。从本纪叙事的详细而言，不应挂漏。而天成时期方是唐明宗权力稳固之时，暂以《旧五代史·食货志》、《五代会要》纪事时间为准。

一语，应是出于“夏苗”即田税的考虑。这样便是民户纳税的帐目了，故直接删去手状编造之制，径言“具帐申省”。有学者对唐代两种常见的经济财政文书——帐和历作了说明，历随年、月、日及随事而记，帐则在历的基础上按照一定格式对某月、某季、某两季、某年收支进行总结，是当时正式的财政文书之一[①]。所以，明宗本纪直言“本州具帐申省”不为无据。

所谓手状的统计重点在顷亩，征收种类是田租。户是国家户籍编造制度的基本单元，在此基础上，以五户的土地数量为一保。当时的户籍文书实物是卷子形式，由一张纸一张纸粘连而成。此处所言就是每五户的“状”登载于同一张纸，然后按乡里村坊等基层区划单位“攒连”、申州，根据需要，继续“攒连”整理乃至申省[②]。长兴二年（931）六月，敕命诸道观察使负责属县各村有力人户的评定，并要求有力人户交纳多余的“田苗”，均补贫穷不济人户的税额，“肯者即具状征收，有词者即排段检括”[③]。敕令中的“具状征收”的“状”应是这种手状。

前文已言“户状”是唐宋之际敦煌地区指代明确的通用概念。今存当时户状实物六件：晚唐大顺二年（891）1件，已见上文；五代后周广顺二年（952）2件；北宋太宗年间3件，时间分别是雍熙二年（985）、端拱三年（990）与至道元年（995）。后周两件形制一致，现择Дx2954号“索庆奴户状”如下：

户索庆奴，妻等家口具体信息。

都受田肆拾捌亩。

自第2行后半部分至第9行为田地四至。

10.　　　　广顺二年壬子岁正月一日百姓索庆奴　　户[④]

---

① 李锦绣《隋唐审计史略》，第151页。

② 细绎文义，“本州具状申省”的状应指行政公文，即将本州的手状统计情况作一总汇，向上申状报告。此暂存疑。

③ 《旧五代史》卷146《食货志》，第1946—1947页。《册府元龟》卷488《邦计部·赋税第二》同。

④ 《敦煌社会经济文献真迹释录》第2辑，第477页。

北宋雍熙、端拱时期户状形制一致，现择 S. 4125 雍熙二年“邓永兴户状”如下：

1. 户邓永兴，妻等家口具体信息。

都受田

自第 2 行后半部分至第 4 行为田地四至。

5.　　　　雍熙二年乙酉岁正月一日百姓邓永兴户①

此时期户状形制与后周广顺年间的仍保持统一，唯独 P. 3290、S. 4172 缀合的至道元年户状甚为简略，现择索昌子户如下：

18. 户索昌子

都受田柒拾亩

自第 19 行后半部分至第 20 行为田地四至，十分简略，仅一行半。

20.　　　　至道元年乙未岁正月一日人户索昌子户②

这些文书时代虽然不一，但地域一致，文书性质亦无差别，在文书格式上也保持不变。研究者指出户状文书的编造时间、编造格式和语言使用皆有统一规定：编造时间均是编造之年的正月一日；格式均以户为编造单位，每户首行书写户主姓名，中间部分著录户内口与田地情况，末行以户主申报的年月日期、身份与姓名结尾。语言使用上，每户首行首字以“户”字开头，末行末字以“户”字结尾；土地事项首行均书“都受田若干”。这些户状文书在编连成册时是统一抄录的，大顺二年户状第一部分的两户、第二部分的四户其内容笔迹一致；至道元年户状登录的十四户内容均是同一笔迹。此点说明户状文书在逐级编造、上报并成册的过程中，是由书手统一抄录。除至道元年户状外，户内土地的登录形式在百年间（891—990）始终保持稳定，而人口信息则是逐渐减损的趋势③。

① 《敦煌社会经济文献真迹释录》第 2 辑，第 479—480 页。

② 同上书，第 484—485 页。

③ 孙继民：《唐宋之际归义军户状文书演变的历史考察》，第 87—88、91 页。

宋家钰则是将如上户状置于整个唐代手实制度发展变化的情况下讨论的，认为北宋三件户状抄自手实或手实的简编，性质判定为天成敕令规定的“‘攒连手状’，上送州县那种帐簿”①。孙继民则判定为独立的具有户籍作用的户状文书，由沙州地方政权主导制作，并非民户简单地自行申报，同时接受归义军胥吏的检查②；并且是土地占有的凭证与土地过户的法律依据。这种户状相当程度上接近唐代天宝及其以前的户籍形式，实质隐含了一条手实→户状→事实户籍的演变线索③。

制定于天成四年（929）的后唐手状，时间上更接近广顺时期，而且以户内土地占有为主要内容的手状及其编造形式同敦煌户状实物十分相似。但是后唐手状的制作时间是夏收完成之际，明显带有田税帐簿的特性，目的完全集中于赋税征发。不过，由于手状是按户登录，相应的户口信息也会包括在内。孙先生在强调户状独立性的同时，并未提及后唐手状，可见两者性质有别，是为卓识。晚唐敦煌地区的户状已是当时户口田地申报文书的一大类别。这种每户登记的内容——首行是户主顶格写，中间部分书写人口、土地等内容，末行后退数格并以年月日、户主姓名结束的书式，是唐宋时期普遍流行的呈状格式，申状也是此时官民普遍采用的形式。因此，“状”的概念与具体形式甚为时人知悉，则后唐天成“手状”一名亦浸润了时代因素。

需要指出的是，就现存五代籍帐与租税各项规定看，天成手状申报之制缺乏显著推行与袭用的痕迹，应是后唐在田税征收制度方面的一项改创，而非户籍编造的辅助资料，与户籍编造无关。

三　户等与团貌的变化

唐初在颁布户籍编造法令的同时，也设立了户等制度。武德六年三月令：“天下户量其赀产，定为三等。至九年三月二十四日诏：天下户三

---

①　宋家钰：《唐朝户籍法与均田制研究》，第87页。

②　S.6330《年代不明（十世纪）诸色斛斗入破历算会牒残卷》所记“粟二斗，宋孔目检户状来看用”，《敦煌社会经济文献真迹释录》第3辑，第562页。

③　孙继民：《唐宋之际归义军户状文书演变的历史考察》，第90—91页。

等，未尽升降，依为九等。”[①] 武德九年确立的九级户等，是将原来上、中、下三级户等细化为：上上、上中、上下；中上、中中、中下；下上、下中、下下九个层次。如此详细区分民户赋役负担的九级户等在出土文书中得到了验证。据《唐六典》卷3、《唐会要》卷85等，户等审定周期是三年一定，与造籍工作相辅相成。

但是，有唐三百年户等制度并非一成不变。至于两税法推行后的具体户等，没有记载，只是建中元年“约丁产、定等第”的囫囵规定，不过仍保持了“三年定户”的既成传统。德宗贞元四年（788）正月赦文曰：“天下两税，更审定等第，仍令三年一定，以为例程”[②]，所谓“更审定等第”，似有改作之义，但无法考实。

就本节已讨论的五代各时期户口统计之努力、户口田地申报文书之演变看，短暂的五代随着时势而相应调整了户籍编造的各项事务，故户等制度在此时同样有新的发展。天福七年（942）十一月诏：“‘州郡税盐，过税斤七钱，住税斤十钱，州府盐院并省司差人勾当。’先是，诸州府除蚕盐外，每年海盐界分约收盐价钱一千七万贯，高祖以所在禁法，抵犯者众，遂开盐禁，许通商，令州郡配征人户食盐钱，上户千文，下户二百，分为五等，时亦便之。”[③] 此应理解为依据业已存在的五等户制摊派盐钱，而非为摊派盐钱新设五等户制[④]。据此，五等户制于后晋之时便已出现[⑤]。宋太祖建隆元年（960）十月纪事曰：“有司请据诸道所具版籍之数，升降天下县望……仍请三年一责户口之籍，别定升降。从之。”[⑥] 据“仍请三年一责户口之籍”，有学者指出这显然承袭了五代户籍旧制[⑦]。从“别定升降”而论，北宋国家对户等制度有着深刻的认识。建隆二年（961）“是春，诏申明周显德三年之令，课民种植，每县定民籍为五等。

---

① 《唐会要》卷85《定户等第》，第1557页。

② 同上书，第1558页。

③ 《旧五代史》卷81《晋少帝纪》，第1073页。

④ 王曾瑜：《宋代阶级结构（增订版）》，中国人民大学出版社2010年版，第14页。

⑤ 张泽咸：《唐代阶级结构研究》，中州古籍出版社1996年版，第19页。

⑥ 《续资治通鉴长编》卷1，第26页。

⑦ 戴建国：《宋代籍帐制度探析》，《历史研究》2007年第3期。

第一种杂木百，每等减二十为差，桑枣半之。"[①] 此处引文可证后周于显德三年（956）已推行五等户制。

鉴于唐代九等户制在北宋初年的徭役方面仍有一定影响[②]，我们亦可认为五等户制虽在五代出现，但并未完全稳定下来。至于五等户制以上、中、下细化表示的可能不大，其具体形式目前只能依据宋初法令推论。《天圣令》卷21《田令》载宋令第2条曰：

> 诸每年课种桑枣树木，以五等分户，第一等一百根，第二等八十根，第三等六十根，第四等四十根，第五等二十根，各以桑枣杂木相半，乡土不宜者，任以所宜树充。[③]

本条田令规定的五等分户课种树木制度，也并非天圣七年（1029）新制，而是承袭了建隆二年诏书的规定[④]。故五代之际五等户制的表现形式亦应如此。而天福七年十一月诏定以五等户制摊派盐钱，所谓"上户千文，下户二百"，即以二百文为差，第一等户一千文，以此类推，第五等户二百文，恰为五等。

作为定户必备程序的团貌，曾在唐代与定户一并开展，如开元二十九年（741）三月二十六日"自今已后，每年小团宜停，待至三年定户日，一时团貌"之敕；天宝四载（745）七月二十日重申"今载诸郡，因团貌宜便定户"[⑤]。这是户籍编造准备工作中的一种改进，两事相并，不仅利于行政效率，也减少了对民众的叨扰。鉴于此，本节需论及五代团貌的具体变化。

周显德五年（958）十月诏："诸道州府，令团并乡村，大率以百户为一团，选三大户为耆长。凡民家之有奸盗者，三大户察之；民田之有

---

① 《续资治通鉴长编》卷2，第43页。
② 戴建国：《宋代籍帐制度探析》，第35页。
③ 《天一阁藏明抄本天圣令校证（附唐令复原研究）》，第385页。
④ 戴建国：《宋代籍帐制度探析》，第35页。
⑤ 《唐会要》卷85团貌条，第1555页。

耗登者，三大户均之。仍每及三载，即一如是。”① 五代团貌的记载十分鲜见，而专门分类记载者亦仅此一条。本以为撰者是将后周之团貌与唐代团貌之制强作比附，实则不然。王溥不仅对唐五代典章制度熟稔，并备位后周宰臣，参与国家治理，而后周团貌规定又出自诏书②。因此，《五代会要》设置“团貌”门类之原因，应是诏书所强调的“团”的形式。

以团的组织形式进行定户、貌阅可推至隋初。开皇初“山东尚承齐俗，机巧奸伪，避役惰游者十六七。四方疲人，或诈老诈小，规免租赋。高祖令州县大索貌阅，户口不实者，正长远配，而又开相纠之科。大功已下，兼令析籍，各为户头，以防容隐。于是计帐进四十四万三千丁，新附一百六十四万一千五百口。高颎又以人间课输，虽有定分，年常征纳，除注恒多，长吏肆情，文帐出没，复无定簿，难以推校，乃为输籍定样，请遍下诸州。每年正月五日，县令巡人，各随便近，五党三党，共为一团，依样定户上下。帝从之。”③ 如上，“大索貌阅”与高颎建议的“输籍定样”之法都是为了防止户口隐冒。而输籍定样的组织规模则是“五党三党，共为一团”，具体户数是多少呢？《通典》载曰：“隋文帝受禅，颁新令：五家为保，保五为闾，闾四为族，皆有正。畿外置里正，比闾正，党长比族正，以相检察。”④ 既是一党与一族户数相同，那一党正好一百户，县令适以300—500户为一团进行定户。当然，后周实际疆域与实有户口都不能与统一南北的隋王朝相比，即使“每百户为一团”亦有可能是一种制度的设想。

依唐代团貌的现有史料看，“团”是貌阅的组织形式，“貌”才是具体操作所在，并且人口的身状与丁中是貌阅的重点。前文提到唐前期定

---

① 《五代会要》卷25团貌条，第405页。

② 据《宋史》卷249《王溥传》，撰者本是后汉乾祐进士，于后周三朝身履相职，一直参预国政，世宗时监修国史，恭帝时奏修《世宗实录》。谙熟唐五代典章制度，接续撰成《唐会要》百卷、创修《五代会要》三十卷。后者成于北宋太祖建隆二年（961），是关于五代典章制度的最早撰著，五十多年的诸多史实赖以流传。王溥编撰此书时大量摘引五代诸朝实录中的诏令、奏议，故史料较五代两部正史翔实。

③ 《隋书》卷24《食货志》，第681页。

④ 同上。又见《通典》卷3《食货·乡党》。

户与貌阅是并行开展，即使在两税法推行时期，仍是通过“团”的形式进行户等评定。唐宪宗元和六年（811）正月，衡州刺史吕温奏称：“当州旧额户一万八千四百七，除贫穷死绝老幼单孤不支济等外，堪差科户八千二百五十七。臣到后团定户税，次检责出所由隐藏不输税户一万六千七。……臣昨寻旧案，询问闾里，承前征税，并无等第。又二十余年，都不定户，存亡孰察，贫富不均。臣不敢因循，设法团定，检获隐户，数约万余。”[①] 奏文相继使用了“团定户税”“设法团定”，可见吕温仍是依靠“团”的形式检查户口隐冒，并且效果显著。

后周团貌与前朝仍有相似之处，即从每百户中选出“三大户”，大户的选拔必然通过户等审定。中古时期的大户既指当地有权势的地方豪强，也指人口较多或相对富有的大族人家[②]。而显德五年诏书中出现的“大户”，指的是乡村中丁口多、家庭规模大、经济条件上等的人户，因为他们在执行乡村治安的同时，还需接济、均摊团内收成不济民户的生活或赋税问题。这需要一定的经济基础。

后周大户充任乡村耆长与其部分职责同后唐“有力人户”的情况类似。后唐明宗长兴二年（931）六月诏曰：“比者诸道赋税，一定数额，广种不编於帐案，频通恐挠于乡村。如闻不逮之家，困于输纳，爰议有馀之户，共与均摊，贵表一时之恩，不作常年之例。宜委诸道观察使于属县每村定有力户一人充村长，于村人议有力人户出剩田苗，补下贫不迨顷亩。自肯者，即具状徵收；有词者，即排段简括，便自今年起为定额。”[③]《五代会要》卷25对此纪事略有删节，“宜委”之前皆无[④]。从两处史源设置的门类看，有力人户要均摊不济人户完不成的输纳份额。而且后唐这种有余力的人户是经本道观察使负责选定的。本章第一节曾有关于“两税法时期定户事务的变化”的讨论，观察使成为唐后期定户事务的负责人，可见五代之际的后唐仍遵从这一调整。

---

① 《唐会要》卷85定户等第条，第1558页。

② 刘进宝：《唐宋之际归义军经济史研究》，第85页。

③ 《册府元龟》卷488《邦计部·赋税》，第5841页。

④ 《五代会要》卷25租税条，第401页。

同时，五代十国时期的史籍中经常出现“有力户”[①]“有力人户”[②]“力及大户”[③]“力及人户”[④]等名词，他们不是一般的富裕人户，有学者将其判为形势户的一种[⑤]。后周团貌选定的“大户”亦应是这种既有经济实力又有政治优待的人户，只有如此，国家才能在这种标准人户的协助下维护乡村基层秩序。

因此，可将后周团貌内容与后唐选定乡村大户充任村长一事并观，这种独特的团貌应是五代时期普遍推行的。相对于隋及唐前期的团貌，我们认为后周团貌只是在采用这种形式的有效性，而团貌的内容与目的已发生了很大的改变，实际成为乡村治理的一部分。

---

① 《旧五代史》卷37《后唐明宗纪三》天成元年八月条，第508页。《册府元龟》卷65《帝王部·发号令第四》同此。

② 《五代会要》卷26《街巷》长兴二年六月敕，第413—414页。《册府元龟》卷14《帝王部·都邑第二》同此。

③ 《册府元龟》卷95《帝王部·赦宥第十四》后汉隐帝乾祐元年二月癸巳制，第1138页。

④ 《册府元龟》卷94《帝王部·赦宥第十三》后汉开运元年闰十二月制，第1129页。《册府元龟》卷476《台省部·奏议第七》梁文赞乾祐二年上言，第5685页。

⑤ 张泽咸：《唐代的衣冠户和形势户——兼论唐代徭役的复除问题》，载氏著《一得集》，第278—300页。

第三章　籍年的统计与具体使用

第一节　“籍年”概念与自占形式

一　籍年的法律规定

“籍年”一名，在魏晋南北朝之际的历史纪事中已出现。南朝宋人何子平之“母本侧庶，籍注失实，年未及养，而籍年已满，便去职归家。时镇军将军顾觊之为州上纲，谓曰：‘尊上年实未八十，亲故所知。州中差有微禄，当启相留。’子平曰：‘公家正取信黄籍，籍年既至，便应扶侍私庭，何容以实年未满，苟冒荣利。且归养之愿，又切微情。’”[①]《晋令》规定：“郡国诸户口黄籍，籍皆用一尺二寸札，已在官役者载名。”[②]近年出土了一件西晋愍帝建兴元年（313）十二月张掖郡临泽县官府审理“民孙香、孙发、孙金龙共诤田坞相诬冒”的简牍[③]。孙蒙、孙翘、孙弘兄弟三人原本“同居同籍，皆未分异。荒毁之中，俱皆土没”，其母在世时便为三兄弟的子息孙香等人分户别籍，但是“翘独无嗣，今割香、发田各四十亩及坞舍分命亲属一人以为翘嗣”，而且“分居以来四十余年”。自建兴元年上推四十年，已是西晋武帝泰始之时。再据简文“会皆民盛，论列黄籍，从来四十余年”之语，可见当时的黄籍包含家口、坞、舍、户内土地等要素，这与吐鲁番新出《前秦建元廿年（384）籍》的基本内

① 《宋书》卷91《孝义·何子平传》，中华书局1974年版，第2257—2258页。

② 《太平御览》卷606《文部·札》，中华书局1960年版，第2726页。

③ 录文可参杨国誉《“田产争讼爰书”所展示的汉晋经济研究新视角——甘肃临泽县新出西晋简册释读与初探》，《中国经济史研究》2012年第1期。

容一致。所以，《何子平传》中显示了“黄籍”是提供编户民年龄的唯一依据，而户籍登录的编户民年龄也就称作“籍年”。

唐代制度中对百姓年龄的来源也有相似规定。《唐律疏议·名例律》“称日年及众谋”条曰：

> 称人年者，以籍为定。
>
> 【疏】议曰：称人年处，即须依籍为定。假使貌高年小，或貌小年高，悉依籍书，不合准貌。籍既三年一造，非造籍之岁，通旧籍计之。[①]

律文明确规定的“人年”，并非普通时间概念上的“年”，而是编户民的“籍年”，关键在法律上强调了户籍是提供编户民年龄的唯一资料。不独律文多次叙及“籍年”（多用于刑事），目前保存的属于开元二十五年令的令文中亦使用“籍年”[②]，而且诏敕中亦有“籍年四十”之谓[③]。北宋亦规定户籍是计算“民年”的标准：“在法，民年二十一为丁，六十为老，官司按籍计年，将进丁或入老、疾，应收免课役者，皆县令亲貌颜状注籍。通、知取索丁簿，稽考岁数，收附销落。”[④]

武德令规定“始生为黄”[⑤]，反映在户籍上则始生即为一岁。这是籍年计算时间的传统做法[⑥]。《唐开元四年（716）西州柳中县高宁乡籍》索住洛户有一位四岁小男，“先天二年帐后新生附”，先天二年亦即开元元年，至开元四年附籍时正好四岁。同类情况不少，如《唐天宝六载（747）敦煌郡敦煌县效谷乡□□里籍》有名为仁明的户主（姓缺失），户内有黄女三位，两位是三岁，于“天宝四载帐后附”；一位两岁，于

① 《唐律疏议》卷6，第141页。

② 见《通典》卷33《州郡下·致仕官》所引“大唐令”，仁井田陞将其归入“选举令”的一部分，参《唐令拾遗》中译本，长春出版社1989年版，第204页。

③ 《唐会要》卷59《兵部尚书条》开元十九年四月二十六日敕，第1029页。

④ 徐松辑：《宋会要辑稿·食货》卷66之16，中华书局1957年影印版，第6215页。

⑤ 《通典》卷7《食货·丁中》，第155页。

⑥ 张荣强：《从“岁尽增年”到“岁初增年”——中国中古官方计龄方式的演变》，《历史研究》2015年第2期。

“天宝五载帐后附”①。《唐天宝六载（747）敦煌郡敦煌县龙勒乡都乡里籍》郑恩养户有两岁黄女一位，“天宝五载帐后附”②，等等。上溯至目前最早的纸本户籍——《前秦建元廿年籍》，其中崔奣户内“生男弟麴（？）年一新上”、缺名户“明男弟平年一新上”。这是十分明显的始生即附籍，籍年为一岁的记载。《西魏大统十三年计帐》B片户籍部分：刘文成户“息男子可乙卯生年十三　中男”、侯老生户“息女显亲乙卯生年十三　死”③。大统十三年的干支乃乙卯，刘子可与侯显亲生于乙卯，至大统十三年（547）附籍时，恰都是十三岁。

年龄等级是社会制度的基础，唐代的年龄划分以黄、小、丁、中、老为核心。在小、中、老的范围内伸缩空间较大，继而衍生出中小、老小、十八以上中男、七十以上、八十以上、九十以上等详细划分。这一合理、丰富而实用的年龄划分体系，不仅被载入唐代律令条文中，而且也被实际运用着。它是唐代各项制度运转的保障之一④。

这是国家治理方面对整体年龄阶段的划分，而丁中老小分类要通过具体年龄的统计才能完成。

二　手实是籍年统计的初始资料

在唐代，围绕着户籍编造而展开的各项统计中，年龄是不可或缺的事项之一。现存唐代手实、户籍、差科簿、九等定簿四类文书上，都有户口的年龄注记。这四类文书的编造明确见于制度规定。关于九等定簿需说明一下，有学者指出定户所形成的是“户等簿”⑤，有的称之为“九等定簿”。学界据《天圣令·赋役令》第九条复原的唐《赋役令》第30条曰：

① ［日］池田温：《籍帐·录文》，第48、100—104页。

② 同上书，第49—50页。

③ 同上书，第13、14页。

④ 李锦绣：《唐开元二十五年仓库令所载给粮标准考——兼论唐代的年龄划分》，《传统中国研究集刊》第4辑，第304—316页。

⑤ 朱雷：《唐“籍坊”考》，《武汉大学学报》1983年第5期；此据氏著《敦煌吐鲁番文书论丛》，甘肃人民出版社2000年版，第139—149页。

诸县令须亲知所部富贫、丁中多少、人身强弱。每因收手实之际，即作九等定簿，联署印记。若遭灾蝗旱涝之处，任随贫富为等级。差科、赋役，皆据此簿。[①]

差科簿里各丁中对象的年龄、身份、户内丁中间的相互关系和户等情况等全部信息，确实都包含在“九等定簿”之中，它是差科簿制作的主要基础和资料来源[②]。此四种文书之规定与实物皆在，究竟哪一种是统计编户民年龄的初始资料呢？

据《新唐书》卷51《食货志》：“凡里有手实，岁终具民之年与地之阔狭，为乡帐。乡成于县，县成于州，州成于户部。又有计帐，具来岁课役以报度支。”显然，手实是基层民众年龄统计的第一来源。手实能否是全体编户民（包括户内贱口）年龄统计的初始资料呢？武周延载元年八月敕曰：“诸户口计年将入丁老疾应免课役及给侍者，皆县亲貌形状，以为定簿。”[③] 在此基础上，研究者根据唐代县令职掌[④]，认为手实制定的根本前提是貌阅。貌阅形成的“貌定簿”是为制定手实而提供“年”与“状”的根据[⑤]。由于女口不承担课役，所以武周敕令不仅是针对男口的貌阅，而且突出了男口中特定群体的貌阅，因此并非全部人口。这一规定呈现在《唐赵须章等貌定簿（?）》中[⑥]，文书现存内容完全是关于男口的年龄、丁中、身状、貌样等第诸信息，兹举一例如下：

□□塠年廿七　白丁　西行　样似牛□［ / 父老　一侄来年丁第三户

---

① 《天一阁藏明抄本天圣令校证——附唐令复原研究》，第467—468页。

② 文欣：《唐代差科簿制作过程——从阿斯塔那61号墓所出役制文书谈起》，第55页。

③ 《唐会要》卷85团貌条，第1555页。

④ 《唐六典》卷30，第753页。

⑤ 朱雷：《唐代“手实”制度杂识》，载氏著《敦煌吐鲁番文书论丛》，第99页。关于本件敕令前半部的断句比较重要，朱先生断为“诸户口计年将入丁、老、疾，应免课役及给侍者”。成丁入老是可以年龄计算的，但“疾”（残、废、笃三疾）不可通过“计年”判定，应断为“诸户口计年将入丁、老，疾、应免课役及给侍者”，比较符合赋役征发之制。

⑥ 《吐鲁番出土文书》录文本第6册，第446—448页。

兄隆隆年卅六　残疾　丁瘴　次等

兄隆塠年卌二　岸头府卫士　［下残］

无论从制度着手还是从貌阅的实物来看，按户编造的“貌定簿”的核心内容是被统计对象的丁中与身状，而其年龄不是主要事项。从律令条文看，不存在独立的“貌定簿”，其在实际操作中或为九等定簿的辅助资料。不能忽略的是，貌定簿编造的责任者是官府。

《唐律疏议》卷12《户婚律》前四条是关于户口脱漏增减的处罚律文，诸条首句分别是：“诸脱户者家长徒三年（若不由家长，罪其所由）”“诸里正不觉脱漏增减者”“诸州县不觉脱漏增减者”“诸里正及官司妄脱漏增减以出入课役”。这里带有显著的层次关联：从民户到里正到州县，各有相应责任。其中，有关家长脱漏的细节是：

> 脱口及增减年状，谓疾、老、中、小之类。以免课役者，一口徒一年，二口加一等，罪止徒三年。
>
> 【疏】议曰：谓脱口及增年入老，减年入中、小及增状入疾，其从残疾入废疾，从废疾入笃疾，废疾虽免课役，若入笃疾即得侍人，故云“之类”，罪止徒三年。①

此处需要解释一下家长脱漏户口的具体前提是什么，何种情况下才出现家长或户内口的有意脱漏。本律第二条疏议部分规定“里正之任，掌案比户口，收手实，造籍书”，可见从民户处收缴手实是里正的职责之一；再据手实实物“牒被责当户手实”的保证辞，家长只有在手实申报的环节上才有造假作伪的机会，因为余下的对手实等继续加工、进行户籍编造的具体事务中，编户民在制度上没有参与的职权，现实中也缺乏主动参与的机会。

前引唐《赋役令》复原第30条明确规定：“每因收手实之际，即作九等定簿”，即在手实的收缴与继续加工之时（现有的手实实物显示不是

① 《唐律疏议》卷12，第232页。

一家一户的手实，而是以乡里为单位的连续性的手实汇总，应是经过里正核查并誊定的），基层便开始利用统计的新资料，制作九等定簿[①]。这样才能有效反映户内口的丁中、身状的年度变化。因此，与貌定簿相比，手实在编造程序、统计对象、与户籍关系方面，确为全体编户民年龄统计的第一来源。

与前朝相比，唐代没有民户申报年龄的专门法令。民户自行申报手实时，年龄已经包括在内。秦汉时期编户民自行申报年龄是著令的。睡虎地秦墓主人喜于秦王嬴政十六年（前231）“自占年”[②]，《史记·秦始皇本纪》于此年亦称“初令男子书年”[③]。张家山汉简《二年律令·户律》简325—326曰：“民皆自占年。小未能自占，而毋父母、同产为占者，吏以□比定其年。自占、占子、同产年，不以实三岁以上，皆耐。产子者恒以户时占其□。”同律简328，办理民户迁徙时，需要封缄“年籍爵细”；简331有“年细籍”一名，被认为是“年籍爵细”简称[④]。汉律要求年龄申报必须属实与当时基于人身征纳的口算钱有关，如《汉旧仪》卷下云：“算民，年七岁以至十四岁出口钱，人二十三。二十钱，以食天子。其三钱者，武帝加口钱，以补车骑马。又令民男女年十五以上至五十六出赋钱，人百二十为一算，以给车马。”[⑤] 即七岁至十四岁征缴口钱，十五岁至五十六岁则缴纳赋钱，年龄属实与否与相应征纳类别、数额有重要关系。但唐代是按户等缴纳户税，与西汉的“人头税”性质有异[⑥]，因而该方面对具体年龄的使用不如丁中制更为明显。

另外，鉴于法律对年龄不实的严惩措施，汉唐时期所谓“自占年”的自行申报形式，则暗含了民众申报、官府勘检的同一步骤。

---

① 古代日本《令集解》卷14《赋役令·应役丁条》所引唐《令》亦言：“收手实之际，作九等定簿”，国史大系编修会，吉川弘文馆1983年版，第423页。

② 睡虎地秦墓竹简整理小组：《睡虎地秦墓竹简·编年纪》，文物出版社1978年版，第7页。

③ 《史记》卷6，第232页。

④ 张家山二四七号汉墓竹简整理小组：《张家山汉墓竹简：二四七号墓》（释文修订本），文物出版社2001年版，第53—54页。

⑤ 卫宏撰，孙星衍辑，出自《汉官六种》，周天游点校，中华书局1990年版，第82页。

⑥ 张泽咸：《唐五代赋役史草》第二章第二节“户税”，第85—99页。

第二节　户籍文书中的籍年因素

一　籍年、丁中与差役征发

手实是籍年统计的初始资料，同时还在具体年龄后标注丁中。由于丁中是具体年龄的再分类，丁中制的目的又是赋役征发，故籍年与丁中两者是有所区别的户口信息。实际上，在手实之外，吐鲁番墓葬保存了一些只有户内口的姓名与年龄的唐代文书①。

阿斯塔那 15 号墓所出文书年代最晚的为贞观十五年，其中《唐何延相等户家口籍》是一份完整的家口年名之籍，逐户登记，年龄数字以小写表示。可能由于残缺，文书上未见户内贱口年名记载②。这一形制尚见于《唐西州高沙弥等户家口籍》，其载有户主、户内口及奴婢年名，年龄亦为小写，并有墨勾、朱墨两色点多处，绝大多数位于户主年名旁，或为点检核查之义③。本件出自哈拉和卓 1 号墓，其余所出以手实、户口帐、勘田簿为主要种类，有纪年者为贞观十四年。而在现有的唐代手实与户籍上，年龄全部大写，并注以丁中，以防伪弊。阿斯塔那 103 号墓出土了贞观十八年户口帐、贞观某年手实、贞观某年家口田亩簿；同时出土的《唐西州高昌县崇化乡张雏子户残籍》，整理者认为残缺过甚，姑且定名为“残籍”④。同样情况的还有两件⑤，但只有一件标明乡名，可见是按乡制作的。这三件残籍并非户籍，一是年龄小写，二是一些有完整记录的家口年名下没有丁中老小的注记，性质与何延相等户家口籍一致。所以，这五件作为唐代治理西州初期普遍统计的家口籍，皆用小写登录年龄，又无丁中注记，可名曰“年名籍”。当是乡里基层对管内每户家口

---

① 后世曾对唐代手实制度有一定的模仿，《金史》卷 46《食货志》曰：“凡户口计帐，三年一籍。自正月初，州县以里正、主首，猛安谋克则以寨使，诣编户家责手实，具男女老幼年与姓名，生者增之，死者除之。”此处对手实内容的限定，确有“年名籍”的特征。

② 《吐鲁番出土文书》录文本第 4 册，第 53—57 页。

③ 同上书，第 12—14 页。

④ 同上书，第 228 页。

⑤ 同上书，第 229—230 页。

及其年龄的一般掌握而制作的，与法定户籍文书的编造有别。

阿斯塔那 103 号墓还出土了一件不是按户统计而是单个个体的年名籍：年龄小写，姓氏多样，年龄范围在 61—17 岁。而从完整的人名看，皆似男性[①]。该类名籍不是特例，阿斯塔那 152 号墓所出《唐张恒珎等名籍》也是这种形式，年龄范围在 78—11 岁，并有大女两人[②]。上举两件的年龄排列大致遵循从岁高到低龄的渐进方式。152 号墓一并出土了数件贞观年间的文书，其中一件为十九年（645）[③]。当然，上述墓葬的时代断限也是比较集中的。因此，除了手实对编户民年龄的初步申报、户籍对编户民年龄的正式统计之外，唐朝初期对西州居民年龄掌握的基本形式有两种：以户或单独个体的实际年龄展开登录，不分男女，不分良贱。既然年名下都不分丁中，则可视作较为纯粹的年龄统计。

但是，当年龄与丁中组合在一起时，前者的课役色彩便愈发凸显。阿斯塔那 61 号墓出土的《唐郭阿安等白丁名籍》，其显著特点是登录对象全为白丁，按户等排列，以丁男为纲，不及女口[④]。本件白丁名籍并无差役记录，户内丁中也不是全部罗列，其所记是“应堪差科”的白丁，而将户内其余的老、丁、中男注于其名下。同墓还出土了《唐阚洛□等点身丁中名籍》《唐田丰洛等点身丁中名籍》两件名籍，计有中男 27 人、丁男 25 人。可见样本数量较大，应该不是某个范围内丁中数量的自然记录，而是对某个特定群体的记录。这 27 位中男里，至少有 12 个人的姓名旁注有“曲长”“执衣”及“侍”等具体差科，但丁男则无此类事项。这两件名籍登录的人口应是《郭阿安等白丁名籍》各白丁年名下所注户内之口。由于白丁名籍中的丁男已配征卫士、马夫等役，便不能再服其他差役，故仅列名于“点身丁中名籍”，而名侧也就未注任何差役。因为不同的丁中身份需要对应不同的差役，丁中分类则是差科簿正式制作前

① 《吐鲁番出土文书》录文本第 4 册，第 233—234 页。

② 同上书，第 257—258 页。

③ 同上书，第 252 页。

④ 《吐鲁番出土文书》录文本第 6 册，第 480—485 页。

的重要准备①。上述三件专门统计男口丁中的年名之籍，虽未作为主要的法定户籍文书（手实、户籍、差科簿、九等定簿，四者年龄与丁中俱备），但这种男口名下注以年龄、年龄后缀以丁中、年龄数字小写的形制，正是籍帐文书编造过程的体现。

顺便提及一下，这种强调户内丁、中男口年名的现象还出现在《唐神龙三年（707）高昌县崇化乡点籍样》上。文书的主要特点依然以“乡别为卷”，与户籍一样，进而按里统计，标出里名②。各户记载的“简点”内容如下：

户主名、年、身份

口大小总若干（户内成员男女口按老、小、丁、中、黄各若干）

丁男（首书与户主关系，次书名、年及身份）

中男（亦同丁男之例）

合已受田若干亩

可见重视户主及户内丁、中男的详细记载，而对不承担赋役及按令受田的女口、男口中的老、小、黄，仅仅在总口数下以脚注显示③。

无论是《唐令狐鼠鼻等差科簿（？）》《唐郭默子差科簿（？）》《唐赵恶奴等户内丁口课役文书》④，还是《唐郭阿安等白丁名籍》，各文书统计的人名下均注出户中其他丁中（有时还注老男）的情况，“这是与差科簿相关的名籍与一般名籍之间重要的区别。而正因为这些丁中在这里出现，仅具有数字上和身份上的意义，其名年并不重要，所以在一些情况下，这些方面就可以省略了。”⑤ 这些附在白丁名下的家口其“名年”并

① 文欣：《唐代差科簿制作过程——从阿斯塔那61号墓所出役制文书谈起》，《历史研究》2007年第2期。

② 《吐鲁番出土文书》录文本第7册，第468—485页。

③ 朱雷：《敦煌吐鲁番文书论丛》，第130—131页。

④ 《吐鲁番出土文书》录文本第6册，第212—216、217—222、326—330页。

⑤ 文欣：《唐代差科簿制作过程——从阿斯塔那61号墓所出役制文书谈起》，《历史研究》2007年第2期。

非不重要，而是被事先统计了。本节初始提到的何延相等户五件家口年名之籍，其按户编造、不注丁中的形式与此件“白丁名籍”互相照应。

受益于时贤的卓越见解，我们认为在这样环环相扣的编造体系下，上文所言比较单一的编户民“年名籍”就带有人口控制与赋役征发的强烈意图。阿斯塔那 61 号墓所出《唐郭阿安等白丁名籍》的第二片有两位白丁名下注以“父老”，唐代一般以六十为老[①]，虽言“父老”，但缺具体的年龄注记。同墓出土的两件“点身丁中名籍”并“郭阿安等白丁名籍”在内，登录的最高年龄是 59 岁，总计五例，可见 60 岁（亦可言 59 岁）是差科征发的绝对界限。《唐永徽元年（650）后某乡户口帐》第二片云：“口七十七老男　口四，年八十已上；口七十三，年六十已上”[②]，可知老男有 60 岁以上、80 岁以上两种划分，所以“父老”即在六十岁以上。如上，我们可以解释作为单独的编户民个体年龄的统计资料——阿斯塔那 103 号墓所出《唐张延怀等名籍》及 152 号墓的《唐张恒珎等名籍》的存在理由了：籍上现存 59 岁一例，60 岁以上（包括 60 岁）四例，皆是涉及入老之例。

部分羼入年龄因素的特别名籍需要注意，如新出《唐西州破除名籍》现存破除状况三类：死亡、籍帐虚存、出家为僧。其中，身死 10 人：年龄为七十九的 5 例，八十九岁 1 例，五十九岁 1 例，十七岁 1 例，余下因文书残缺不明；户口虚存 2 人：五十九岁 1 例，余下不明。出家为僧 1 人，年龄是十七岁[③]。《唐郭默子差科簿（?)》丁男名下注记户内口死亡的有 13 例：母亡 8 例，父亡 4 例，祖母亡 1 例，其形制兹举两例如下：

> □海德年卌四　父亡一丁中；
> 周海护年廿八母亡一丁一老。

这些丁口名下的家口皆无具体姓名、年龄，也就是研究者认为的“被省

① 《唐会要》卷 85 团貌条载广德元年诏则以五十五为老，第 1555—1556 页，又见《新唐书》卷 51《食货志》。

② 《吐鲁番出土文书》录文本第 6 册，第 225 页。

③ 荣新江等主编：《新获吐鲁番出土文献》，第 352 页。

略的不重要的名年”。但结合“破除名籍”而言，死亡的户内口亦应被事先分类统计过。

言及唐代差科簿的制作过程，大概可分三个步骤：首先按身份分类，其次配差役，最后是注差役于簿。在配差役的步骤上，《唐阙洛口等点身丁中名籍》《唐田丰洛等点身丁中名籍》便是丁中分类完成后，进而分配差役的真实体现①。这些“应勘差科者”虽有丁中注记，但年龄仍是配役的参考条件，且在具体上役之际，尚需年龄的勘查。《天圣令》所附唐《关市令》第2条：“诸丁匠上役度关者，皆具本县历名，共所部送纲典勘度。其役了还者，勘朱印钞并元来姓名年纪同，放还。”② 这种工匠之役是唐代色役的一种，属于轮番上役③。至于“本县历名”，内容应包括上役工匠的姓名、年龄、乡里、匠种等要素④，因此工匠服役完毕后，方可勘查姓名、年龄与度关时本县历名的记载是否一致，以便返回家乡。

由于本县丁匠“历名”的存在，差役完毕后，丁匠的姓名是无变化的，但令文关于年龄亦应相同的规定，确需制度方面的照应。《天圣令》所附唐《赋役令》第22条：“诸丁匠岁役功二十日，有闰之年加二日。须留役者，满十五日免调，三十日租、调俱免。（原注：役日少者，计见役日折免。）通正役并不得过五十日。”此处所谓“正役”是指法定的每丁每年服役二十日。同令第23条也强调“其外配者，送配处，任当州与作所相知追役。皆以近及远，依名分配”。同令第26条规定了正常的具体役期：“诸丁有所营造，皆起八月一日从役，四月一日以后停。”⑤ 据如上令文分析，需要到关外上役的工匠其役期在20—50天之内，这样才能确保令文有“役毕之后姓名年纪相同”的理论依据。此役种不是兵役中的卫士、禁军，征人、行人等色，前两者是“二十一岁入，六十乃放

① 文欣：《唐代差科簿制作过程——从阿斯塔那61号墓所出役制文书谈起》，《历史研究》2007年第2期。

② 《天一阁藏明钞本天圣令校证（附唐令复原研究）》，第405页。

③ 张泽咸：《唐五代赋役史草》，第342—343页。

④ 综合《天圣令》所附唐《赋役令》第20、22、23条及部分出土文书。

⑤ 《天一阁藏明钞本天圣令校证（附唐令复原研究）》，第393页。

免”①；后两者则是远赴边疆备御，属于经年难返家乡的差役，户籍文书也常见“行军没落”的记载，不可能存在上役结束时勘查年龄前后相同与否的情况。实际上，即使是工匠之役其法定役期也很难执行，官方往往采用多种手段延长劳役时间②。所以，唐《关市令》第2条也仅局限于制度层面。

二 年龄与“家口田亩籍”

土地授受标准是按丁中制推行的，如开元《田令》规定：

> 诸丁男给永业田二十亩，口分田八十亩。其中男年十八以上，亦依丁男给。老男、笃疾、废疾各给口分田四十亩，寡妻妾各给口分田三十亩。先有永业者通充口分之数。
>
> 诸黄、小、中男女及老男、笃疾、废疾、寡妻妾当户者，各给永业田二十亩、口分田三十亩。③

一般而论，唐代户籍由家口籍与地籍（或称田籍）组合而成④。年龄是家口籍的必要部分，同时标注丁中。一些并非手实或户籍性质的田簿不仅登录户主及户内口的年龄，还标注丁中，如Дх1379之内容：

> 1 户张女女载五十六　中女［
> 2 受田十亩
> 3 户邓仙岩载廿一　中女［
> 4 受田廿亩
> (下略)

S. 8387 + S. 9487之内容：

① 《册府元龟》卷124《帝王部·修武备》先天二年正月睿宗诰，第1489页。相关规定还见于《通鉴》卷212开元八年二月诏，《通典》卷29折冲府条。

② 张泽咸：《唐五代赋役史草》，第284—285页。

③ 《天一阁藏明钞本天圣令校证（附唐令复原研究）》，第383页。

④ 宋家钰：《唐朝户籍法与均田制研究》，第103、113页。

1　　　受田廿亩

2　洪闰乡户梁思节载六十四　老男上柱国

3　男元谏载卅一　　上柱国子

4　受田廿三亩

（下略）

Дх3160 之内容：

1　户张崇进载廿五　白丁

2　受田一十六亩

（下略）[①]

日本学者将其定为天宝年间敦煌县“受田簿”，朱雷认为是敦煌县洪闰乡户籍简点后而制作的“点籍样”[②]。

但是，一些并非手实或户籍性质的田簿也登录户主及户内口的年龄，不同之处在于这一类“田簿”缺少丁中注记。如阿斯塔那 103 号墓所出《唐贞观某年西州高昌县范延伯等户家口田亩籍》，整理者指出本件只记户内人口年龄，未载丁中、课输诸色；家口名年后便书世业口分亩数、方位、四至，不见应授、已授、未授、园宅等信息，与通常户籍有别[③]。哈拉和卓 39 号墓《唐西州高昌县□庆友等户家口田亩籍帐》[④] 的形制同上，同墓出土了贞观年间手实及永徽二年后户口帐，所以本件年代当在贞观永徽之际。此件由于上部残缺，未见世业、口分之名，但明确记载了常、部田之土地质量，并登录了户内贱口的年名。从这种非户籍性质的家口田亩籍的定名看，它们是家口年名籍与地籍的结合产物。类似者尚有大谷文书 49 片拼接的《唐开元二十年代（?）西州高昌县城西枣树渠户别部田簿》，命名原因是各户土地下都有“城西×里枣树渠”，又多为部田，逐户登录。但据文书内容，是按乡里并且逐户的部田登录，绝

---

① S. 8387 + S. 9487 两残片系土肥义和教授揭示，余下为池田温先生考定拼合，录文转引自朱雷《敦煌吐鲁番文书论丛》，第 129 页。

② 朱雷：《唐代“点籍样”制度初探》，载氏著《敦煌吐鲁番文书论丛》，第 132 页。

③ 《吐鲁番出土文书》录文本第 4 册，第 222—227 页。

④ 《吐鲁番出土文书》录文本第 6 册，第 119—122 页。

大多数的户内口只有姓名与年龄，没有丁中；除了大女外，未见明显为女性的家口①。本件亦可命名为“家口部田籍”。

以上各籍都是以户为基本单位的家口土地之籍，与均田制下土地授受的动态无关，统计对象就是户内口的年名与户内土地的占有事实，而丁中的缺失不是无意的，这里的具体年龄也未成为土地授予的依据。基于此，在手实与户籍编造之外，唐代地方还应存在对户口与土地双重掌握的簿籍文书，因为没有丁中和户等注记，或与赋役征发没有直接关联。如此形制的“簿籍”既有家口又有土地登录，既非户籍且非手实，名曰“家口田亩籍”足以表其特征。唐律中户籍的专称是“籍书”，《唐律疏议·户婚律》“里正不觉脱漏增减”条已言“收手实，造籍书”，同律“州县不觉脱漏增减”条犹言：“不觉脱漏增减，无簿帐及不附籍书，宣导既是长官事，由检察遗失，故以长官为首。”② 日本《令集解》所载《跡记》引此后，进而谓：“以此案之，簿帐与籍书不可同之故，答：‘律意，计帐为簿帐，户籍为籍书。’”据此，这类籍也就是簿帐之属。

阿斯塔那5号墓出土的《唐诸户丁口配田簿》有甲乙丙三件，基本内容相同，细节略有若干差异，而丙件删改痕迹甚多，疑为乙件的稿本③。综观三件内容，按户登记丁口姓名、年龄与相应亩数，多为单个户主，部分有户内男口，年龄数字小写。土地亩数只有一亩、二亩两种，相应的标准是十八岁及其以上中男、丁男受田二亩，十八岁以下及老男受田一亩（乙件残存六岁受田一亩者，为三件中的最小年龄；甲、丙各有一位八十八岁受田一亩者，为所见最高年龄），亩数小写。除大女当户外，未见显著为女性人口者。今以甲件为准，兹举数例，见其形制：

甲（二）　户主宋武仁年五十八　　二亩
　　　　　男憙洛年十九　　　　二亩
户主杜相延年六十四　　一亩

① ［日］池田温：《籍帐·录文》，第240—247页。第41、43、47片例外，四户家口下注丁中，而同样年龄段的他户家口则未注，属于非主流。

② 《唐律疏议》卷12，第233—234页。

③ 《吐鲁番出土文书》录文本第6册，第361—388页。

男隆柱年廿六　　　二亩

甲（三）　户主白僧定年十三　　　一亩

从上引《田令》规定看，男性丁口是受田的主力，这三件“丁口配田簿”也如实反映了该制度。这是一种按户登录年名并配田数量趋于一致的形式，户主及户内口名下的田地没有永业、口分之别，亦无四至，也无常、部田之区分。虽未有丁中注记，但受田的年龄段明显是按照丁中制分类的。当然，由于西州是均田制的狭乡，各男口名下的亩数远远不及《田令》之数。与上引“家口田亩籍”相比，双方的一个共同点是——皆有家口年名的统计事项。

在其他类型的田簿中，因为户内口的年龄同样被省略，那么户主年龄则带有强调责任的性质。可能属于高宗时期的《唐欠田簿》分户头欠、户内欠两种①，以户内欠居多，兹举数例如下：

米文行廿五　卫士　户内欠常田三亩　部田四亩

高君达廿二　三卫　户内欠常田三亩　部田五亩

张文固五十六　勋官　户头欠常田三亩　部田五亩

白神宝廿一　白丁　户内欠常田四亩　部田六亩

如上，可知米文行等人身份为户主无疑。户主十分清楚户内土地占有的足与不足，故勘查欠田情况是按户统计。但户内口并不登录具体年名及丁中，与上言“丁口配田簿”有异。研究指出均田制下永业、口分田的调整首先在户内进行②。所以户主作为这类欠田簿的统计对象，其年龄与课役身份是统计的必备事项，有利于纲举目张③。

---

① 《吐鲁番出土文书》录文本第6册，第574—576页。

② 杨际平：《〈唐令·田令〉的完整复原与今后均田制的研究》，《中国史研究》2002年第2期。

③ 《唐开元二十九年前后西州高昌县欠田簿》（池田温《籍帐·录文》，第247—254页）按乡按户等分别统计，只有户主名，下缀户内丁、中、老诸口所欠常田、部田数，皆无具体年龄。

另外，籍年在析户方面亦有严格规定。开元二十五年《户令》云："诸以子孙继绝应析户者，非年十八以上不得析，即所继处有母在，虽小亦听析出。诸户欲析出口为户及首附口为户者，非成丁皆不合析。应分者不用此令。"[①] 出于子孙继绝目的方面的析户，18 岁以上的中男才具备法定资格。但是，若将析出之男口立户，即成为户主，则必须达到籍年 21 岁，才被法律允许。这应是为防止随意析户立户而导致户等降低、丁口隐冒的现象。

总之，年龄与年名籍在户口管理、差科簿制作与土地占有的统计方面，有重要的基础价值。

第三节　籍年在民事之外的使用

一　籍年与官员选任

唐代对官员初仕的年龄没有明显要求，当然选拔年龄应是成丁及以上，而出身平民家庭者更应如此。杜佑所记唐代铨选之制曰："凡吏部、兵部文武选事，各分为三铨，尚书典其一，侍郎分其二。文选，旧制尚书掌六品、七品选，侍郎掌八品、九品选。景云初，宋璟为吏部尚书，始通其品员而分典之，遂以为常。凡选，始於孟冬，终於季春。（原注：先时，五月颁格於郡县，示人科限而集之。初，皆投状於本郡或故任所，述罢免之由，而上尚书省，限十月至省。乃考覈资绪，郡县乡里名籍、父祖官名、内外族姻、年齿形状、优劣课最、谴负刑犯，必具焉。）"[②] 由注解可知，户籍与年龄亦是铨选投状时必须交代的内容。

《唐开元年代（八世纪前期）北庭都护府流外官名簿》有各流外官员的年龄、乡贯、户主身份等内容[③]，可与规定相鉴，兹举两例如下：

北庭都护府仓曹府流外四品、上柱国赏绯鱼袋康处忠年卌一

---

① 《通典》卷 7《食货·丁中》，第 155 页。

② 《通典》卷 15《选举·历代制下》，第 359—360 页。

③ ［日］池田温：《籍帐·录文》，第 236 页。

西州　高昌县　安乐乡　高泉里　身为户

北庭都护府录事史流外五品、骑都尉营田第一等赏绯鱼袋曹怀嶷年卌六

西州　高昌县　崇化乡　净泰里　身为户

而且，士兵在申报军功时，年龄及乡贯须一并登载，且看《唐年次未详（八世纪前半?）西州康思昚等申功状》之形制：

（前残，略）

右威卫翊府翊卫赏绯鱼袋康思昚年廿三　西州　交河县　安乐乡

高泉里　父忠为户

右孝方等，破贼立功，并蒙赏

绯鱼袋。前通头遂漏不申，今

□次望□此状申上

（下残）①

需交代的是，有勋位的编户民在天宝时代户籍中其注记还必须列出曾、祖、父三代人的姓名②。由“郡县乡里名籍”与出土文书所见，户籍及其登录的“籍年”是选官不可或缺的基本资料。

籍年在官员受田方面有着实质影响。《天圣令》所附唐《田令》第15条：“诸流内九品以上口分田，虽老不在追收之限，听终其身。其非品官年六十以上，仍为官事驱使者，口分亦不追减，停私之后，依例追收。”③令文言及流内九品的“老”，即唐丁中制下的六十为老。各级流内官的“籍年”虽已入老，而其名下的口分田仍旧不退，直至过世，以

① ［日］池田温：《籍帐·录文》，第235页。

② 可参《唐天宝六载（747）敦煌郡敦煌县效谷乡□□里籍》之□仁明户，其人为上柱国。在《唐天宝六载（747）敦煌郡敦煌县龙勒乡都乡里籍》中，除了有勋位以外，有军职的（队副）、上柱国子或三卫人员，也出具父亲以上三代名讳。

③ 《天一阁藏明钞本天圣令校证（附唐令复原研究）》，第386页。

示优遇。但“非品官”，亦即流外官员，若入老后继续为官方奔走，暂不追回，正式退休后则须收回。因为唐《田令》对职事官、散官、有爵位者的授田数额较普通百姓为多，通过上条令文，我们看到了年龄因素在调节流内外官员受田上的具体作用。

但制度上，现任文官若转为武官，则有明确的年龄及身状要求。《通典》所载规定是：“若文吏求为武选，取身长六尺以上，籍年四十以下，强勇可以统人者。”① 《唐会要》给出了这一史料的具体年代，开元十九年四月二十六日敕：“吏部选人请武选者，宜取强壮身材六尺以上、籍年四十以下，堪统领者。”② 除了对其身体条件要求高，对年龄也作出了具体要求：籍年四十以下。这与文官选拔时“身、言、书、判”的素养要求相比，实是职务分工不同。

官员的退休年龄亦著于令文。唐人杜佑记载道：“大唐令：诸职事官，七十听致仕。五品以上上表，六品以下申省奏闻。诸文武选人，六品以下，有老病不堪公务、有劳考及勋绩情愿结阶授散官者，依。其五品以上，籍年虽少，形容衰老者，亦听致仕。”③ 一般情况下，唐代官员致仕程序按品阶分成五品以上、六品以下两级（实由官品和授官等级决定：唐制三品以上官用“册授”，五品以上官用“制授”，六品以下官用“敕授”），但籍年七十是退休的统一标准，同时规定籍年未到界限，而容貌过衰、难以开展公务者，亦可提前退休。

出土的唐代前期判集中出现了籍年已至七十而单方面拒绝退休的情况：“奉判：折冲杨师，身年七十。准《令》合致仕，师乃自比廉颇，云已筋力堪用。……其男彦琮年廿一，又不宿卫，款云患痔，身是残疾，不合宿卫。……师男彦琮，幸承父荫，年余弱冠，尚隐簷闾，托疾推延，不令侍卫。父既贪荣显职，已犯朝章；子又规免王徭，更罹刑网④”。从判集的主要内容看，杨师不可能是折冲都尉级别的官员（分上中下三等，有四品、五品之别），而是六品以下的折冲校尉等低级军官，延缓退休的

① 《通典》卷15《选举·历代制下》，第360页。

② 《唐会要》卷59兵部尚书条，第1029页。

③ 《通典》卷33《州郡下》致仕官条，第925页。

④ 出自敦煌文书《唐（七世纪后半?）判集》，[日] 池田温：《籍帐·录文》，第176页。

目的是于己于家人都有益处。因此，这位出任公职的父亲籍年已至七十而拒绝退休，其子之籍年已达成丁而逃避赋役，所以判称“前冒后诈，罪实难容”。

二 具体年龄与刑事处罚

此外，量刑定罪与具体年龄也有很大关联。《唐律疏议·名例律》“老小及疾有犯”条曰：

> 诸年七十以上、十五以下及废疾，犯流罪以下，收赎。（原注：犯加役流、反逆缘坐流、会赦犹流者，不用此律；至配所，免居作。）
>
> 【疏】议曰：依《周礼》：“年七十以上及未龀者，并不为奴。”今律：年七十以上、七十九以下，十五以下、十一以上及废疾，为矜老小及疾，故流罪以下收赎。
>
> 八十以上、十岁以下及笃疾，犯反、逆、杀人应死者，上请。
>
> 【疏】议曰：《周礼》“三赦”之法：一曰幼弱，二曰老耄，三曰戆愚。今十岁合于“幼弱”，八十是为“老耄”，笃疾“戆愚”之类，并合“三赦”之法。有不可赦者，年虽老小，情状难原，故反、逆及杀人，准律应合死者，曹司不断，依上请之式，奏听敕裁。
>
> 九十以上，七岁以下，虽有死罪，不加刑。（原注：缘坐应配没者不用此律。）
>
> 【疏】议曰：《礼》云：“九十曰耄，七岁曰悼，悼与耄虽有死罪不加刑。”爱幼养老之义也。“缘坐应配没者”，谓父祖反、逆，罪状已成，子孙七岁以下仍合配没，故云“不用此律”①。

据上，在具体罪行的实际处罚中，使用了比较详细的年龄段划分：老男分七十以上、八十以上、九十以上三等；小男分十一以上、十岁以下、七岁以下三等。他们在犯流以下罪、反逆杀人、死罪之时，可享受收赎、

---

① 《唐律疏议》卷4，第80—82页。

上请、免罪的特权[①]。

但在流刑方面，对女性及其年龄另有要求：

> 其妇人流法，与男子不同：虽是老小，犯加役流，亦合收赎，征铜一百斤；反逆缘坐流，依《贼盗律》："妇人年六十及废疾，并免。"不入此流。"即虽谋反，词理不能动众，威力不足率人者，亦皆斩，父子、母女、妻妾并流三千里。"其女及妻妾年十五以下、六十以上，亦免流配，征铜一百斤[②]。

可见女性在这一刑罚的实际执行中，分作十五以下、六十以上两等。

刑事上具体年龄的划分和使用与丁中对年龄的分类情况，重合度不高，可见刑事与民事在年龄使用上略有差异。由于唐律明确强调"刑名事重，止可依据籍书"，但当事人的籍年与状貌有可能发生矛盾：

> 或有状貌成人而作死罪，籍年七岁，不得即科；或籍年十六以上而犯死刑，验其形貌，不过七岁。如此事类，貌状共籍年悬隔者，犯流罪以上及除、免、官当者，申尚书省量定。须奏者，临时奏闻。[③]

据此，在刑事执行过程中，貌阅再次介入了籍年与身状的核查，而裁定则由中央部门作出，可知刑事中籍年使用的慎重。从行文辞意看，律文还是推重户籍对当事人年龄登录的法定性。

出土文书中使用编户民年龄资料的还有百姓申状、申牒或辩辞、租佃与买卖契约、公验过所申请等，不多赘举。另有计年给粮文书，如

---

① 李锦绣：《唐开元二十五年仓库令所载给粮标准考——兼论唐代的年龄划分》，载《传统中国研究集刊》第4辑，第315页。

② 《唐律疏议》卷4，第81页。而在民事方面使用女性年龄者，主要反映在已婚女性生育年限与立嗣嫡庶的关系上："嫡妻年五十以上无子者，得立嫡以长"，可参《唐律疏议》卷12，第238页。同书卷14亦有相关条文。

③ 《唐律疏议》卷6《名例律》，第141页。

《唐河西支度营田使户口给谷簿》[①]，兹举安庭晖户如下：

八　　　　五　　　　五　　　　五　　　　肆

户安庭晖卌一　妻问卌一　男元敬十四　男元振十一　男元兴六

三　　　　二

男元德五　女德娘二　计三十二硕（小麦八硕　青麦七硕　豆七硕　粟三硕

糜六硕三斗　麻子七斗）

一般认为，本件文书是8世纪后半期之物。户头及户内口上的“八”“五”“三”等数字是给粮的具体数量，皆用朱笔大写。根据小计数额，可知“八”“五”“三”等分别是指八硕、五硕、三硕。从数量上看，八硕等应是一年的给粮额度。综观整件文书，各个户头及其家口的给粮数量明显是以一定的年龄段来区分的，总计分为七等（见表3-11）：

表3-1　敦煌给粮文书所见年龄等第

等级	年龄标准	年给粮数额
1	丁、18岁以上中男	八硕
2	中男（15—17岁）	七硕
3	老男（60岁以上）	六硕
4	小男（11—14岁）、女口15岁以上	五硕
5	小男（6—10岁）、小女（11—14岁）	四硕
6	男口1—5岁，小女（6—10岁）	三硕
7	女口1—5岁	二硕

李锦绣认为本件文书中的给粮数额不仅远远低于吐鲁番出土的同类文书，而且也低于《天圣令》所附唐《仓库令》中的规定。文书时代处在广德、永泰

① 《敦煌资料》第1辑，中国科学院历史研究所资料室编，中华书局1961年版，第114—119页；又见池田温《籍帐·录文》，第354—356页。

之际，吐蕃已经占领河陇大部分地区，时势危急，很难依照标准给粮[①]。

至于申请公验时，申请人及其名下奴婢的年名要一并出具。如《唐贞观二十二年（648）庭州人米巡职辞为请给公验事》所见，米巡职为“庭州根民”，带领奴婢各一人及驼、羊往西州贸易，为便于通过关卡，州司予以证明，而且年龄皆大写[②]。《唐垂拱元年（685）康义罗施等请过所案卷》[③] 第四片中，连保人的年龄亦登记。而过所对申请人年龄信息的登录可从唐令窥见一斑。《天圣令》所附唐《关市令》第5条：“诸关官司及家口应须出入余处关者，皆从当界请过所。其于任所关入出者，家口造簿籍年纪，勘过。”[④] 这些家口尚是守关官吏的家属，仍需遵从制度，勘造簿籍，又强调其年纪信息，可见关口管理之严。

第四节　貌阅与籍年审定

一　籍年作伪的关键点

在所见纸本户籍中，籍年错误的纠正已见于《西魏大统十三年籍》D片佚名户“息男众僧乙卯生年十三　实年十八”，同户“婢来花己未生年九　实年十八进丁”[⑤]。从《唐会要》卷85团貌条的构成看，编户民的年龄、丁中与身状都需要经过官府的貌阅，但涉及丁中核查的措施稍多，而丁中制本身是年龄的分类。唐律对“增减年状”的具体规定是：

> 脱口及增减年状，谓疾、老、中、小之类。以免课役者，一口徒一年，二口加一等，罪止徒三年。
>
> 【疏】议曰：谓脱口及增年入老，减年入中、小及增状入疾，其从残疾入废疾，从废疾入笃疾，废疾虽免课役，若入笃疾即得侍人，

---

① 李锦绣：《唐开元二十五年仓库令所载给粮标准考——兼论唐代的年龄划分》，载《传统中国研究集刊》第4辑，第304—316页。

② 《吐鲁番出土文书》录文本第7册，第8—9页。

③ 同上书，第88—94页。

④ 《天一阁藏明钞本天圣令校证（附唐令复原研究）》，第405页。

⑤ ［日］池田温：《籍帐·录文》，第17页。

故云"之类"，罪止徒三年[①]。

律文对户籍文书上的年龄作伪分作两大类三种情况：一是增加籍年以入老，逃避国家正式的租庸调；二是减少籍年，变成中男或小男，这里对应的是即将成丁或入中的男口。总之，籍年的作伪是完全围绕着丁男的年龄标准与赋役征发而进行的。

至于"三疾"种类，唐《三疾令》云："户令：诸一目盲、两耳聋、手无二指、足无大拇指、秃疮无发、久漏、下重、大瘿肿之类，皆为残疾。痴哑、侏儒、腰折、一肢废，如此之类，皆为废疾。癫狂、两肢废、两目盲，如此之类，皆为笃疾。"[②] 相对年龄的易于作伪，编户民身体自然或后天所发生的损伤，尤其在肢体方面，还是难以掩饰的。

因此，在出土文书中，我们屡屡见到编户民年龄进行貌加貌减的事例（见表3-2）：

表3-2　　唐代户籍类文书所见编户民貌加貌减事例表

序号	姓名	户主/家口	籍年	丁中身份	注记	文书名称	文献来源
1		家口	[二十]	[中男]	一侄来年丁	赵须章等貌定簿	《吐鲁番出土文书》录文本第6册，第446—448页，题注认为当在咸亨三年（672）之前，方括号内笔者补入
2	佚名		[二十一]	[白丁]	一人新貌入丁入废疾	垂拱二年（687）帐后西州交河县亲侍、废疾等簿帐	《吐鲁番出土文书》录文本第8册，第419—423页，方括号内笔者补入

① 《唐律疏议》卷12《户婚律》，第232页。

② 《白孔六帖》卷33疾类引唐《三疾令》，载《文渊阁四库全书》第891册，上海古籍出版社1993年版，第514页上栏。

续表

序号	姓名	户主/家口	籍年	丁中身份	注记	文书名称	文献来源
3	佚名	应为户主，紧接一行注记为“丁寡”	十六	中男	证圣元年籍九岁万岁通天二年帐后貌加［	武周万岁通天二年（697）帐后柳中县籍	《吐鲁番出土文书》录文本第7册，第218—219页
4	佚名				］岁久视元年帐后貌加从实	武周大足元年（701）西州柳中县籍	《吐鲁番出土文书》录文本第8册，第112—117页
5	郑无忌	家口	十六	中男	先天二年籍十二开元三年帐□□□入十六从实（应属“貌加”）	开元四年（716）西州高昌县安西乡安乐里籍	《吐鲁番出土文书》录文本第8册，第314—319页
6	董思勗	户主	二十二	白丁残疾	转前籍年廿开元二年帐后貌加就实	开元四年（716）沙州敦煌县慈惠乡籍	《籍帐·录文》，第31页
7	郭思宗	家口	二十二	卫士	转前籍年廿一开元八年帐后貌加就实	开元十年（722）沙州敦煌县悬泉乡籍	《籍帐·录文》，第37页
8	杨大绚	家口	十九	中男	转前籍年廿开元七年籍后貌减就实	同上	《籍帐·录文》，第39页
9	佚　名	从年龄判断，应为户主	五十九	白丁	准开元十年籍五十九，其年［貌减就实］	开元十三年（725）西州籍	《籍帐·录文》，第107页，方括号内系池田温推定

续表

序号	姓名	户主/家口	籍年	丁中身份	注记	文书名称	文献来源
10	□汉足	家口	七十九	老寡	开元十六年籍七十九，其帐后貌减三年就实	开元十九年（731）西州柳中县高宁乡籍	《吐鲁番出土文书》录文本第8册，第403—407页
11	程思璟	家口	十六	小男	转前籍载廿天宝五载帐后貌减就实	天宝六载（747）敦煌郡敦煌县龙勒乡都乡里籍	《籍帐·录文》，第62页
12	程庭瓌	家口	十五	小男	转前籍载廿天宝五载帐后貌减就实	同上	《籍帐·录文》，第65页
13	卑仙昭	家口	十九	中男	转前籍载十六天宝四载帐后貌加就实	同上	《籍帐·录文》，第69页
14	赵明奉	家口	二十六	白丁	转前籍载廿大历二年帐后貌加就实	大历四年（769）沙州敦煌县悬泉乡宜禾里手实	《籍帐·录文》，第72页

本表是在前辈研究的基础上①，补充了后续公布或新发现的资料而形成的。表中前两位以16岁为中男标准，遵循的是初唐制度。天宝三载（744）十二月敇文："自今已后，百姓宜以十八已上为中男，二十三已上成丁"，则17岁及以下属于小男，所以表中出现了天宝年代编户民15、16岁仍为小男的现象。又，广德元年（763）七月敇文曰："天下男子宜

① ［日］池田温：《籍帐·概观》，第97页。

二十五岁成丁，五十五入老。”[①] 因此，赵明奉也是于成丁的关口在籍年上作了手脚而被纠正的。表中所见籍年核查可分作三类：年龄接近中男者、成丁及入老的人口，其中多为即将成为中男或丁男的对象，在这些年龄段上，反映了貌阅的基础作用以及籍年纠正的实情。户籍对籍年貌定的结果不仅仅是登录，而且是法律认定。同时，“貌定簿”等簿帐所参与的男口籍年核查，当为户籍编造的相应部分作准备的。

但据制度规定，并非所有年龄段的男口都要参加貌阅。唐代县令的具体职掌之一是：“若五九、（原注：谓十九、四十九、五十九、七十九、八十九。）三疾（原注：谓残疾、废疾、笃疾。）及中、丁多少，贫富强弱，虫霜旱涝，年收耗实，过貌形状及差科簿；皆亲自注定，务均齐焉。”[②] 武周延载元年八月敕：“诸户口，计年将入丁、老，疾、应免课役及给侍者，皆县亲貌形状，以为定簿。”天宝九载十二月敕曰：每年团貌时，“计其转年，合入中男、成丁、五十九者，任退团貌”。[③] 如上，可知19岁、49岁、59岁的男子以及79岁、89岁的男女是貌阅的法定对象。再据前引唐律“减年入中小”的违法行为，中男的年龄也是核查重点，或者貌似中男的小男亦须参加[④]。同时，延载敕令还说明“疑有奸欺者，听随事貌定”，这是针对更广泛的无具体丁中限制的籍年貌阅。

有研究以开元四年慈惠乡籍、开元十年悬泉乡籍、天宝六载龙勒乡籍、大历四年悬泉乡手实为样本，认为以三年间平均每十二位男子中约有一人的比例进行籍年的变更。这给人的印象是：籍帐上男子的年龄多不稳定并缺乏可靠性[⑤]。因此，我们也看到了唐律处置“增减年状”的现实基础。

二　对籍年貌阅的一些认识

由表 3－2 可知，当在咸亨三年（672）之前的《唐赵须章等貌定簿

① 《唐会要》卷 85 团貌条，第 1555—1556 页。

② 《唐六典》卷 30，第 753 页。

③ 《唐会要》卷 85 团貌条，第 1555—1556 页。

④ ［日］池田温：《籍帐·概观》，第 97 页。

⑤ 同上书，第 98 页。

(?)》[1]，其内容是男口名下既有年龄又有丁中标注，至于“一侄来年丁”，可见其侄在貌阅时乃20岁。关键是，貌阅时负责官吏的手边应准备了旧有的簿帐。否则观察一下百姓的样貌即知具体年龄，且正确区分丁中，实属玄之又玄的做法。尤其在一些实际年龄与“籍年”差距较小或很小时，如上表之董思勗、郭思宗、杨大绚、卑仙昭等人，现籍纠正的年龄与前籍登录的年龄没有多少悬殊。开元二十九年（741）三月敕：“天下诸州，每岁一团貌。既以转年为定，复有籍书可凭。”[2] 这道开元敕令照应了上表屡见“转前籍如何”的籍年勘查程序。天宝之际，貌阅手续有所简便，天宝九载（750）十二月敕：“天下郡县，虽三年定户，每年亦有团貌。计其转年，合入中男、成丁、五十九者，任退团貌。”[3] 按制度可以退出每年例行团貌（所谓小团）者，只有三类具体年龄；再按照当时的丁中新制：十八已上为中男、二十三已上成丁（见上言天宝三载赦文），这三类年龄应是17岁、22岁及58岁。由于要依法地进行年龄递推，所以“前籍”或上一年度的簿帐是本年度貌阅的必备资料。在操作环节上，又当有一定的样本，上举“赵须章等貌定簿”中出现了这一情况。

籍年与貌状的过大差异在刑事上是十分严肃的。《唐律疏议·名例律》“称日年及众谋条”：

> 问曰：依《户令》：“疑有奸欺，随状貌定。”若犯罪者年貌悬异，得依令貌定科罪以否？
>
> 答曰：令为课役生文，律以定刑立制。惟刑是恤，貌即奸生。课役稍轻，故得临时貌定；刑名事重，止可依据籍书。律、令义殊，不可破律从令。或有状貌成人而作死罪，籍年七岁，不得即科；或籍年十六以上而犯死刑，验其形貌，不过七岁。如此事类，貌状共籍年悬隔者，犯流罪以上及除、免、官当者，申尚书省量定。须奏

[1] 《吐鲁番出土文书》录文本第6册，第446—448页。

[2] 《唐会要》卷85团貌条，第1555—1556页。

[3] 同上书，第1556页。

者，临时奏闻。[①]

而日本《养老令·户令》造帐籍条集解引用的唐代案例曰："陈诉（一名俥孩）儿籍年十五，貌案年十六，据籍便当赎条，从貌乃合徒役。州司有疑，令谳请报。司刑判：以籍为定，本谓实年，年有隐欺，准令许貌。案（疑脱'不'字）一定，刑役无依，未及改错之间，止得据案为定。"[②] 从"貌案""据案"看，"案"应是貌阅的结果，或可名之曰"貌定簿"，只不过是为了刑事处罚的"貌定簿"。这个少年籍年15岁，貌阅定为16岁，从司刑一职可知是高宗时期（龙朔二年改中央机构名称，咸亨元年复旧）的案件。是时，15岁属于小男，16岁是中男，则其籍年处在入中的关键点，而具体处罚也就有很大不同。

已属"三疾"的编户民仍需貌定年龄，而作为"三疾"最低一等的"残疾"，还要标注丁中。现存户籍类文书中，比较大量的关于"三疾"百姓的记载当推差科簿。《唐（开元年代）西州交河县名山乡差科簿》有笃疾一例，无丁中，无差科[③]。A种《唐天宝年代敦煌郡敦煌县差科簿》长卷未见一例废疾、笃疾有丁中注记并承担差役者，如"索怀立载卌七白丁残疾"[④]。B种《唐天宝年代敦煌郡敦煌县差科簿》有废疾一例，无丁中，无差役；簿上又有"贾楚楚载卌六白丁残疾村正"的记录，但村正一差往往是十八岁以上中男担任的；另有"张思忠载卌残疾"，无丁中无差役[⑤]。《唐大历年代沙州敦煌县差科簿（稿）》仅残存废疾、笃疾两种，无丁中亦无任何差役[⑥]。综合而论，废疾、笃疾不仅不承担国家正税正役（即租庸调），地方上的任何差役也不参加，但残疾比较例外。

《通典》引开元《令》谓："诸州县不配防人处，城及食库门各二

① 《唐律疏议》卷6，第141页。

② 《令集解》卷9，第286页。

③ ［日］池田温：《籍帐·录文》，第146页。

④ 同上书，第126页。本件之"令狐崇珎载卌七卫士残疾"（第132页），疑为误写，或本为卫士，统计时而残疾。当然，也不排除残疾人员承担卫士一差的特殊情况。

⑤ 同上书，第139、140页。

⑥ 同上书，第141—143页。

人；须守护者，取年十八以上中男及残疾，据见在数，均为番第，勿得偏并。每番一旬。每城门各四人，仓库门各二人。（原注：其仓门每万石加一人，石数虽多，不得过五人。）其京兆、河南府及赤县大门各六人，库门各三人。（原注：其须修理官廨及祇承官人，听量配驱使。若番上不到应须徵课者，每番闲月不得过一百七十，忙月不得过二百文。）满五旬者，残疾免课调，中男免杂徭。其州城郭之下户数不登者，通取於他县。总谓之门夫。"[①] 如上，残疾虽免课调，但需要服轻型徭役，而低龄的残疾者是不可以的。并且，唐律规定"其从残疾入废疾，从废疾入笃疾，废疾虽免课役，若入笃疾即得侍人"[②]，废疾与笃疾皆受政府优待，可见残疾须承担力所能及的赋役。这也是各类籍帐中编户民虽为残疾仍注以"白丁"的原因，也是开元时期《西州交河县名山乡差科簿》所谓"应堪差科"的用意。

差科不仅按户等征敛，而且征敛对象的范围还超过租庸调的征敛对象，并每年计日征敛[③]。从官方差科的征发而论，残疾编户民貌阅的不仅仅是身状，年龄的丁中与否同样是重点。

---

① 《通典》卷35《职官·禄秩》，第967页。

② 《唐律疏议》卷12《户婚律》，第232页。

③ 朱雷：《唐代前期的"差科"——吐鲁番敦煌出土"差科簿"的考察》，载张国刚主编《中国中古史论集》，天津古籍出版社2003年版，第39—40页。

第四章　特别户籍研究

——从新获唐代寺院手实与僧籍说起

2004年新疆吐鲁番文物局在巴达木发现一件文书，定名为《唐龙朔二年西州高昌县思恩寺僧籍》，是首次面世的僧籍实物。2006年新发现的阿斯塔那607号墓出土一批新资料，其中一件定名为《唐神龙三年（707）正月高昌县开觉等寺手实》（以下简称《开觉等寺手实》）的文书，属于首次发现的唐代寺院手实。新材料的发现引起极大的研究热情，孟宪实主要是从籍帐角度对文书展开了深入探讨①；王素从政局动荡入手考察了僧籍的题外深意②；另有从佛教管理方面进行分析者③；日本学者土肥义和则从均田制推行的角度作了探讨④。笔者在各家研究的基础上认为：不能过度依赖民户手实和民籍的从属关系来确定寺院手实与僧籍亦存在必然的编造关联，寺院手实的性质是帐，而僧籍是法定的身份凭证。寺院手实对人口和土地的详细统计是武周时期及稍后的“勘田检丁”政

---

① 孟宪实先后发表了三篇成果：《吐鲁番新发现的〈唐龙朔二年西州高昌县思恩寺僧籍〉》，《文物》2007年第2期；《论唐朝的佛教管理——以僧籍的编造为中心》，《北京大学学报》（哲社版）2009年第3期；《新出唐代寺院手实研究》，《历史研究》2009年第5期。

② 王素：《吐鲁番〈新获唐西州高昌县思恩寺僧籍〉臆说》，载束迪生等主编《高昌社会变迁及宗教演变》，新疆人民出版社2010年版，第118—128页。

③ 周奇前揭文。赵晓芳：《论唐朝对西州的佛教管理》，《西域研究》2010年第4期。

④ 土肥义和：《唐代西州の均田制施行の一斑——新出龙朔二年（662年）西州高昌县思恩寺僧籍及び神龙三年（707年）同县开觉寺手实について》，系2010年7月24日作者在日本东洋文库研究部内陆アジア出土古文献研究会例会上的报告。

策强化的结果。同时，西州僧尼籍帐登录事项的细密与帐面的整饬，揭示了唐朝籍帐造写制度在西州地区的接受与成熟①。

第一节　新获寺院手实与僧籍简介

现将神龙三年（707）《开觉等寺手实》转录如下：

1. 一段二亩[永][　　　　　　][东]田，西张□□（[南][荒]北[渠]

2. 　　　　]业薄田，城[　　　　][里]南平城，东荒　西宁方　南渠　北渠

3. 一段一亩永业薄田，城西六十里南平城，东董宝　西渠　南渠　北[冯]进

4. 一段二亩永业薄田，城西六十里南平城，东荒　西荒　南荒　北索住

5. 一段二亩永业薄田，城西六十里南平城，东宁方　西翟增　南渠　北部田

6. 　　　　右件地，藉（籍）后给充僧分。

7. 牒被责令，通当寺手实，僧数、年名、部曲、

8. 奴婢并新旧地段、亩数、四至具通如前，其

9. 中并无脱漏，若后虚妄，联署纲维，请

10. 依法受罪。谨牒。

11. 　　　　神龙三年正月　日直岁僧惠俨牒

12. 　　　　　　　　　　都维那阙

13. 　　　　　　　　　　上座僧广闰

14. 　　　　　　　　　　寺主患

15. 开觉寺

① 孙宁：《唐代前期非农人口籍帐的编造与其背景——以西州寺院手实为中心》，《中国农史》2013年第5期。

16. 合当寺新旧总管僧总廿人

17. 　五人杂破除

18. 　　　　　　］人身死[1]

文书第7行有“牒被责令，通当寺手实”之语，可知其正式名称为“寺院手实”。该文书前后俱缺，残留18行，第14、15行之间有纸缝。第14行之前属不知名寺院手实的后半部分，从第15行开始属于开觉寺手实的前半部分。不同寺院手实黏连在一起，应该是官府的保存方式。《开觉等寺手实》值得注目的是其第7—10行，由此得知一份完整的寺院手实应包括“僧数”“年名”“部曲”“奴婢”“新旧地段、亩数、四至”。第一件手实的后半部分相对完整，从登录土地到保证辞，最后是寺院责任人的署名。因为两件残手实分属两所寺院的前后两部分，加之第一份手实对登录内容的复述，有利于清楚地认识唐代寺院手实的基本特征。开觉寺新旧僧人的总数以及五人破除的记录，属于“僧数年名”基本情况的部分，再下是寺院占有的贱口情况，进而是新旧土地具体信息的登记，最后是保证辞、署名和年月。“寺院手实”名称的独特揭示了本件文书的重要价值[2]。僧人一生需经历两次除籍，第一次是从编户民的户籍中除名[3]，第二次则是从僧道籍中因亡故等情况除名，可窥官方统计非农人口的严格。

为讨论需要，转述《唐龙朔二年（662）西州高昌县思恩寺僧籍》[4]如下：

1. （前缺）岁，廿一夏，高昌县顺义乡敦孝里，户主张延伯弟，伪延和十三年四月十五日度（后缺）

2. 诵《法华》五卷　《药师》一卷　《佛名》一卷

① 荣新江等主编：《新获吐鲁番出土文献》，第53页。

② 孟宪实：《新出唐代寺院手实研究》，第171页。

③ 吐鲁番出土《唐丁谷某寺惠净与弟书（草）》3、4行有“］退往官收，户除籍讫，诸事间不须［”、“］未得行文”，载陈国灿《斯坦因所获吐鲁番文书研究》增订本，武汉大学出版社1997年版，第454页。

④ 荣新江等主编：《新获吐鲁番出土文献》，第60—61页。

3. 僧崇道，年叁拾伍岁，十五夏，高昌县宁昌乡正道里，户主张延相男，伪延寿十四年四月十五日度，计至今廿五年。

4. 诵《法华》五卷

5. 僧显觉，年柒十一岁，五十一夏，高昌县宁泰乡仁义里，户绝，俗姓张，伪延昌卌一年正月十五日度，计至今六十二年。（后缺）

《天圣令·杂令》宋令第40条谓："诸道士、女冠、僧尼，州县三年一造籍，具言出家年月、夏腊、学业，随处印署。案留州县，帐申尚书祠部。其身死及数有增减者，每年录名及增减因由，状申祠部，具入帐。"① 思恩寺僧籍的内容恰好暗合了《天圣令》的规定，所以被定名为"僧籍"。文书中显示的僧人法号、年龄、夏腊、户贯、出家日期、至今年岁以及学业情况，超出律令条文的一般规定。

根据这件珍贵的唐代早期僧籍，再辅以相关律令规定，可以基本复原当时僧籍的书式：

首行，顶格始：法号，俗龄，僧腊（小字），乡贯（具言县乡里户主姓名及与籍主关系。若绝户，注明俗姓），剃度年月日，至今年份。

次行，于僧腊处齐头始：诵经名数。

行县印，整齐排印，每行三枚。背面纸缝书写寺院名称、年月，皆加县印。②

鉴于此前研究中实物的缺乏，我们对僧尼籍帐的相关名词产生了混淆。卢向前分析贞观十六年（642）正月《巡抚高昌诏》，认为僧尼是与百姓同等看待的，而据《少林寺赐田牒》，僧尼等亦应有户籍（僧尼籍?），并一再提出"僧众之户籍?"的不确定概念③。郑显文认为唐代僧人与世俗百姓一样有固定的户籍，指出僧尼籍帐上的内容主要有所居州县及寺院名称，僧尼俗姓、法名、乡贯、户头、年龄、所习经业以及寺

① 《天一阁藏明抄本天圣令校证——附唐令复原研究》，第431页。

② 孟宪实：《吐鲁番新发现的〈唐龙朔二年西州高昌县思恩寺僧籍〉》，第54页。

③ 卢向前：《唐代西州土地关系述论》，上海古籍出版社2001年版，第23、147页。

院常住人数等[①]。观其文义，郑先生将僧尼籍、僧尼籍帐视作一体。所以，孟宪实认为郑氏所说不是僧尼籍，而是“总体僧尼籍账”[②]。可见孟先生也意识到这二者之间的不同，但又表示僧籍主要由两部分构成——僧人与土地[③]。张荣强解释开元十七年（729）僧尼造籍将“僧尼籍”称作“供帐”时，认为唐宋时期僧尼籍的形式与当时民籍有很大不同，在登载寺院的僧人情况、寺田分布等后，还分类统计僧人破除见在情况，这里就有帐的意味了[④]。

学界又介绍了一份俄藏“残尼籍”，文书编号为 Kr4 / 654，内容如下：

1. 一段十五亩　一百六十步永业［　］五里［
2. 一段二亩永业常田城西六十里交河［
3. 斯□磨寺
4. 合当寺尼总贰拾柒人
5. ］人破除
6. ］人籍后[⑤]

该籍不仅与孟先生一贯证明的相异，而且与《天圣令·杂令》的规定也不同。严格地说，出家人不论男女统称曰僧人[⑥]。僧籍、尼籍的区别是我们从性别角度对僧人身份籍的习惯性分类，与内律规范是有区别的，因

① 郑显文：《唐代律令制研究》，北京大学出版社 2004 年版，第 251 页。

② 孟宪实：《吐鲁番新发现的〈唐龙朔二年西州高昌县思恩寺僧籍〉》，《文物》2007 年第 2 期。

③ 孟宪实：《论唐朝的佛教管理——以僧籍的编造为中心》，《北京大学学报》（哲社版）2009 年第 3 期。

④ 张荣强：《汉唐籍帐制度研究》，第 282 页注 2。

⑤ 转引自孟宪实《论唐朝的佛教管理——以僧籍的编造为中心》，《北京大学学报》（哲社版）2009 年第 3 期。录文和相关信息为荣新江提供的日本学者吉田丰在俄罗斯圣彼得堡东方学研究所的抄件。

⑥ 妙智：《评白文固、赵春娥〈中国古代僧尼名籍制度〉》，载季羡林、饶宗颐主编《敦煌吐鲁番研究》第 8 卷，中华书局 2005 年版，第 371—373 页。

此统称为"僧籍"比较合理。这些都是各家根据各自理解而发表的意见，不能忽略的是，上引《天圣令·杂令》宋令第40条即已自然地将"籍"与"帐"的概念并用[①]，周世宗的敕令更是直接呼曰"僧帐"[②]。

唐代中国有着一套完整严密的籍帐系统，包括户籍、手实、乡帐、九等定簿、差科簿等，不但每种文书存在多层次的形成过程，各类文书之间也有复杂的动态关系[③]。手实是唐代户籍编制的基础资料，已成学界通识。因此，自西州神龙三年寺院手实、龙朔二年僧籍面世后，孟宪实指出僧籍的编制同民户户籍的程序一样，都有手实作为依据，并认为从寺院手实到僧籍或尼籍，应该如民籍一样，仅仅是简单加工而已[④]。

民籍相对丰富的制度规定与出土实物为了解僧籍的编造提供了很大支持。民户手实与民籍之间的对应关系已被大量出土文书证明，但过分用来比对"僧籍"与寺院手实的联系并不可靠。再者，民籍与僧籍本身是两个不同的籍帐系统。就出土文书的帐面观察，《开觉等寺手实》只是登录了土地性质、位置、质量，而不及"已受""未受"事项。而吐鲁番《贞观十四年（640）西州高昌县李石住等户手实》《唐贞观年间（640—649）西州高昌县手实》[⑤]和敦煌《大历四年（769）沙州敦煌县悬泉乡宜禾里手实》[⑥]等文书都交代了本户"已受""未受"的土地详情。这是唐代均田制下土地登录极为重要的一项。又，僧俗籍帐的中央主管部门分别是礼部与户部，虽然都是对帝国的臣民进行人口统计，但各自在国家政治经济生活中的地位高低殊异。关键点是，僧尼籍帐实物上丁中等

---

① 戴建国认为令文清楚地区分了籍与帐（《宋代籍帐制度探析——以户口统计为中心》，《历史研究》2007年第3期），但"案留州县，帐申尚书祠部"一句明显承上启下，前接"僧籍"，后续"具入帐"，并未严格界定二者所指。

② 《五代会要》卷16祠部条，第265页。

③ 文欣：《唐代差科簿制作过程——从阿斯塔那61号墓所出役制文书谈起》，《历史研究》2007年第2期。

④ 孟宪实：《论唐朝的佛教管理——以僧籍的编造为中心》，《北京大学学报》（哲社版）2009年第3期。

⑤ 《吐鲁番出土文书》录文本第4册，第71—79页。

⑥ ［日］池田温：《籍帐·概观》，第91页。

课役身份的统计是缺失的[①]，而目前所见秦汉以至隋唐民众户籍的简牍、文书无不体现王朝赋役征发的特征，历代朝野人士抨击僧尼的原因在籍帐上亦有所展现。

池田温认为手实与户籍之间在基本内容上保持一致，只是简单增减即可，如手实中的誓词部分会被删除等[②]。这些结论当然得自对民户籍帐资料的总结，而寺院手实与僧籍或尼籍间的关系也会如此吗：能否在神龙三年寺院手实的样式上编造出龙朔二年形式的"僧籍"。出土的寺院手实虽残，但文书明确了寺院要如实上报本寺的"僧数、年名、部曲、奴婢并新旧地段、亩数、四至"。因而，据此编造的"僧籍"应该也会如实反映这些内容，尤其是本寺占有的依附人口以及土地这两项核心数据。

思恩寺僧籍虽然残缺，即使最大限度地发挥令文中"年名"的内涵，该籍也不能涵盖寺院手实所揭示的重要信息。从文书直观上看，思恩寺僧籍就是一件身份籍，不含"帐"的成分。因此，"僧籍"一名有广狭之分，一类是思恩寺或 S. 2669 号文书所展示的内容，或律令、诏敕规定的形式；另一类应是在《开觉等寺手实》基础上造出的"僧籍"，即以寺院为一个籍帐登录单位，以僧尼破除现在田产、占有人口为核心的帐。这是南北朝以来政府对寺院经济实力、僧尼数量逐渐膨胀的必然对策[③]。在没有更多的、信息含量更丰富的出土实物用以比勘、参证的情况下，我们慎重地认为寺院手实与僧籍二者的编造不存在必然的从属联系。

---

① 《唐西州高昌县弘宝寺僧及奴婢名籍》第二件僧人名录后，载有三行该寺奴婢信息（《吐鲁番出土文书》录文本第 4 册，第 50 页）。其中"大奴""合大小奴六人""大婢"的说法与民籍中奴婢的登录截然不同，后者完全按照丁中标准登籍，而非模糊的大小概念。此类例证如《唐开元四年（716）西州柳中县高宁乡籍》b 片前三行："奴典仓年三十三岁　丁奴 / 奴孤易年二十五岁　丁奴 / 奴来德年六十岁　老奴"；《唐天宝年代交河郡籍》载"婢不用载二十四岁　丁婢"；《唐开元十六年（728）西州籍》则有丁部曲、中部曲之名色（分别见于池田温《籍帐·录文》，第 102、119、108 页）。

② ［日］池田温：《籍帐·概观》，第 93 页。

③ 孙宁：《唐代前期非农人口籍帐的编造与其背景——以西州寺院手实为中心》，《中国农史》2013 年第 5 期。

第二节 唐代僧尼籍帐编造的起始与弛废

《佛祖统纪》卷40开元十七年条谓："敕天下僧尼三岁一造籍，供帐始此。述曰：'出家学道，要在从师受戒。为制之初，未尝挂名于官籍。自汉明至唐初，莫不皆然。至则天延载，始令二众隶祠部；而明皇正观（按：误），始令三岁造籍'。"① 《册府元龟》载开元十七年（729）八月诏曰："僧尼数多，逾滥不少。先经磨勘，欲令真伪区分，仍虑犹有非违。都遣括检闻奏，凭此造籍，以为准绳。如闻所由条例非惬，致奸妄转更滋生，因即举推，罪者使众，宜依开元十六年旧籍为之，更不须造写。自今已后，纲维、大德侍养权隶，不得辄于外取。"② 《册府》撰于北宋景德年间，《佛祖统纪》成书于南宋咸淳之时，前后相差260多年，概因著者直接袭用而致误。太和四年（830）祠部奏文记载了"诸州府僧尼籍帐，今五年一造"的新规定③，故赞宁《大宋僧史略》卷中谓"造帐入籍，自太和五年始也"。太和改制虽备受重视，但僧尼籍帐编造并不始于开元年间④。综上，这明显是一个史实理解与传播的疏误。

由于龙朔二年"思恩寺僧籍"与神龙三年"开觉等寺手实"重见天日，唐代僧尼籍帐编造的始年较开元十六年为早已是不争的事实。

在《天圣令》未发现之前，我们对僧尼籍帐官方规定的了解主要源于《唐六典·祠部郎中员外郎》"凡道士女道士、僧尼之簿籍亦三年一造"⑤，以及同书户部郎中员外郎条言"每定户以仲年（子、卯、午、

---

① ［日］大正一切经刊行会：《大正新修大藏经》（以下简称《大正藏》）第49册，卷40法运通塞志第17之7，台北新文丰出版公司1983年影印版，第374页。

② 《册府元龟》卷60《帝王部·立制度一》，第1册，第672页。《全唐文》卷30名之曰《括检僧尼诏》。

③ 《册府元龟》卷474《台省部·奏议五》，第6册，第5659—5660页。

④ ［日］池田温：《籍帐·概观》，第102—103页。

⑤ 《唐六典》卷4，第126页。僧尼籍帐三年一造的规定还见载于《唐会要》卷49僧籍条、《新唐书》卷48百官志"崇玄署"条。

酉），造籍以季年（丑、辰、未、戌）”[①]，孟宪实就“亦”字并出土实物分析认为，僧籍编造也遵循“丑、辰、未、戌”的规律[②]。这是一个重要的见解：龙朔二年对应干支是壬戌、神龙三年为丁未、开元十六年为戊辰，都属于制度上的造籍年份。武德六年三月，“令每岁一造帐，三年一造籍，州县留五比，尚书省留三比”。[③] 这是有关唐代籍帐的最早规定。武德六年（623）唐朝初立，群雄纷争，这道敕令究竟在多大范围内贯彻、效果如何，难以征考，更无法推知僧籍编造与否。碑刻《少林寺准敕改正赐田牒》载有“少林寺纲维不闲敕意，妄注赐地为口分田而请求改正”一事[④]，牒文提及两个年份：武德九年与贞观六年。武德九年（626）干支为丙戌，贞观六年（632）则是壬辰，同为“造籍以季年（丑、辰、未、戌）”的轮值年份。应该说，武德九年的这次造籍也扩大到唐朝当时统治所及地区中的寺院，碑文中“赐田”“口分田”“请依籍次附为赐田者”“乞附籍从正”“僧等不闲宪法”的表述尤堪在意，直接表明寺院占有的土地必须登籍。以前的讨论囿于籍帐实物的缺乏，现在可以基本确定：唐朝在立足中原腹里之际，便着手统计寺院财产。据本则石刻，武德九年已在有限的地区内开始编造僧尼籍帐。

一般认为，唐代“丑、辰、未、戌”的造籍制度没有贯彻始终。池田温据史籍确认了开元十九年籍（辛未）的存在，进而指出造籍年次发生变化是在开元二十年代[⑤]。随着《唐开元十九年（731）西州柳中县高宁乡籍》《唐开元二十三年甘州张掖县□□乡籍》《唐开元二十三年西州籍》《唐开元二十三年西州高昌县顺义乡籍》的相继公布，可以明确在开元十九年籍后，造籍年份发生了变动。到开元二十二年，官方开始重新评定户等的工作，造籍从而被推后一年，造籍年次便从“丑、辰、未、

① 《唐六典》卷3，第74页。

② 孟宪实：《论唐朝的佛教管理——以僧籍的编造为中心》，《北京大学学报》（哲社版）2009年第3期。

③ 《唐会要》卷85籍帐条，第1559页。

④ 《全唐文》卷986，第10196—10197页。

⑤ ［日］池田温：《籍帐·概观》，第102页。

戌”变为“寅、巳、申、亥”[①]。那么，僧籍编造在国家政令层面有无变化呢？上引《册府》所载开元十七年八月诏，为解决僧尼伪滥，区分真伪，朝廷遣使检括、沙汰，以检括的最新成果“凭此造籍”。但开元十七年不是原制度上的造籍年。而诏书又给出另一种措施，如果新的造籍不能杜弊清源，反使情况更糟，只有“依开元十六年旧籍为之，更不须造写”。同一诏书上的新安排说明，僧籍编造工作在开元十七年八月发生了较大改变。但本次括检后的造籍仍在开元十七年当年（己巳），还是等到例行的未年（开元十九年乃辛未），文献不足征考。或者，更坏的情况是朝廷直接沿用开元十六年旧籍，不准备统计新的僧尼及寺院财产的异动情况。当然，本诏书表现了官方对开元十六年旧籍一定的信任。至于“旧籍”的潜在作用可在唐律中有所认识，《唐律疏议·名例》“称人年者以籍为定”疏议云：“称人年处，即须依籍为定。假使貌高年小，或貌小年高，悉依籍书，不合准貌。籍既三年一造，非造籍之岁，通旧籍计之。”[②] 据此，开元十七年、十八年皆非造籍年，若核查僧人及其部曲、奴婢年名真实与否，应采用最近一次的造籍成果——开元十六年旧籍。

这是比较消极的行政举措。实际上，玄宗一朝对僧尼数量及寺产屡有控制，开元二年（714）正月中书令姚崇上奏神龙以来度人之滥，下令沙汰[③]，时任祠部郎中贺兰务温“因大阅名簿，一时综核，奏正还俗二万余人”[④]。《唐大诏令集》载有开元十九年四月《戒励僧尼敕》、同年七月《不许私度僧尼及住兰若敕》，后者称：“朕先知此弊，故预塞其源，不度人来，向二十载。访闻在外有三十已下小僧尼，宜令所司及府县括责处分[⑤]”。前溯至开元十年（722），唐朝对寺院田产作出政策性调整：“正月二十三日敕祠部：天下寺观田，宜准法据僧尼道士合给数外，一切管收，给贫下欠田丁。其寺观常住田，听以僧尼、道士女冠退田充：一百

① 张荣强：《汉唐籍帐制度研究》，第 276 页。

② 《唐律疏议》卷 6，第 141 页。

③ 《旧唐书》卷 8《玄宗纪上》，第 172 页。

④ 《唐故正议大夫使持节相州诸军事守相州刺史上柱国河南贺兰公墓志铭并序》，载河南省文物研究所、河南省洛阳地区文管处编《千唐志斋藏志》，文物出版社 1983 年版，第 616 页。

⑤ 《唐大诏令集》卷 113，第 588—589 页。

人以上不得过十顷，五十人以上不得过七顷，五十人以下不得过五顷。”①《唐六典·尚书户部》载：“凡道士给田三十亩，女冠二十亩。僧、尼亦准此”②，僧尼三十亩、二十亩的受田额当是唐建国以来的成规，在不触动成规的前提下，开元十年便下令收回寺院额外田产，另授给田地不足而负担国家赋役的丁口。

天宝十四载安史之乱爆发，造籍可能暂时中断③。杨国忠、唐肃宗则以鬻卖度牒，筹措军费。太和四年（830）祠部奏文言及“天宝八年十一月十八日敕，诸州府僧尼籍帐等，每十年一造，永为常式者”，但在这十年的周期里帝国内部兵燹连绵，“十年一造”的敕令只是具文。同是本件奏文，提到了唐文宗“诸州府僧尼籍帐，今五年一造”的太和新制。这一新制不清楚是否切实施行，新制颁布的十年间便经历了会昌五年（840）的“法难”。是年八月制文载“其天下所拆寺四千六百余所，还俗僧尼二十六万五百人，收充两税户，拆招提、兰若四万余所，收膏腴上田数千万顷，收奴婢为两税户十五万人”④，官方此次掌握的寺、僧、奴婢、寺产数字之清晰，应该有前朝的努力在内。从玄宗到文、武二帝，中间应还有统计。宪宗元和十年（815）六月办理宰相武元衡被杀一案，搜捕京城，所颁《禁捕盗扰僧人诏》谓“今既各有名籍，不得恐动”。⑤宣宗继位，一反前政。僖宗乾符元年（874），王仙芝、黄巢起兵，转战大半个唐朝版图。日薄西山的唐王朝，藩镇跋扈，朝章国典不能正常行用，包括僧尼籍帐在内的造籍制度之败坏可以想见。

另外，唐代僧尼籍的事务主管机构亦非一成不变。在《唐六典》修订之际的制度是礼部之祠部司与鸿胪寺共管僧尼籍的编造，是书卷4祠部郎中员外郎条：“凡道士、女道士、僧、尼之簿籍亦三年一造。（原注：

① 《唐会要》卷59祠部员外郎条，第1028页。

② 《唐六典》卷3，第74页。

③ 《旧唐书》卷12《德宗纪上》建中元年十一月条：“兵兴已来，四方州府不上计、内外不朝会者二十有五年，至此始复旧制”（第327页）。自汉代以来，户籍是地方上计的重要内容，本条史料是造籍可能中断的要证。

④ 《旧唐书》卷18上《武宗纪上》，第606页。

⑤ 《全唐文》卷60，第647—648页。

其籍一本送祠部，一本送鸿胪，一本留于州县。)”《新唐书·百官志》崇玄署条曰：“初，天下僧尼、道士女官，皆隶鸿胪寺。武后延载元年，以僧尼隶祠部。开元二十四年，道士、女官隶宗正寺，天宝二载，以道士隶司封。贞元四年，崇玄馆罢大学士，后复置左右街大功德使、东都功德使、修功德使，总僧尼之籍及功役。元和二年，以道士、女官隶左右街功德使。会昌二年，以僧尼隶主客，太清宫置玄元馆，亦有学士；至六年废，而僧尼复隶两街功德使。”① 据此，迄至唐后期的德宗贞元四年（788）时，黜落玄宗旧制，复置相应的宗教事务使职以管理僧尼籍。会昌六年（846），宣宗登极，复以使职管辖僧众，可见这一制度基本上沿用于唐后期。

迄至五代，周世宗时期发布了一次编造僧尼籍的敕令，显德二年（955）五月六日敕：“两京诸州府，每年造僧帐两本，一本申奏，一本申祠部。逐年四月十五日后，勒诸县取索管界寺院僧尼数目申州，州司攒帐，委录事参军、本判官点检，至五月终已前，文帐到京。如出限不到及漏略僧尼、寺舍，申奏卤莽，其本判官及录事参军、州县官典，并等第科断。”② 敕令的效果史有明文，是岁“见僧四万二千四百四十四，尼一万八千七百五十六”③。

该敕令特点有二：一是造帐时间明确，固定在每年的四月十五日至五月底，总计四十五日。前引《唐六典》祠部郎中员外郎条、太和新制及《天圣令·杂令》都无此具体时限。孟宪实《论唐朝的佛教管理——以僧籍的编造为中心》“寺院手实”一节，称引开元十八年（730）十一月玄宗关于造籍的敕文：“诸户籍三年一造，起正月上旬，县司责手实、计帐，赴州依式堪造。……三月三十日纳讫，并装潢一通，送尚书省，州县各留一通。”④ 又具引《唐六典》卷3的记载：“每一岁一造计帐，三年一造户籍。县以籍成于州，州成于省，户部总而领焉。(原注：诸造籍起正月，毕三月。)”显然，此处将僧俗手实编造时

① 《新唐书》卷48，第1252—1253页。

② 《五代会要》卷16祠部条，第265页。

③ 《资治通鉴》卷292后周显德二年五月条，第9527页。

④ 《唐会要》卷85籍帐条，第1559页。

间等同起来。若是，僧尼籍帐亦即从正月到三月底总计三个月的编造期限①。当然我们不能忽略这是唐王朝针对全国疆域的规定，而后周实际管辖范围不能与之相比，故工作量闲剧有别。二是职责明确，程序清晰：数据统计（县）→造帐（州）→点检、核查（录事参军与判官）→上奏、申省。由上，县只负责造籍的基础工作——收集统计管内僧、寺数据，而州级行政成为僧籍编造的重要一环②。这只是律令文辞上的区别，仍能从唐五代的地方官制来掌握这一变化。如《五代会要》所载，录事参军与判官或前或后并称，是州府中职权广泛的常设官，而且制敕不断强调二者事权之重，甚至后唐天成二年（927）九月敕“今后诸州府录事参军，不得兼职”，必须专人担任③。据《唐六典》卷30可知，录事参军一职是地方州府中普遍设置的勾官，职责在于“付事勾稽，省署杪目；纠正非违”，兼具勾检与监察职能④。同时，地方上僧尼籍帐的编造必须经过录事参军勾检的行政程序，是唐五代三百余年不多见的、有关僧尼籍帐勾检的重要史料。

国家政令层面的僧籍造写规定不外上述，从整个王朝体系看，僧籍编造的败坏速度与程度都高于民籍。从“三年一造”“十年一造”“五年一造”，甚或沿用旧籍而不造，到五代的“每年造僧帐”，可见政令反复，也是官方处理僧尼问题棘手的表现。事已至此，只有留待一个崭新而强

---

① P. 3952《请准乾元元年（758）敕假授新度僧道罗法光等度牒状》（唐耕耦、陆宏基：《敦煌社会经济文献真迹释录》第4辑，全国图书馆文献缩微复制中心1990年版，第61—62页）乃沙州官府执行中央政令，颁给僧道告牒并征收“写告牒钱”一事，状文称“臣准以今年正月一日奏请，限三月卅日奏毕”。告牒是官方对僧尼身份的认定，而僧尼籍是在此基础上的人口统计。此处时限或为孟先生所作结论的证据之一。

② 宋家钰认为开元十八年之后，民籍由州勘造，与《唐律疏议》制订时期的“由县勘造”有别，可能与开元年间户籍管理的加强有关。至于是否影响到当时的僧籍编造，暂且阙疑。参氏著《唐朝户籍法与均田制研究》，第108—109页。

③ 《五代会要》卷19、20县令（录事参军附）条，第314页。

④ 《旧唐书》卷44《职官志》、《新唐书》卷49下《百官志》记载略同。并且，外官官府中的勾官名称固定而明确：京兆、河南、太原三府为司录参军事，都护府、都督府、州为录事参军（事），县级勾官则通称录事。王永兴先生总结认为，勾检制度是唐代官制的重要构成，普遍存在于内外各级官僚体系中，可参氏著《唐勾检制研究》第一章“勾检制度的普遍性”，上海古籍出版社1991年版，第3—34页。

大的中央集权的王朝去解决了①。

第三节 造籍份额与户籍性质

问题的缘起是，普通户籍亦即民籍，必须按照编造、留存、上交等步骤与州县两级行政区划相对应，在造籍年造写三份。此不仅有律令的明确规定，而且有出土的大谷文书《唐开元十九年（731）正月~三月西州天山县到来符帖目》的验证：二月某日“户曹符，为支造籍纸笔墨事”，三月十六日“户曹符，为省及州县籍三通料”②。民籍至关重要，是国家政权存在的基础。民籍造写三通完全考虑了基层政权与中央政府的各自权威和实际需要。

但僧尼籍不仅保持着与民籍同样的三年一造周期，而且也规定造写三份。《唐六典》卷4祠部郎中员外郎条：“凡道士、女道士、僧、尼之簿籍亦三年一造。（原注：其籍一本送祠部，一本送鸿胪，一本留于州县。）”与民籍上交中央一份相比，僧尼籍要上交两份给两个不同的中央机构。至于“掌宾客及凶仪之事”的鸿胪寺亦收纳一份，可能与其部分职掌有关，同书卷18鸿胪寺条曰：“凡天下寺观三纲及京都大德，皆取其道德高妙、为众所推者补充，上尚书祠部。”据此，鸿胪寺在寺院三纲的选拔方面，需与祠部相关通。《新唐书·百官志》崇玄署条载：僧道籍“每三岁州、县为籍，一以留县，一以留州；僧、尼，一以上祠部，道士、女官，一以上宗正，一以上司封”。③ 本处史料亦规定僧尼籍编造三份，但州、县地方各留一份。两段记载造籍份额一致，只是一个多出鸿胪寺一份，另一个多出州行政一份。有学者认为是年代变迁，为了配合管理僧尼、道士女官的政府机构的变化，故僧尼籍对应的上级申报部门

① 据所引《天圣令·杂令》宋令40条僧尼籍帐“三年一造”，及《庆元条法事类》卷51《道释门·供帐》载道释令：“诸僧道及童行帐三年一供，每一供全帐，三供剌帐，周而复始”之谓，可见宋朝恢复了僧尼籍帐三年一造的规定。

② ［日］池田温：《籍帐·录文》，第216、217页。

③ 《新唐书》卷48，第1252页。

随之更改[①]。有的学者认为高宗龙朔时期，僧籍的中央管理部门是鸿胪寺。此时地方编制僧籍，除州县各保留一份外，并上交鸿胪寺一份[②]。这一见解难有制度依据。因为《唐六典》明确了鸿胪寺的主要职掌并非佛教事务，其具体负责的只是寺院管理者的选拔，而非僧尼主体的管理。暂且不论，总之僧尼籍在造籍年造写三份是一项基本制度。为什么需要三份呢？

无论是寺院手实还是僧籍实物，两者都是以寺院为一个籍帐的登录单位，前者登录以寺院集体占有为名的土地，后者记载了每位僧人曾经的乡贯与户主。太和初年僧尼籍帐事务的新处置是："起今已后，诸州府僧尼已得度者，勒本州府具法名、俗姓、乡贯、户头、所习经业及配住寺人数，开顶分析籍帐，送本司以明真伪。"[③] 姓名、乡贯、户头三者是民籍的基本要素，思恩寺僧籍作为僧籍实物，印证了这些基本要素登录的必要性，僧籍之为特殊户籍亦在于此。这些要素也反映在广德二年（764）不空和尚拟定的《大兴善寺请度七僧祠部敕牒》中[④]，兹举两例如下：

僧慧琳年三十　虢州　阌乡县　方祥乡　阌乡里
俗姓何　名光王　兄朏为户　请住兴善寺
僧法满年十八　京兆府　万年县　崇德乡　文圆里
俗姓胡　祖宾为户

而在大历时期，不空和尚的其他奏请度僧牒中，更利于了解乡贯与户籍的重要，兹举数例如下：

---

① ［日］池田温：《籍帐·概观》，第102页。

② 孟宪实：《吐鲁番新发现的〈唐龙朔二年西州高昌县思恩寺僧籍〉》，《文物》2007年第2期。

③ 《册府元龟》卷474《台省部·奏议五》，第5660页。

④ ［日］池田温：《籍帐·录文》，第349页。实际上，综观整篇牒文，非为度僧，而是奏请已出度者配住各寺。

行者田荣国年三十三 贯京兆府 万年县 积福乡
积德里 父怀常为户 身无
籍 [
童子李宝达年十三 贯京兆府 昭应县 故叠乡
修文里 父守信为户 [ ][1]

可以说，有籍者必定有贯，而有贯者可能无籍。除了僧籍上仍旧保留的乡贯等民籍信息外，法律对僧尼土地占有的明确规定，也是造籍三份之制不得不考虑的条件。《天圣令》所附唐《田令》第28条："诸道士、女冠受老子《道德经》以上，道士给田三十亩，女冠二十亩。僧尼受具戒者，各准此。身死及还俗，依法收授。若当观、寺有无地之人，先听自受。"[2] 可见，均田制下僧道土地的还授，与编户民保持一致，而《开觉等寺手实》也如实反映了这一制度。

僧尼籍由县级行政主持编造，但地方并无与中央祠部对应的机构，《唐六典》卷30县令职掌条："若籍帐、传驿、仓库、盗贼、河堤、道路，虽有专当官，皆县令兼综焉。县丞为之贰。"而专门负责本县内籍帐编造具体工作的应是县行政中的司户佐、史及帐史诸无品吏员。京兆等三府、各级都督府设有户曹参军，各级州行政设有司户参军，其具体职责是："掌户籍、计帐，道路、逆旅，田畴、六畜、过所、蠲符之事，而剖断人之诉竞。"[3] 州府一级的户曹参军与司户参军对应的下一级就是县行政的司户佐。因此，僧尼籍表面上属于宗教事务，实际上由于被统计的对象既有乡贯又参与国家授田，故在籍帐编造方面仍然是按照特殊的"民户"处理的。这一点对其造籍份额亦有影响。

再者，我们以另一种特殊户籍的造籍份额来参证一下。大历十四年（779）八月，刑部都官司奏称："伏准格式：官奴婢，诸司每年正月造籍二通，一通送尚书，一通留本司。并每年置簿，点身团貌，然后关金仓

① ［日］池田温：《籍帐·录文》，第191页。

② 《天一阁藏明抄本天圣令校证——附唐令复原研究》，第387页。

③ 《唐六典》卷30，第741—747、753页。

部给衣粮。又准格式：官户受有勋及入老者，并从良。比来因循，省司不立文案，伏恐日月滋深，官户逃散，其受勋及入老者无定数，伏请令诸司准式造籍送省。并孳生及死亡者，每季申报，庶凭勘会。”敕曰：“宜并准式处分，自今已后有违阙者，委所司奏闻，准法科罪。”[①] 官奴婢是每年造籍，但只造两份：一份上交尚书刑部，一份留在役使的各个部门。官奴婢籍造写两份的原因与僧尼籍三份的理由恰好彼此呼应。《唐律疏议·名例律》“免所居官”条曰：

> 若奸监临内杂户、官户、部曲妻及婢者，免所居官。（原注：谓免所居之一官。若兼带勋官者，免其职事。即因冒荣迁任者，并追所冒告身。）
>
> 【疏】议曰：杂户者，谓前代以来，配隶诸司职掌，课役不同百姓，依《令》：“老免、进丁、受田，依百姓例，各于本司上下。”官户者，亦谓前代以来，配隶相生，或有今朝配没，州县无贯，唯属本司。[②]

官奴婢是唐代官贱人制度中最低的一等，官户、杂户大多由其转化而来[③]。刑部之都官司对各司编造官奴婢籍实行总负责。从律文的注释看，官户尚且“州县无贯”，无贯也就没有正常的户籍，何况官奴婢！三者之间，只有杂户具有相对完整的人权。唐代关于特殊户口的规定是：“凡反逆相坐，没其家为官奴婢。（原注：反逆家男女及奴婢没官，皆谓之官奴婢。男年十四以下者，配司农；十五已上者，以其年长，命远京邑，配岭南为城奴。）一免为番户，再免为杂户，三免为良人，皆因赦宥所及则免之。（原注：凡免皆因恩言之，得降一等、二等，或直入良人。诸《律》、《令》、《格》、《式》有言官户者，是番户之总号，非谓别有一色。）”[④] 由上，从良民到官奴婢身份的转换只有一步之遥，而由官奴婢到

---

① 《唐会要》卷86奴婢条，第1570页。

② 《唐律疏议》卷3，第57页。

③ 李天石：《中国中古良贱身份制度研究》，第380页。

④ 《唐六典》卷6《尚书刑部·都官》，第193页。

杂户乃至良民，则阻碍重重。

《天圣令》所附唐《田令》第29条："诸官户受田，随乡宽狭，各减百姓口分之半。其在牧官户、奴，并于牧所各给田十亩。即配戍、镇者，亦于配所准在牧官户、奴例。"[①] 本条令文在上引唐律的基础上，又规定了官户可以有限度地受田。由于隶属于役使的诸司，没有户贯，故其受田也就没有所谓的永业田，只可授以民丁占田标准一半的口分田，即40亩。官奴的受田还要受到进一步限制，只有在国家牧场、镇戍之地服役的官奴方可受田10亩，连口分之名都没有了。

造成这一切的原因都在于官奴人身的极端不自由，没有乡贯，更没有正常的户籍。因此，这些既无乡贯又无土地而被中央直接役使的官奴婢只需造籍两份即可。同是著于律令的特殊户籍——僧尼籍恰恰与此相反，故达到了与民籍编造诸制等齐的地步。

第四节　吐鲁番、敦煌僧尼籍帐的编造背景

（一）吐鲁番僧尼籍帐之背景

有学者将敦煌、吐鲁番僧（尼）籍作了简单比较，指出二者在书式上的差异[②]。这是远远不够的。我们首先考察一下西州僧尼籍帐编造的背景。吐鲁番地区在沮渠氏北凉灭亡后，又先后历经阚爽政权、沮渠氏北凉流亡政权与高昌王国的统治，直到贞观十四年（640）八月侯君集攻灭高昌国，才结束长达三百多年的割据局面。贞观十四年"九月，以其地为西州……乙卯，置安西都护府于交河城，留兵镇之"[③]，《文馆词林》卷664《贞观年中慰抚高昌文武诏》谓"今即于彼置立州县管领，尔等宜各竭其诚节，禀受朝风"。[④] 朝风即唐制之义，高昌从而纳入了与内地

---

① 《天一阁藏明抄本天圣令校证——附唐令复原研究》，第387页。

② 周奇：《唐代国家对僧尼的管理——以僧尼籍帐与人口控制为中心》，《中国社会经济史研究》2008年第3期。

③ 《资治通鉴》卷195，第6156页。

④ 许敬宗编，罗国威整理：《日藏弘仁本〈文馆词林〉校证》，中华书局2001年版，第248页。

一样的州府体系，成为大唐最远的一个州。在设置安西都护府之后（后移置龟兹），吐鲁番地区的历史才真正开始和内地同步发展[①]。

虽复如此，统治不稳，贞观十六年（642）西突厥进击西州，“咄陆既并沙钵罗众，自恃强盛，遣兵寇伊州”[②]。唐朝积极反击之后，遣使安抚西州[③]，安抚措施俱在《贞观年中巡抚高昌诏》，关键文字有：“朕往岁出师，应时克定，所以置之州县，同之诸夏……宜遣五品一人，驰驿往西州，宣扬朝旨，慰劳百姓，其僧尼等亦宜抚慰。”[④] 时至贞观十六年，唐朝对西州在政治、经济、军事诸方面都有新的重大部署与举措[⑤]。是年八月“癸酉，以凉州都督郭孝恪行安西都护、西州刺史。高昌旧民与镇兵及谪徙者杂居西州，孝恪推诚抚御，咸得其欢心”。[⑥] 自此，由于设立了完备而强有力的行政机构，地方官才干卓然，西州粗安。这是得以推行中原制度、正常编造籍帐的有利因素。

《思恩寺僧籍》的造写年代是高宗龙朔二年（662），高昌成为唐帝国版图的一部分已经二十年。龙朔二年前后，唐朝在军事上取得一系列成绩：显庆五年（660）百济全境附于唐；龙朔三年（663）吐谷浑、吐蕃交恶，唐朝不许两方和亲；总章元年（668）平定高丽。这件高昌县僧籍书式之整齐、登录内容之详细、九枚“高昌县之印”排列之紧密，恰是唐初行政效率甚高的体现。

同样，不能仅从制度的角度认识神龙三年的《开觉等寺手实》。该手实的核心集中在第7—10行“牒被责令，通当寺手实，僧数、年名、部曲、奴婢并新旧地段、亩数、四至具通如前，其中并无脱漏，若后虚妄，联署纲维，请依法受罪”。如此详备统计寺院信息的根本目的是保证国家赋税收入及兵役、劳役的来源，维护均田制度，抑制土地兼并。但这一点不能以根本目的所在或例行造籍笼统释之。

---

① 束迪生等主编：《高昌社会变迁及宗教演变》，第29页。

② 《贞观政要》卷9安边条；《唐会要》卷94西突厥条，第1693—1694页。

③ 《新唐书》卷2《太宗纪》贞观十六年版，第41页。

④ 许敬宗编，罗国威整理：《日藏弘仁本〈文馆词林〉校证》，第249页。

⑤ 卢向前：《唐代西州土地关系述论》，第19页。

⑥ 《资治通鉴》卷196，第6177页。

唐代曾进行多次勘检户籍、田簿的活动，直接动机是防止户口隐冒、使无田或少田的农民能得到一块保证封建国家赋役供给的份地。西州与沙州都在武周圣历二年（699）前后展开了勘检田籍，时间的基本一致不是巧合，应是贯彻武周政权在全国进行田籍大勘检敕令的反映[①]。勘检田籍是为了纠正此前造籍中存在的名实不符与潜在的土地占有不均，而户主、土地与官方籍帐三者间的良性关系应是：有田有籍有主，但哈拉和卓发现的武周时期八片同类残文书显示了“有田无籍”“有籍无田”“无籍无主”[②] 等紊乱的土地占有关系。本手实虽是残件，仍可看到寺院土地具注形式与大量民户手实、民籍不出二致。原则上不承担国家租税的寺院田产更易滋生欺罔隐冒，因此，不能否认武周厉行检田的经济政策强化了当时及随后的寺院田产统计。

唐前期赋役繁重，农民大量逃亡。武周时期陈子昂《上蜀川安危事三条》说“今诸州逃走户，有三万余在蓬、渠、果、合、遂等州山林中，不属州县”。[③] 这些逃户的另一个去向是寄身于寺院，狄仁杰《谏造大像疏》称“逃丁避罪，并集法门，无名之僧，凡有几万，都下检括，已得数千”。[④] 良人投附和各色人施身是唐宋之际敦煌寺户的一个来源[⑤]。寺户有别于部曲奴婢，是农奴式人口，同样属于贱民阶层。正常时期各地寺的数量是有定额的，每寺僧尼人数也有配额，并且这些僧尼必须为官方所度。因此，我们推测西州逃丁投附寺院的选择只有“部曲奴婢”一途。

部曲奴婢是唐代律令专门的身份用语，现实中的贱民称谓更为丰富。西州虽未发现有关寺户的记载，但关于“家人”的记载却较多，如大谷3364号《周天授二年（691）西州高昌县诸堰头等申青苗亩数佃人牒》第16件末云“天 授二年七月　日堰头□□寺家人举子”[⑥]。《天宝六载

---

① 陈国灿：《敦煌学史事新证》，第140页。

② ［日］池田温：《籍帐·录文》，第190—191页。

③ 《全唐文》卷211，第2133页。

④ 《全唐文》卷169，第1727页。

⑤ 姜伯勤：《唐五代敦煌寺户制度》增订本，中国人民大学出版社2011年版，第21页。

⑥ ［日］池田温：《籍帐·录文》，第186页。

（747）四月交河郡佛寺给家人春衣历》载“右件緤九段，每段用钱二百二买到，用给上件家人春衣，谨以为案，请僧连署”，下具“无生”等四位僧人署名①。西州寺院依附百姓的记载尚有：

> 使衙牓西州
> 诸寺观应割附充百姓等
> 　右件人等，久在寺观驱驰。矜其勤劳日久，遂与僧道
> 　商度，并放从良，充此百姓。（中略）牓西州及西海县。
> 以　前　件　状　如　前
> 　　建　午　月　四　日
> 使　御　史　中　丞　杨　　　　志烈。②

唐长孺指出建午月为宝应元年（762）二月，具衔之使为伊、西、北庭节度使，同时认为西州寺观依附者的身份大致与敦煌寺户相同③。这就再次点明统计僧人破除及寺属人口的重要性。

大谷文书2835a“长安三年三月十六日敦煌县牒上括逃御史为牒凉、甘、肃、瓜居停沙州逃户事”等数件长安年间敦煌括户案卷④，揭示了长安三年、四年检查户籍工作的深入。基于此，人口清查势必涉及僧尼与其附属人口。阿斯塔那515号墓出有“长安二年（702）八月西州洿林城勒僧尼赴县州事”文书三件，书于同一张纸。第一件内容如下：

> 洿林城
> 一别进　一别□　　　　一
> 僧花悟　僧花新　尼观音　尼妙□　［　　］　尼□尚

① ［日］池田温：《籍帐·录文》，第328页。署为“僧”者总计五人，其中一位阙名。

② 同上书，第349页。

③ 唐长孺：《敦煌吐鲁番史料中有关伊、西、北庭节度使留后问题》，《中国史研究》1980年第3期。

④ 此类系统性括户文书可参陈国灿《敦煌学史事新证》，第147—152页。

僧海憧　僧等觉

右被帖追上件僧尼赴县者，准帖追到，今勒赴县。

牒　件　状　如　前　谨　牒

长安二年　八月廿八日城主王交行牒

第二件言“四个僧已申，并差康田立领送，请告报。今依限赴州，勿违此状”；第三件“今故合寺□□往参，得永隆寺主口云：四个尼师年老，(赴) 州稍难。……其僧后赴”云云[①]。三件文书是官文书无疑，虽系草稿，但都反映了一个主题，即将洿林城的僧尼追赴县，再由县赴州。据第三件数语，此次是令整寺整寺的僧尼前往县州接受官府检查的，显然与检查隐丁漏口、逃户以及逃田有关[②]。在神龙二年（706）或稍后的《唐西州某县事目》之三中，载有：

4　[　　　] 当县百姓部□□客等仰县长官 [　　　]

5　[　　　] 县所管寺观部 曲并十八中男速点堪 [　　　][③]

本件文书需略费笔墨。“点”即“简点”，或作“检点。在实际书写过程中，亦有分作“简”“点”，但都含有检查、核对之意[④]。“十八中男”是被特别标示的，这一年龄是北朝隋唐丁中标准的重要界限，也是貌大貌小、易生欺罔的年龄。武德九年十一月，简点使左仆射封德彝等，以中男十八以上，简取入军。敕旨已出，给事中魏徵执奏不可。上（唐太宗）怒，乃召徵，作色谓“中男若实小，自不点入军。若实大，是其诈妄，依式点入，于理何嫌?”徵正色谓曰：“若次男以上，并点入军。租赋杂徭，将何取给?”[⑤] 此处所言将18岁以上中男“简取”（或“点”）入军一事，“点”明显含有阅貌之义。吐鲁番《武周大足元年（701）西州某

① 《吐鲁番出土文书》录文本第7册，第318—320页。

② 陈国灿：《敦煌学史事新证》，第157—158页。

③ 《吐鲁番出土文书》录文本第7册，第345页。

④ 朱雷：《唐代“点籍样”制度初探》，载氏著《敦煌吐鲁番文书论丛》，第123页。

⑤ 《唐会要》卷85《杂录》，第1556页。

县男智力等户残籍》第6片：

2. [　　] 圣历二年帐后点入

3. [　　] □□□年帐后点入"[①]

很可能在圣历二年（699）括客的同时，官府对户籍进行了简点，其作用固然是整顿核查全部户籍，也同样将简点时查出的漏口之类重新登籍[②]。《唐西州某县事目》揭示了编户齐民的部曲与寺观部曲同被点检的事实，"十八中男"指明本件文书乃是出于赋役需要而部署人口核查的公文。

武后退位之后，中宗、睿宗享国日浅，在政治经济上的改作不会太大，况且对人口与土地的调查、掌握本是王朝政治的核心。从上引圣历二年、长安二年到神龙年间，前后不过七八年而已，勘田检丁，声势浩大，可见政令推行的顺畅。所以，神龙三年的《开觉等寺手实》从形式到内容超出了一般户籍的登录状况。就包括上引文书在内的现有资料看，这场延续较久的僧俗人口大检查基本上及时地反映在各类籍帐中。因此，对于这两件特殊的寺院籍帐，我们认为是由于政局关系而强化了编造细节。

还有一点，该寺院手实中田地的登录部分已表现出西州地区籍帐编造的成熟与稳定：永业口分之区别、土地质量之优劣、土地分布之明确。该特征对于一份官方的寺院籍帐而言非同寻常。贞观十四年平定高昌，要在本地推行中原田制与相应的造籍制度，应存在不少困难。目前资料难以证明高昌曾实行过北朝的均田制，如要按照唐令精神及时完成土地登籍、手实申报等工作是不现实的。这就出现了阿斯塔那78号墓《唐贞观十四年（640）西州高昌县李石住等户手实》[③] 所反映的：部分的登录标准（受田数量与丁中年限）沿袭高昌旧制，而旧制在唐代西州初年的

① [日] 池田温：《籍帐·录文》，第96页。

② 朱雷：《唐代"点籍样"制度初探》，载《敦煌吐鲁番文书论丛》，第135页。

③ 《吐鲁番出土文书》录文本第4册，第71—79页。

籍帐编造中曾保存数年之久[①]。高昌民众不熟悉唐朝籍帐的编造格式也见于吐鲁番文书，如《唐勘问计帐不实辩辞》载：

（前略）

4. [ ] 身是高昌，不闲宪法，

5. [ ] 摩哆妻多然

6. [ ] 柱，柱乃即依旧籍转写为

7. 定，实是错误，不解脚注。摩哆身死，

8. 错为见在。今更子细勘当，实 [ ]

9. 隐没，直是不闲公法。谨答者。[ ] [②]

本件年代应在永徽二年（651）之前[③]。

民籍尚且如此，僧尼籍帐自是不言。《少林寺准敕改正赐田牒》载："少林寺今得牒称：上件地往因寺庄翻城归国，有大殊勋，据格合得良田一百顷。去武德八年二月，蒙敕赐寺前件地，为常住僧田，供养僧众。计勋仍少六十顷。至九年，为都维那故惠义不闲敕意，妄注赐地为口分田。僧等比来知此非理，每欲谘改。今既有敕普令改正，请依籍次附为赐田者。……不早改正，只是僧等不闲宪法。今谨量审，始复申论。"[④]赐田不参与均田制下土地的还授，对于寺院便属于"充僧供养"的常住性质。少林寺三纲误将本寺常住田具注为口分田，若本寺僧人应受田额由于这一疏失，却执行了所谓"受具足戒者人均三十亩"的田令精神，则本寺不能再额外给田。这是碑文中"每欲谘改"、不断交涉的原因。赐田在各类籍帐文书都是明确标注的，如《唐贞观年间（640—649）西州高昌县手实一》部分地段注为赐田[⑤]。《唐代年次未详（8 世纪）西州田

---

① 唐长孺：《唐贞观十四年手实中的受田制度和丁中问题》，载《山居存稿三编》，第 71—94 页。

② 《吐鲁番出土文书》录文本第 6 册，第 241—242 页。

③ 卢向前：《唐代西州土地关系述论》，第 12 页。

④ 《全唐文》卷 986，第 10196—10197 页。

⑤ 《吐鲁番出土文书》第 6 册，第 105—106 页。

簿》第一件有“一段一亩二十步（赐田一易）城南五里　东至渠　西（缺）”，第二件“一段一亩二十步（赐田三易）城南五里（缺）”[1]；《唐开元二十九年（741）西州高昌县给田簿》第16件则有“赐田二易”字样[2]。可知，从初唐到盛唐的百余年，属于赐田性质的土地无一例外必须区分。之于此，少林寺田产在官方帐面上当有“赐田”一项。

唐高祖在位期间，海内还未统一，因此在其先期控制的关中、河南等中原地区实行均田、户籍编造之时，应有不少制度或实际中的困难。对于特殊人群——僧人而言，少林寺纲管惠义于武德九年误注本寺赐田为口分，当在情理之中。《开觉等寺手实》以“右件地，藉（籍）后给充僧分”呼应了均田制度的一个重要构成：永业充口分。可见，此时封建政权已把传统户籍的登录方式熟练地嫁接到寺院财产的调查统计上。据西州诸乡户口帐，我们得知西州设立以后，在公元七世纪中期，唐朝不仅完整地按照唐制建立了州县两级行政机构和乡村基层组织，设立州县学，建置渠道灌溉系统、烽堠系统，而且至少已经建立了前庭、岸头两个折冲府[3]。这样高效的行政效率同样体现在《开觉等寺手实》中，一方面揭示了唐在高昌旧地统治的巩固与稳定，一方面反映唐代土地政策与造籍制度已被当地官民僧俗掌握、使用。

（二）敦煌僧尼籍之背景

敦煌僧尼籍的编造背景则有自己的时代痕迹。

敦煌保存的僧尼籍中以S. 2669《唐年次未详〔九世纪后半〕（865—875？）沙州诸寺尼籍》[4] 最具代表性，现存当地大乘、圣光等寺尼270人的名单，法号下皆标以州县乡里、俗家姓名及年龄：

大乘寺尼应管总贰佰玖人

坚法，沙州敦煌县洪池乡，姓张，俗名太娘，年七十二。

□□，沙州敦煌县神沙乡，姓孔，俗名纵纵，年七十一。

---

① ［日］池田温：《籍帐·录文》，第383页。

② 同上书，第424页。

③ 唐长孺：《唐西州诸乡户口帐试释》，载氏著《山居存稿》三编，第95—181页。

④ ［日］池田温：《籍帐·录文》，第429页。

（中略）

圣光寺尼应管总柒拾玖人

正忍，沙州敦煌县慈惠乡，姓王，俗名胜如，年五十一。

遍施花，沙州敦煌县慈惠乡，姓索，俗名閕閕，年五十一。

（下略）

与思恩寺僧籍相比，本籍缺少夏腊、学业、出度时间、官府印信，这正是思恩寺僧籍的宝贵之处，但不可刻意夸大。

另有 S. 5893《沙州净土寺僧籍》文书，下部残缺，只有僧人的法号、户贯，而年龄和俗名阙载。敦煌文书中直接名为僧尼籍的尚有俄藏 Дx1382 文书残片，仅“应管一十六寺僧尼籍”一行[①]，P. 2879《唐年次未详（十世纪中叶）河西归义军沙州一十七寺僧尼籍》总计四行：

1. 应管一十七寺僧尼籍
2. 龙兴寺
3. 河西应管内外都僧录普济大师海藏
4. 河西应管内外都僧统辩正大师钢惠（后缺）[②]

本件文书没有具体名录，当不出上揭尼籍所显示的情况。必须指出的是，不能依据《天圣令》、“思恩寺僧籍”而断定敦煌所出并非僧尼籍。

自唐德宗贞元二年起，沙州在吐蕃统治下六十余年。大中二年（848），当地土豪张议潮起兵，初步收复瓜沙。大中五年（851），唐朝敕置归义军于沙州，以张议潮为节度使，统领河西地区。归义军作为晚唐一个新设的边远藩镇，与中央之间若即若离，五代宋初之际又成为实际上的外邦[③]。沙州地处边陲，节度使是极有实权的地方首领，朝廷威权大大缩水。这是其特殊性所在[④]。归义军治下的敦煌僧尼数量保持在 1000

---

① ［俄］丘古耶夫斯基：《敦煌汉文文书》，图版第 37 页。

② ［日］池田温：《籍帐·录文》，第 510 页。

③ 《宋史》卷 490《外国传六》，中华书局 1977 年版，第 14123—14124 页。

④ 荣新江：《归义军史研究——唐宋时代敦煌历史考索》，前言第 2 页。

名左右，诚如咸通十年时任节度使张淮深上奏称：“切以河西风俗，人皆臻敬空王，僧徒累千，大行经教。”（P. 3720－2）而沙州人口一般保持在三万人上下，S. 11345 号残文书谓“平时三万余口”，而且僧俗并称[①]。僧尼人口占全部人口的百分之三，略高于全国百分之一的水平。这也是沙州社会的特殊性。

在收复之初，张议潮可能在大中四年就已下令调查瓜沙人口与土地[②]。日本京都有邻馆藏敦煌文书 51 号《唐大中四年（850）十月沙州令狐进达申报户口牒》第二行“应管口妻男女兄弟姊妹新妇僧尼奴婢等共叁拾肆人”[③]、S. 4710《沙州阴屯屯等户口簿》载阴屯屯户“妻男女兄弟新妇僧尼孙侄等共贰拾壹人”、刘再荣户“妻男女兄弟新妇僧尼孙侄等共贰拾捌人”等[④]。就僧尼籍、户口申报牒合观之，沙州归义军显然对辖区内的僧尼进行了双重统计。这是西州文书中没有的现象[⑤]。同时，张议潮会同河西佛教领袖洪辩——唐朝敕授的河西都僧统（P. 3720－4，曾是蕃占时期的都教授）整理寺院财产，登录造册（S. 1947v）。

太和四年（830）祠部奏文：“其诸州府僧尼已得度者，勒本州府具法名、俗姓、乡贯、户头、所习经业及配住寺人数，开顶分析籍帐[⑥]”。该奏文要求州府统计寺院僧尼的事项与《天圣令》规定差别不大，问题是河西地区当时仍在吐蕃统治之下。而且，敦煌僧尼籍登录信息的有限与唐代僧尼伪滥有关，这一现象自天宝之后更趋严重，中央政府甚至以鬻卖度牒的形式解决财政危机。安禄山反，“杨国忠设计，称不可耗正库之物，乃使御史崔众于河东纳钱度僧尼道士，旬日间得钱百万”[⑦]。至德元载（756）十月“彭原郡以军兴用度不足，权卖官爵及度僧尼”[⑧]，“及

---

① 方广锠：《宣宗关于归义军的诏敕》，《敦煌研究》2000 年第 3 期。

② 刘进宝：《唐宋之际归义军经济史研究》，第 9 页。

③ 《敦煌社会经济文献真迹释录》第 2 辑，第 462 页。

④ 同上书，第 470 页。

⑤ 但吐鲁番文书中保存了西州初期寺院依附人口和僧尼共同统计的情况，如《唐西州高昌县弘宝寺僧及奴婢名籍》，载《吐鲁番出土文书》录文本第 4 册，第 48 页。

⑥ 《册府元龟》卷 474，第 6 册，第 5660 页。

⑦ 《旧唐书》卷 48《食货志上》，第 2087 页。

⑧ 《旧唐书》卷 10《肃宗纪》，第 244 页。

两京平（至德二载），又于关辅诸州，纳钱度道士僧尼万人”[①]。据此，朝廷自乱纲纪是僧尼问题不断累积的诱因之一。

僧尼严重伪滥导致佛学素养的普遍衰落。以敦煌为例，归义军初期虽有佛学造诣高超的洪辩、法镜等大师，并不能挽救沙州全体僧众佛学水准的下滑[②]。这些大师不久相继谢世，一时昌盛的讲经活动随之停止。晚唐五代之际的敦煌佛教已经蜕化成典型的世俗佛教：诸宗皆奉；疑伪经大行其道；佛教神灵混杂不纯；僧人事亲孝养、娶妻生子、饮酒食肉、置田敛财、放债取息、追求现世利乐等等，不同于奉行清规戒律的正统佛教[③]。敦煌保存了僧众屡被要求认真修行的官方帖文，如 P. 6005《释门帖诸寺纲管》前五行言：“释门帖诸寺纲管。奉都僧统帖，令僧政、法律告报应管僧尼沙弥及沙弥尼，并令安居，住寺依止，从师进业修习，三时礼忏，恐众难齐，仍勒上座寺主亲自押署，齐整僧徒，具件如后。”[④] 张氏归义军最后一任节度使张承奉斥责僧众谓：“盖缘城隍或有数疾，不净五根，所以时起祸患，皆是僧徒不持定心，不虔经力，不爱贰门。若不兴佛教，何亏乎哉。从今已往，每月朔日前夜、十五日夜，大僧寺及尼僧寺燃一盏灯，当寺僧众不得欠少一人，仍须念一卷佛名经，与灭狡猾，嘉延人轮，岂不于是然乎。仍其僧统一一钤辖，他皆放此者。四月廿八日帖”，后有节度使押字。同件文书接续同日都僧统贤照帖文：“奉尚书处分，令诸寺礼忏不绝，每夜礼《大佛名经》一卷。僧尼夏中，则合勤加事业，懈怠慢烂，故令使主嗔责，僧徒尽皆受耻。大家总有心识，从今已后，不得取次。”[⑤]

前引律令及诏敕等规定明确了县级行政在僧尼造籍上的实际作用，思恩寺僧籍残存九方“高昌县之印”更与制度相合。据 S. 1947v 号文书，大中十一年设立河西都僧统司，一般略称都司。朝廷曾敕设的龙兴寺是

---

① 《新唐书》卷 51《食货志一》，第 1347 页。

② 孙宁：《归义军时期敦煌僧官的选擢因素》，《南京师大学报》2011 年第 5 期。

③ 李正宇：《敦煌佛教研究的得失》，载刘进宝主编《百年敦煌学：历史、现状、趋势》，甘肃人民出版社 2009 年，第 411—426 页。

④ 《敦煌社会经济文献真迹释录》第 4 辑，第 120 页。

⑤ S. 1604《天复二年（902）四月二十八日沙州节度使帖都僧统等》及同件《都僧统贤照帖诸僧尼寺纲管徒众等》，载《敦煌社会经济文献真迹释录》第 4 辑，第 125—127 页。

其驻地，下辖功德司、道场司、经司、儭司、招提司、都司仓、营设司、行像司、厨田司、灯司等数十个机构；僧官体系极为完备，分为僧统、教授、僧录、僧政（法律）、判官、寺职等六级①。P. 2879《唐年次未详（十世纪中叶）河西归义军沙州一十七寺僧尼籍》是由河西僧首——都僧录海藏与都僧统钢惠二人领衔的，并钤有“河西都僧统印”。钤有此印的文书还有上举 S. 1604 号文书、S. 2575《后唐天成三年（928）七月十二日都僧统海晏为七月十五日庄严道场配借诸寺幡伞帖》、P. 2638《清泰三年（936）六月儭司教授福集等牒》、S. 8583《天福八年（943）二月廿九日河西龙辩牓》、S. 3798《宋雍熙四年（987）五月廿六日沙州灵图寺授菩萨戒牒等文书》②。因此，沙州僧尼籍的编造更多地包含了当地的政治社会状况，不再由当县负责制定、上报了。P. 3490《辛巳年（921 或 981）某寺诸色斛斗破历》二月某日“油一抄，僧家造户籍用”、“面七升，僧家造户籍纳官用”是为明证③。都僧统司全权承担统计沙州僧尼人口的工作，都僧统、都僧录（政）直接向归义军节度使负责。这正是 P. 4638《清泰四年（937）都僧统龙辩等上节度使曹元德牒》里龙辩自称“释吏”、P. 3553《太平兴国三年（978）四月应管内外都僧统钢惠等牒》中钢惠等人“忝为释品”的原因，即他们已成为节度使的僚属了④。

整个五代时期，归义军节度使在处理宗教事务上已无来自中央的约束，P. 3556《归义军应管内外都僧统汜和尚邈真赞并序》赞曰“洎金山白帝国举贤良，……遂封内外都僧统之号，兼加河西佛法主之名”⑤；P. 3556《内外都僧统河西佛法主陈和尚法严邈真赞并序》谓法严被“封

---

① ［日］竺沙雅章：《中国佛教社会史研究》后编“敦煌佛教教团研究”，同朋舍 1982 年版，第 329—425 页。

② 另有“沙州都僧统印”，P. 4638《清泰四年（937）龙辩等牒》钤有此印。

③ 唐耕耦、陆宏基：《敦煌社会经济文献真迹释录》第 3 辑，第 186、189 页。第 191 页编者注云：此件从内容看为油、苏、面分类破用，系为算会造历作准备之用。造籍所需可参日本《养老令·杂令》谓：“凡僧尼、京国官司，每六年造籍三通，……所须调度，并令寺准人数出物。”且中国国家图书馆敦煌文书 BD8007 背载：“平康王万□笔子五十五束，付与唐阇梨，都司书手董文员□”，书手与笔札当是造籍的必备条件。

④ 孙宁：《归义军时期敦煌僧官的选擢因素》，《南京师大学报》2011 年第 5 期。

⑤ 909 年张承奉建立西汉金山国，自任国主。（可参吴丽娱、杨宝玉《旧帙新解：转型期归义军史研究琐言》，载刘进宝主编《百年敦煌学》，第 332—334 页。）

赐内外都僧统之班，兼加河西佛法主之号”；P. 3718《敦煌程和尚政信邈真赞并序》曰“太保统握河陇，国举贤良。念和尚雅量超群，偏赐恩荣之秩。内廷虽未闻奏，权封紫彰”[①]。“河西佛法主”是一种极高的荣号，而“内廷虽未闻奏，权封紫彰”则昭示了节度使威权的显赫。僧官及其荣号的授受完全控制在当道节度使手中，这点与沙州归唐初期由中央敕授的规格相去甚远——P. 3720《唐大中五年至咸通十年（851—869）赐僧洪辩、悟真等告身及赠悟真诗》[②] 显示悟真都僧录、河西副僧统、都僧统的职务以及赐紫、京城内外临坛供奉大德的荣誉皆源自中央的旨意。[③]

因中原板荡，政令下达与政情上通都是困难重重，也就造成了沙州僧官这群“释吏”直接掌管造籍的局面。

《思恩寺僧籍》与《开觉等寺手实》的面世激活了相关传世史料与既有的出土文书，价值不同于一般民籍。两件特殊文书帐面的整饬展示了唐代在此类籍帐编造上的成熟运作。而关于唐代敦煌籍与吐鲁番籍在细节上的很多不同，池田温列举了十一个方面，并认为这些差异实际属于书式上的不同，是地域差别的反映[④]。张荣强又据两地户籍对成年在室女子的不同称谓，指出前代制度在唐籍中的不同遗存[⑤]。通过比较敦煌、吐鲁番僧（尼）籍的差异，我们认为政局这一宏观背景对现实的籍帐编造产生了显著影响。形象地讲，吐鲁番寺院籍帐张扬了唐帝国早年如日初生的气魄，而敦煌僧尼籍则是中央威权在唐末五代的一个尾音。

僧尼籍帐是唐代籍帐系统的重要组成，但存在着许多更为深刻的历史因素。在佛教中国化的过程中，教义方面的中国化与管理的中国化是同时发生的[⑥]。而国家采取“灭佛”政策抑制僧尼伪滥与寺产（土地、

---

① 太保指曹氏归义军首任节度使曹议金。

② 《敦煌社会经济文献真迹释录》第4辑，第29—32页。

③ 孙宁：《归义军时期敦煌僧官的选擢因素》，《南京师大学报》2011年第5期。

④ ［日］池田温：《籍帐·概观》，第94—95页。

⑤ 张荣强：《唐代吐鲁番籍的“丁女”与敦煌籍的成年“中女”》，《历史研究》2011年第1期。

⑥ 孟宪实：《论唐朝的佛教管理——以僧籍的编造为中心》，《北京大学学报》（哲社版）2009年第3期。

部曲、奴婢）的膨胀，是一种非常态的行政手段，只有按照制度以籍帐的形式进行及时的统计，才是有利于社会需要与经济发展的正常举措[①]。

---

① 孙宁：《唐代前期非农人口籍帐的编造与其背景——以西州寺院手实为中心》，《中国农史》2013 年第 5 期。

结　　语

户籍制度作为古代中国重要的政治经济制度，不仅是人口管理的需要，也是土地占有、赋役征发的基本依据。唐代户籍制度处于古代中国户籍发展史上的成熟时期，主要表现在对前代制度的继承与深化、户籍法令的积极制定、户籍文书种类的丰富、户籍编造的频繁实践以及对后世朝代及古代东亚地区的影响等方面，如上皆有典籍记载与出土实物的印证。

首先，制度化是唐代户籍编造的一大特征。本书勾勒了唐代户籍编造的概貌，以此揭示唐代国家治理在制度建设上的成绩。武德年间户籍法令的颁布为户籍编造奠定了制度基石；贞观时期的特色则是各类户籍文书的出现、依法编造并初步展示户籍编造层次的时期。高宗、武周之际使户籍编造不断地向常态化迈进，至于开元、天宝时期则是此项经济政策实施的顶峰，户籍法令不断得到有效的调整与维护，户籍编造表现出频繁的一面。国家法律不仅明文规定户籍编造工作的务必真实，而且要严格保护已经造好的户籍文书。

这一制度化的特征尚有两点具体体现。其一，以天宝十四载为界，唐前期百年造籍展示了很强的稳定性，这离不开对干支纪年方式的倚重。关于户籍编造周期——“三年一造”（造籍以季年：丑、辰、未、戌）法令的彻底推行与干支纪年的轮回形式相结合，促使地方的户籍编造工作切实做到了有章可循[①]。其二，武周政权的成立及其年号更换的无节制都

① 孙宁：《干支纪年因素与唐前期户籍编造的稳定》，《中国农史》2017 年第 1 期。

没有从根本上改变唐初高祖、太宗时期确立的户籍编造政策。如上两点，从一定层面揭示了唐代户籍编造的程序设计既可靠又易于操作，其制度化的特性愈加显著。

总之，尽管存在地域与时代的差别，户籍编造在唐前期始终得到了普遍推行。

其次，政治经济变革及时地反映在户籍编造的实际操作中。安史之乱改变了唐王朝的正常秩序，均田制难以为继，土地占有相对集中；唐前期的租庸调制亦被破坏，转向以两税法为主的税收形式；强大的藩镇成为挑战中央权威的主要势力；客户大量出现；等等①。这些情况对户籍编造的程序、户等审定的标准及编造政策都产生了显著影响，如代宗朝对旧籍的重新考量、造籍周期轮值年份的改变、“三年一定两税”的虚化、观察使负责地方户等审定工作、“据地造籍”与检括人口得到同步施行。同时，中晚唐时期的户籍编造被赋予了更多的政治内涵。地方是否按照“朝制”进行管内户口统计并申报中央，成为政治服从与否的象征。而敦煌保存的沙州归义军户籍文书则展示了中晚唐藩镇开展户籍编造的历史形态。由于中晚唐政治变化既深且巨，勋贵阶层升降沉浮不定，其户口籍贯成了维护食封继承秩序的焦点。

不过，中晚唐及五代时期的户籍编造，无论史书记载抑或出土文书都相对缺乏。在爬梳史料及吸收前贤研究的基础上，我们尽可能地接近中晚唐五代之际官方维护、调整户籍制度及其编造的历史实际，将当时户籍编造的突出变化尽可能地贴合经济变革、藩镇擅权、朝代更迭等时

---

① 学界认为中晚唐的时代特征有六点：第一是“制度化”，即开元天宝以来官方探索的各种应对社会危机的政策与办法，经过中晚唐的发展，逐渐制度化了。第二是“官僚化”。除了政治层面的官僚化表现外，社会文化中也体现出由贵族社会向官僚社会的演变趋势。第三是“实用化”。唐前期制定的法律条文到唐后期很多变得徒具形式，而打破既有的律令制度，制定与执行比较实用的政策或规范，已成风气。第四是“世俗化”和“平民化”。这一点明显地体现在社会变化中。随着贵族阶级的“式微”以及阶层流动性的加大，平民的社会地位得到提升，社会文化的发展倾向也就必然带有“世俗”而“平民”的色彩。第五是“地方化”。“安史之乱”以后，地方势力明显加强，既影响了中晚唐的政治格局，也对社会文化产生了巨大而深远的影响。第六是“商品经济”的发展。中晚唐的商品经济水平比前期有大幅度的提高。参见黄正建主编《中晚唐社会与政治研究》，中国社会科学出版社2006年版，前言第3页。

代因素。而纵观唐五代三百年户籍编造状况，中央政府及地方官长在户口管控上一直表现出积极而持续的努力倾向。

鉴于中国历史的延展性，中晚唐的政治经济变化被五代有所扬弃，进而讨论了五代时期在户籍编造与户口统计上的基本内容。其中，户籍文书的名称与形制、户等具体等级、貌阅的内容与目的构成了五代户籍编造的新特色，如史书中“手状”的内容与编造形式、手状与沙州户状文书的关系、九等户制向五等户制的过渡、貌阅与乡村秩序的管控等。相对其他三朝，后唐、后周的国家治理充满一定活力，经常以诏敕形式修整户籍与赋税制度，尤其后周户口的统计是政权更迭中的亮点。

最后，唐代户籍编造的深度与广度也是本书的考察重心。故在户籍编造概况的基础上，本书作了两项个案研究。一是对编户民年龄——籍年的概念与其具体统计作了初步探讨。手实是籍年统计的初始资料，而户籍是当时编户民年龄的法定凭证，这就从法律上保证了户籍编造对编户民信息登录的权威性。为了确保这种权威性，地方官府通过例行貌阅、旧籍比对等方式，在纠正疏误或作伪的籍年信息时，会及时地反映在户籍文书中。因此，各类户籍文书都将“籍年”作为编户民信息的一个重要部分，同样体现在与正式户籍仅一步之差的“家口田亩籍”一类文书上。籍年不仅与丁中分类、徭役征发的关系深厚，而且也被运用到官员选拔退休、刑事判决等领域。

二是利用新获文书对唐代僧尼籍的编造状况展开探讨。僧尼人口是传统农业国家的管理重点，以籍帐形式对其统计是制度的创新。僧尼籍是当时特殊户籍（尚有道士女冠籍、官奴婢籍、官户籍等）的其中一种，无论是制度规定还是出土实物，都保留了较多的记载，借此勾画了唐代僧尼籍帐编造的历史时间表，对其起始年代与弛废过程予以重点分析。另外，通过对僧尼籍造籍份额的考察①，我们发现不同的户籍性质（普通的民籍与特殊人口的户籍）、被统计对象的人身自由程度及能否实际占有土地对户籍编造的份数存在显著影响。同时还讨论了吐鲁番僧尼籍帐与

① 所谓“造籍份额”，根据行政区划和各级官府（一般而言，是县、州、中央户部三级）职责确立的户籍编造份数。

敦煌僧尼籍之间的背景差异，可以说，关于僧尼籍编造的制度是统一的，而具体操作中要照顾到地方实际与时代变化等因素。由此，唐代在非农人口的控制上，形成了特殊户籍编造的制度化。这些个案研究在纵向与横向上揭示了唐代户籍编造的切实成就。

在结论之外，一些重要课题值得深度思考。关涉国家治理的良好制度不是一蹴而就可形成的，需要历代不懈的实践、反思与积淀。因此，唐代户籍编造制度的形成要到唐以前的历史时期中去寻找。大量相关简牍的出现为这一课题提供了宝贵的原始资料，如湖南里耶古城北护城壕所出秦代户籍简、湖南长沙东牌楼 7 号古井出土的东汉末年户籍类简、长沙走马楼 11 号古井出土的孙吴时期户籍简，以及其他类型的人口簿籍。这些涉及人口统计和赋税征发的简牍还在不断的发现与解读中。近年来，新疆等地出土的十六国时期户籍文书为探讨中古时期户籍编造沿革带来新的思考。

然而，本书也留下了一个疑问。就现有的唐代户籍文书看，玄宗一朝占了较大部分，可谓户籍编造之勤、人口控制之严，国家户籍法令亦是频频修订。但仍然难免鼎盛之际的唐王朝走向衰败，安史之乱则成为唐代国家盛衰的分水岭。中晚唐时期的户籍编造再也未出现唐前期那样的执行力度，人口统计的效果也比较差。总之，中古时期如此频繁的户籍编造并不多见，是否可以看作国家在过度地剥削民力？随着军事叛乱的爆发，这根绷得紧紧的经济措施之弦也就出现了难于收拾的反弹局面。

在新问题的启发下，我们坚持认为户籍编造与人口统计的制度化是唐代政治经济出现鼎盛的基本保障，而保存至今的户籍法令与户籍文书是唐代国家治理的宝贵遗产。

附录　《前秦建元二十年籍》研究两题

2006年，吐鲁番地区洋海一号墓地出土了一件十六国时期的户籍文书，整理者根据文书内容定名为《前秦建元二十年（384）三月高昌郡高宁县都乡安邑里籍》。作为迄今发现的敦煌吐鲁番户籍文书中最早的一件，它是具有明确年代、地点及内容相对完整的户籍，因而价值极高。目前录文有三家，分别是整理小组、张荣强以及荣新江修订后的录文①。现将荣先生修订后的录文具引如下：

（一）

（前缺）

1.　　　　奴妻扈年廿五　　　小男一 得孙 奣坞下田二亩

2.　　　　奴息男郝年八　　　凡口七　　虏奴益富年卅入

李洪安

虏婢益心年廿入苏计

3. 郝女弟蒲年一新上　　　　舍一区

4.　　　　贺妻李年廿五［新上］　　　　　［建元廿年

三月籍］

---

① 分别出自荣新江、李肖、孟宪实主编《新获吐鲁番出土文献》，中华书局2008年版，第176—179页；张荣强《〈前秦建元籍〉与汉唐间籍帐制度的变化》，《历史研究》2009年第3期，第16—38页，收入氏著《汉唐籍帐制度研究》，商务印书馆2010年版；荣先生最初的录文与研究以《吐鲁番新出〈前秦建元二十年籍〉研究》为名发表在《中华文史论丛》2007年第4辑，修改稿发表于北京大学中国古代史研究中心主页PDF版，http://www.zggds.pku.edu.cn/004/001/124.Pdf，本文以修订版为准。

5. 高昌郡高宁县都乡安邑里民崔奣［年 ］

6. 弟平年［ ］ ［ ］
［ ］

7. 奣妻□年［ ］ ［ ］ ［ ］

8. 平妻郭年廿［ ］ ［ ］
□□□田□□亩

9. 奣息女颜年廿一从夫 ［ ］ 得阚高桑菌四亩半

10. 颜男弟仕年十四 ［ ］ 得江进卤田二亩以一亩为场地

11. 仕女弟训年十二 得李亏（?）田地桑三亩

12. 平息男生年三新上 舍一区

13. 生男弟麴（?）年一新上 建［元廿年三月藉］

（后缺）

（二）

（前缺）

1. ［ ］ ［ ］三 埽坞下［ ］

2. 女 弟素年九新上 凡口八 得猛季常田四亩

3. 素女弟训年六新上 西塞奴益富年廿入李雪

虏婢巧成年廿新上

4. 勋男弟明年三新上 舍一区

5. 明男弟平年一新上 建元廿年三月籍

6. 高昌郡高宁县都乡安邑里民张晏年廿三

7. 叔聪年卅五物故 奴女弟想年九

桑三亩半

8. 母荆年五十三 晏妻辛年廿新上 城南常田十一亩入李规

9. 叔妻刘年卌六 丁男一 得张崇桑一亩

10. 晏女弟婢年廿物故 丁女三 沙车城下道北田二亩

11. 婢男弟隆年十五次丁男三 率加田五亩

12. 隆男弟驹［年 ］ ［次丁女一］ ［舍一 ］区

13. 驹女弟［□年 ］ ［ 小女一 ］ ［建元廿年三月籍］

14. 聪息男［奴年 ］ 凡口九

15. 高昌郡高宁县都乡安邑里民［□□年 ］

16. 妻朱年五十 丁男一 沙车城下田十亩入赵□

17. 息男隆年卅三物故 丁女一 埽坞下桑二亩入杨抚

18. 隆妻张年廿八还姓 小女一 埽坞菌二亩入□□

19. 隆息女颜年九 小男一 舍一区

20. 颜［男弟□年 ］ ［凡口四］ ［建元廿年三月籍］

（后缺）

对该籍进行全面研究的有两家，一是荣先生前揭文，首先对户籍文书出土状况、年代与地点作了介绍，指出这件比《西凉建初十二年籍》更早的户籍，更利于十六国时期户籍文书格式的研究。荣先生不仅推断了户籍上人口的移民属性，还就籍上登录的丁中制度展开深入讨论：前秦至少将每户当中的人划分为丁男、丁女、次丁男、次丁女、小女、小男六类，总计每户人口时丁男在前，然后是丁女、次丁男、次丁女；最后是小女在前，小男在后。他认为这一记载方式有点违背中国古代重男轻女的观念。根据文书保存内容，我们能够直接得到的丁中制的信息是：丁男 15—35 岁，丁女 20—53 岁，次丁男、次丁女 9—15 岁，小女 6—9 岁，小男 1—8 岁，著者还推测了与西晋丁中制的关系。尽管户籍中并无关于土地面积、四至的详细记录，但对土地和奴婢异动情况的记录，则展示了前秦户籍的标准形态。也就是说，虽然没有田地和奴婢的具体登记，但有相关买卖的记载。个中原因应是田地和奴婢作为一户的财产是可以随时转手的，处于不稳定的状态下。土地和奴婢作为户籍内容的固定事项而被详细登记，应是北魏推行均田制和三长制的结果。而且，在《建初十二年籍》和《承阳二年籍》的既有研究上，荣先生对《建元二十年籍》的格式加以整理，并复原了前秦户籍的标准格式。因此，《建元二十年籍》的发现和公布，除了对敦煌吐鲁番文书研究有所推动，也将引起汉简、吴简研究者的广泛关注，从而推动相关领域的研究进步。

张荣强研究指出，《前秦建元籍》第三栏登载的是每户的赀产状况，而非财产转移的记录。该文书标明“三月籍”，不同于秦汉时期的八月造籍和唐代的正月造籍，这可能与当时特定的历史背景有关。该籍中户主的籍贯分别注明郡、县、乡、里，与秦汉三国时期的户籍简只注明里名有很大差异，说明纸本户籍不再局限于保存在乡、县，而是要进一步上呈郡、州，直至中央机构。从登载的内容和统计的重点看，《前秦建元籍》与走马楼户籍简中的“凡口若干”一类性质相近；但以往的户籍简是一年更造，该籍与南朝户籍则是数年一造，据此可以推测当时的纸本户籍背后已有每年度编造的计帐类文书存在。另外，有学者依靠“建元籍”中的丁中注记，并辅以传世相关记载，指出晋以降的丁中制在十六国、北朝等不同时段的发展脉络，进而推定北朝时期才是西晋制度向隋唐演进之主流[①]。研究者都肯定了《前秦建元籍》在古代户籍制度史上的重要地位，也揭示了丰富的研究内涵。

---

① 徐畅：《隋唐丁中制探源——从敦煌吐鲁番出土户籍文书切入》，《中华文史论丛》2011 年第 2 辑，第 255—291 页。

第一节 从本籍看西晋建兴元年田地争讼简牍中的民籍因素

首先，《前秦建元籍》帐面上的一些户籍成分仍可挖掘，而这在另一件出土简牍的映衬下更加凸显当时某些户籍要素的价值。

2010 年甘肃省张掖市临泽县新发现一批成册简牍，共计 27 枚，计 900 余字，发现时被置于 M23 号墓墓主棺盖上。据上面残留的编连痕迹，判断其原本应系以细麻绳连缀的成册简牍。这批简牍出土时已经散乱，经初步排序、标点与释读后，可以判断这是一份西晋愍帝建兴元年(313)十二月间张掖郡临泽县地方政府对一起“兄弟争田”民事案件的审理记录（本文简称《西晋建兴元年讼田简牍》）。该简牍文书篇幅较长，几乎完整地记录了西晋晚期一次民事经济纠纷案件的审理过程。简文内容涉及汉晋时期占田制度、家庭与宗法制度、占物入官制度等若干经济史问题，对于两汉魏晋南北朝时期的经济史研究，具有无可替代的史料价值[①]。由于考古报告还未出版，今将杨国誉录文迻写如下：

6300 十二月四日故郡吏孙香对：“薄祐九岁丧父母，为祖母见养。年十七祖丧土，香单弱，时从兄发、金龙具（俱）偶居城西旧坞，

6301 以坞西田借发、金龙耩佃。发、金龙自有旧坞在城北，金龙中自还居城北，发住未去。发有旧田坞卖与同县民苏腾（?），今因名香所

6303 借田，祖母存时与买，无遗令及讬子侄券书以田与发之文。祖父母存时为香父及叔季分异，各有券书，发父兄弟分得城北田

6313 坞二处。今自凭儿子强盛，侮香单弱，辞诬祖母，欲见侵夺。乞共发、金龙对，共校尽，若不如辞，占具牡二具入官，

① 杨国誉：《“田产争讼爰书”所展示的汉晋经济研究新视角——甘肃临泽县新出西晋简册释读与初探》，《中国经济史研究》2012 年第 1 期。

对具。”

6298 十二月六日，老民孙发对被名（召?）：“当与从庶弟香了所居坞田土。父同产兄弟三人，庶叔三人共同居同籍，皆未分异。荒毁之中，俱皆土没，唯祖母

6296 存在，为发等分异。弟金龙继从伯得城北坞田，发当与香

6309 共中分城西坞田。祖母以香年小，乍（?）胜（?）田，二分，以发所得田分少，割金龙田六十亩益发坞。与香中分临（?）藁坞，各别开门，居山作坝塘，种桑榆杏柰。

6305 会皆民盛，论列黄籍，从来四十余年。今香横见诬言，云发借田寄居，欲死诬生，造作无端。事可推校，若不如对，占人马具牡入官，

6319 对具。”到应，下重，自，里令分割

6307 十二月七日民孙金龙对被名（? 召）：“当了庶从弟香所争田。更遭荒破，父母土没。唯有祖母存在，分异，以金龙继养上从伯，复得城北田，祖

6315 母割金龙田六十亩益发。分居以来四十余年，今香、发诤，非金龙所知。有从叔丞可问，若不如对，占人马具牡入官，对具。”

6294 建兴元年十二月壬寅初十一日壬子，临泽令髦（?）杋（?）：“孙司马，民孙香、孙发、孙金龙兄弟共诤田财，诣官纷云，以司马为证写，

6292 辞在右。司马是宗长，足当知。书移达，具列香兄弟部分券书，会月十五日，须得断决如律令。”

6288 建兴元年十二月壬寅十五日丙午户民孙丞敢言之，临泽逢被壬子书：“民孙香、孙发讼田，丞是宗长，足知尽。香、发早各

6290 自有田分。香父兄弟三人孙蒙、孙弘、孙翘，皆已土没。今为平史，使香自继其父蒙。祖母存时命发息为弘后，无券，香所不知。

6311 翘独无嗣，今割香、发田各四十亩及坞舍分命亲属一人以为翘祠（嗣）。平史已卩，请曹理遣，敢言之。”

6323 户曹掾史王匡、董惠白：“民孙香、孙发、孙金龙共诤田

坞相

6327 诬冒。未问从叔丞，移丞列正，今丞移报：‘香、发早自有田

6325 分。香父兄弟三人，孙蒙、孙翘、孙弘皆土没。今为平史，

6321 使香自继其父蒙。祖母存时命发息为弘后，无券

6286 书，香不知。翘无嗣，今割香、发田各卌亩及坞舍，分命亲

6317 属一人为翘继。’香、发占对如丞所断，为卩。香、发兄弟

6281 不和，还相诬言，不从分理，诣官纷云，兴长讼，请求（?）官法。

6280 请事诺，罚香、发鞭杖各百五十，适行事一用听如丞。

6284 移使香、发人出田卌亩及坞舍分与继者。又金龙未相

6282 争，田为香所认，前已罚卌，养不生（?）谨问如用，

6283 教诺田钱但五十（不满）教迷……”

上述简文的主题在简6323—6327中有集中展示：“民孙香、孙发、孙金龙共诤田坞相诬冒”，这件田产争讼案卷的来龙去脉即以此为中心清晰地展开的。简6311、6317中的“卩”，杨文引据汉简相应形式，认为“应是当时签字画押以示确认、完结的习用方式。”杨先生主要贡献是作了比较客观的录文与注解，并指出各项社会经济制度方面的巨大价值。不过，从孙香诸人的亲缘关系看，他们只是从兄弟而非亲兄弟。因为中古时代一个同产同居同财的家庭，在析户上面临着诸多法律乃至伦理上的限制。

首先，讨论一下该简与《前秦建元籍》的第一个共同点。《前秦建元籍》是目前所见最早的纸本“民籍”，其中三户有明确的户头：

高昌郡高宁县都乡安邑里民崔奣年［　　］

高昌郡高宁县都乡安邑里民张晏年廿三

高昌郡高宁县都乡安邑里民［□□年　　］

而英国图书馆藏 S. 113《西凉建初十二年（416）正月敦煌郡敦煌县西宕乡高昌里籍》有八户记载着明确的户头，皆为兵、散、大府吏之名，无一具有“民”的身份[①]。研究认为本户籍属于吏兵籍，而非普通的民籍，反映的是五世纪初中国的普遍制度，并非西北一地而已[②]。总之，魏晋以来的户籍体系即为多样，民籍只是其中一种，当然也是主要的一种。景耀六年（魏景元四年，263）蜀汉灭亡，刘禅降魏，王隐《蜀记》曰：“又遣尚书郎李虎送士民簿，领户二十八万，男女口九十四万，带甲将士十万二千，吏四万人，米四十余万斛[③]”。天纪四年（西晋太康元年，280）三月吴灭亡，《晋阳秋》载称：“（王）濬收其图籍，领州四，郡四十三，县三百一十三，户五十二万三千，吏三万二千，兵二十三万，男女口二百三十万，米谷二百八十万斛，舟船五千馀艘，后宫五千馀人。”[④]可见魏晋之交，民、兵、吏都有相对独立的户籍系统。

而这件《西晋建兴元年讼田简牍》所涉及的各位当事人的表述，如“老民孙发”“民孙金龙”“同县民苏腾（?）”数次重复的“民孙香、孙发、孙金龙”及“户民孙丞”等，可见其身份都属于国家的普通百姓——编户民。田产与坞舍既然可以在编户民之间自由买卖，证明他们皆有自己的生产生活资料，这些都是在独立的人身状态下而可能拥有的。

其次，我们发现两者还有第二个共同之处。西晋讼田简牍不断出现如下字样：坞西田、旧田坞、城北田坞二处、所居坞田土、田各四十亩及坞舍、共诤田坞等，可知坞与田地、住宅的紧密关系：坞边有田，坞中有舍。但是，这里出现的坞应非规模较大或很大的坞堡，如上举“西凉吏兵籍”残存五种姓氏的八户人家皆居于赵羽坞，此坞明显是多家多姓的聚居区。而简牍中“城西旧坞”“自有旧坞在城北”以及简 6296、6309 中的“弟金龙得城北坞田”“发与香共分城西坞田”“祖母割金龙田六十亩益发坞”“与香中分临（?）薰坞”的诸说法，可知坞是当时张掖

---

① ［日］池田温：《籍帐·录文》，第 3—5 页。

② 王永兴：《王永兴学述》，第 228 页。

③ 《三国志》卷 33《蜀书·后主传》裴注，第 901 页。

④ 《三国志》卷 48《吴书·三嗣主传第三》裴注，第 1177 页。

郡临泽县民孙氏诸人的名下财产，因而也就是一般规模的单一家族聚居而已。

《前秦建元籍》中各民户内出现的一些表述，如：得孙奋坞下田二亩、舍一区、城南常田十一亩、沙车城下道北田二亩、沙车城下田十亩、埽坞下桑二亩、埽坞薗二亩等，其中坞、田、城、舍等要素与《西晋建兴讼田简牍》中所出现的十分一致[①]。这些附着于目前所见最早纸本民籍上的要素，恰好有利于讨论西晋讼田简牍隐藏的民籍构成的若干条件。

孙发答辩称："会皆民盛，论列黄籍，从来四十余年"（简 6305），孙金龙辩辞亦言"分居以来四十余年"（简 6315）。《太平御览》所引《晋令》曰："郡国诸户口黄籍，籍皆用一尺二寸札，已在官役者载名"。[②] 自建兴元年上推四十年，已是西晋武帝泰始之时（泰始九年，公元 273 年），孙氏一族的分户别籍是在西晋创立之初，田坞争讼则在西晋末年。因此这些隶属临泽县民孙氏的田地、坞舍不仅横贯西晋始终，而且应在前朝（曹魏或可能更早）便实际占有了。从《前秦建元籍》看来，西晋初年张掖郡临泽县的民籍——黄籍，不仅包括了户内家口，还应含有本户所居坞舍、所占田地的变动信息。

坞壁早在西汉王莽时代就已出现，泛滥于五胡十六国时代，乃是从国家地方行政组织脱落出来的宗族流民自治组织。坞壁大多属于自卫性质，是汉晋之际动乱年代社会基层组织的一大演变[③]。当然，无论是西晋建兴讼田简牍、前秦建元籍还是西凉建初籍，坞壁内的户口与所占土地（建初籍无土地事项）仍然需要服从国家或地方王国政权的户籍编造制度。

该简还涉及了子孙继绝及其立户问题。据简 6288、6290、6311，身为宗长的孙丞认为：民孙香、孙发"早各自有田分。香父兄弟三人孙蒙、

① "坞"指坞壁或坞垒，是魏晋时期地方为自保而筑的小城堡，这种防御式建筑方式也传到吐鲁番，王素认为高昌地区的坞是汉代高昌壁垒的遗留，见所撰《高昌诸壁、诸垒的始终》，朱玉麒主编《西域文史》第 1 辑，科学出版社 2006 年版，第 121—133 页。据荣先生的文义，亦认可本籍中的"坞"是普通规模的坞，坞下田应是比较宜于耕种的田地。

② 《太平御览》卷 606《文部·札》，中华书局 1960 年版，第 2726 页。

③ 韩昇：《魏晋隋唐的坞壁和村》，《厦门大学学报》（哲社版）1997 年第 2 期。

孙弘、孙翘，皆已土没。今为平史，使香自继其父蒙。祖母存时命发息为弘后，无券，香所不知。翘独无嗣，今割香、发田各四十亩及坞舍分命亲属一人以为翘祠（嗣）”，随后临泽县户曹据之裁定了这件坞田争讼案件，除了鞭杖孙香、孙发外，并使其各“出田卌亩及坞舍分与继者”。孙翘离世时可能未婚，或已婚无子，或有子不举，故云无嗣，在“户律”上已属户绝。为了使孙翘门户再兴，族内男口、田地与坞舍是改变其绝户状态的必备条件，同时也是户籍成立的必要因素。

至于土地与住宅作为户籍成立的基本条件，在秦汉法律中即有明确规定。睡虎地秦墓出土的《封诊式》所附战国魏《户律》曰：“自今以来，叚（假）门逆（吕）旅，赘婿后父，勿令为户，勿鼠（予）田宅”，这里规定的对象虽是商贾等特殊群体，但也显著限定了“田宅”与“立户”的紧密关系①。张家山汉简《二年律令·户律》：“其已前为户而毋田宅，田宅不盈，得以盈”。高敏指出授田宅与允许立户是联系在一起的，所以“授田宅”之文不入《田律》而入《户律》②。“诸不为户，有田宅，附令人名，及为人名田宅者，皆令以卒戍边二岁，没入田宅县官”，可见有田宅者必须立户。“诸（?）后欲分父母、子、同产、主母、叚（假）母，及主母、叚（假）母欲分孽子、叚（假）子田以为户者，皆许之”，可见田地是析户立户的基本资料③。综合这两条律文，有田宅者必须接受国家编户制度的管理。

第二节 籍中所见“还姓”释义

《前秦建元籍》第二片的第17—18行是民某某户内人口的变动记录：“息男隆年卅三物故，隆妻张年廿八还姓”。荣先生对此处“还姓”的释读是：本意为“恢复原姓”，这里应指妇女在丈夫去世后回到本家，具体

① 睡虎地秦墓竹简整理小组：《睡虎地秦墓竹简》，第293页。

② 高敏：《从张家山汉简〈二年律令〉看西汉前期的土地制度》，载氏著《秦汉魏晋南北朝史论考》，中国社会科学出版社2004年版，第129页。

③ 张家山二四七号汉墓竹简整理小组：《张家山汉墓竹简：二四七号墓》（释文修订本），第52—53、55页。

到本户的实际情况时，即某隆年三十三岁时不幸去世，其妻张氏二十八岁，还归本姓。还姓的人口与整件户籍登录的物故、从夫两类人口，都未再统计到当户的总口数中①。

张荣强认为也可以这样解释，但出嫁后的女儿回归娘家的通常叫法是“归宗”，故采取“疑而不释”的慎重态度②。

本文认为荣先生对“还姓”的解读，这并不是一个冷僻深奥的词语。至于张先生提出的“归宗”意见，确实需要考虑“还姓”的历史背景。我们已经强调《前秦建元籍》是目前最早的纸本户籍，在现今保存的十六国与唐代时期的户籍或户籍类文书中，嫁入女性姓名的登录方式对“还姓”一词提供了很好的释读条件。

《礼记·昏义》曰：“昏礼者，将合二姓之好，上以事宗庙，而下以继后世也，故君子重之。”在出土的敦煌吐鲁番正式户籍或其他户籍类文书中，凡是嫁入夫家而非户主的女性都是有姓无名，也正体现了“合二姓之好”的礼制思想。《前秦建元籍》第一片第一户之奴妻扈、贺妻李，崔奣户之平妻郭；第二片张晏户之母荆年、晏妻辛、叔妻刘，同片第三户之妻朱、隆妻张。荣先生认可了本户籍上的扈、李、郭、荆、刘、辛、朱、张是为姓氏，同时户籍上还包括了其他姓氏信息如崔、苏、阚、江、猛、赵、杨、孙（?）等，显然多以中原大姓为主。并推测高昌郡高宁县都乡安邑里的居民主要从内地迁徙而来，且很可能主要由河西走廊移民而来。

在另一件十六国时期户籍——《西凉建初籍》中亦有嫁入女性著姓不著名的现象，而时代稍后的《西魏大统计帐》户籍部分所载母、妻九例皆姓名俱在③。但这并非普通户籍的一般形式，因为在唐代户籍中，嫁入且身非户主的女性一直保持着著姓不著名的规律，这一点兹不赘举。至于手实文书，如《唐贞观十四年（640）西州高昌县李石住等户手实》与《武周载初元年（690）西州高昌县宁和才等户手实》所见妻、妾亦有

---

① 荣新江：《吐鲁番新出〈前秦建元二十年籍〉研究》修订本，第7页。

② 张荣强：《〈前秦建元籍〉与汉唐间籍帐制度的变化》，第19页。

③ ［日］池田温：《籍帐·录文》，第3—5页。

姓无名[1]。唐宋之际的敦煌户状也是这一特征[2]。中古时期女性的从属地位于此可见一斑，也正是《前秦建元籍》崔奣户内“息女颜年廿一从夫”的佐证，而“从夫”恰是“还姓”的反义词。

其他类型的户籍文书也有此类现象，如《唐西州高沙弥等户家口籍》所见妻、母、妾有姓无名，《唐何延相等户家口籍》与《唐贞观某年西州高昌县范延伯等户家口田亩籍》所见妻、母有姓无名[3]，等等。

那么，户籍中这一种有姓无名女性的对立面就是姓名完整的女性，她们可以是嫁入者，也可能是户内原有的女口，但无一例外都具有户主身份。《唐李悦得子等户主名籍》残存“妻”两例，姓名俱全[4]；上引《武周载初元年手实》中有两例姓名完整的女性户主两例：“户主大女杨支香”、“户主大女曹多富年七十八岁老寡”[5]。《唐神龙三年（707）高昌县崇化乡点籍样》中户主为大女者亦是如此，另有并非大女的“户主魏双尾年六十老寡”、户主小女及户主黄女各一例[6]。这些身为户主的姓名完整的女子在国家户籍法令与赋役规定上，应当具有与男性户头一样“平等”的权利与义务。但本文不讨论“大女”的性质与生活状态，而各类文书中凡标明大女者皆姓名完整。邓小南认为大女通常是指作为户主的寡妇或者单身女性，可能也有一些是替代外出服役的丈夫或儿子而临时作为户主的。她们承担着一定的赋税责任，同时也有一定的机会与外界进行交往。同时，在她统计的97份吐鲁番女性墓志中，只有20份不仅

---

① 《吐鲁番出土文书》录文本第4、6册，第71—79、414—440页。

② 现存户状六件，有五件登录了具体家口信息，分别是晚唐大顺二年（891）1件（《敦煌社会经济文献真迹释录》第2辑，第474页）；五代后周广顺二年（952）2件（编号Дx2954，载于《释录》第2辑，第477页；编号羽田藏834，载池田温《李盛铎旧藏敦煌归义军后期社会经济文书简介》，收入《庆祝吴其昱先生八秩华诞敦煌学特刊》，台北文津出版社2000年版，第35页）；北宋太宗雍熙二年（985）、端拱三年（990）各1件（分别《释录》第2辑，第479—480、481—482页），须交代的是，雍熙二年户状有两件，但另一件似为废件，现以S.4125号为准。

③ 三件文书皆出自《吐鲁番出土文书》录文本第4册，第12—14、53—57、222—227页。

④ 《吐鲁番出土文书》录文本第4册，第85—86页。

⑤ 《吐鲁番出土文书》录文本第7册，第422—423页。

⑥ 同上书，第468—485页。

提及墓主的姓氏，而且提到了她们的名字[①]。

有鉴于此，《前秦建元籍》所见“还姓”实质就是嫁入女性因丈夫去世或没落等客观情况而回归娘家。至于主观动机则难以解释，从户籍可知妻张与某隆育有一女一子，皆属于未成丁的“小”男女，即不存在因无子嗣而“还姓”的可能。或者，娘家念其仍在壮年，适有“舅夺母志”之疑。

总之，作为目前最早的纸本户籍，《前秦建元籍》除了探究户籍格式与赋役制度等价值之外，仍需深度挖掘。

① 邓小南：《六至八世纪的吐鲁番妇女——特别是她们在家庭以外的活动》，载《敦煌吐鲁番研究》第四卷，北京大学出版社 1999 年版，第 215—237 页。

参考文献

一　传世史籍

1.（后晋）刘昫：《旧唐书》，中华书局1975年版。

2.（宋）欧阳修、宋祁：《新唐书》，中华书局1975年版。

3.（唐）长孙无忌等撰，刘俊文笺解：《唐律疏议笺解》，中华书局1996年版。

4.（唐）杜佑撰，王文锦等点校：《通典》，中华书局1988年版。

5.（宋）薛居正：《旧五代史》，中华书局1976年版。

6.（宋）欧阳修：《新五代史》，中华书局1974年版。

7.（宋）司马光：《资治通鉴》，中华书局1982年版。

8.（宋）王钦若等编：《册府元龟》，中华书局1960年版。

9.（宋）王溥：《唐会要》，中华书局1955年版。

10.（宋）王溥：《五代会要》，上海古籍出版社2006年版。

11.［日］黑板胜美主编：《新订增补国史大系》，《令集解》，吉川弘文馆1982—1984年版。

12.［日］仁井田陞著，栗劲等编译：《唐令拾遗》，长春出版社1989年版。

13.（清）董诰等：《全唐文》，中华书局1983年版。

14. 天一阁博物馆、中国社会科学院历史研究所《天圣令》整理课题组：《天一阁藏明钞本天圣令校证（附唐令复原研究）》，中华书局2006年版。

二 敦煌吐鲁番文献

15. ［俄］丘古耶夫斯基编，王克孝译：《敦煌汉文文书》，1983 年莫斯科出版，上海古籍出版社 2000 年版。
16. 唐耕耦、陆宏基：《敦煌社会经济文献真迹释录》第 1 辑，书目文献出版社 1986 年版。
17. 唐耕耦、陆宏基：《敦煌社会经济文献真迹释录》第 2—5 辑，全国图书馆文献缩微复制中心 1990 年版。
18. 中国社会科学院历史研究所等编：《英藏敦煌文献（汉文佛经以外部分）》（第一—十四卷），四川人民出版社 1990—1995 年版。
19. 俄罗斯科学院东方研究所圣彼得堡分所等编：《俄藏敦煌文献》（第一—十七卷），上海古籍出版社 1992—2001 年版。
20. 法国国家图书馆、上海古籍出版社合编：《法藏敦煌西域文献》（第一—三十四卷），上海古籍出版社 1994—2005 年版。
21. 荣新江：《英国图书馆藏敦煌汉文非佛教文献残卷目录（S. 6981—13624）》，台湾新文丰出版公司 1994 年版。
22. 宁可、郝春文辑校：《敦煌社邑文书辑校》，江苏古籍出版社 1997 年版。
23. 沙知辑校：《敦煌契约文书辑校》，江苏古籍出版社 1998 年版。
24. ［俄］孟列夫主编，袁席箴、陈华平译：《俄藏敦煌汉文写卷叙录》，上海古籍出版社 1999 年版。
25. 施萍婷主撰稿，邰惠莉助编：《敦煌遗书总目索引新编》，中华书局 2000 年版。
26. 郝春文主编：《英藏敦煌社会历史文献释录》第一卷，科学出版社 2001 年版。
27. 郝春文主编：《英藏敦煌社会历史文献释录》第二、三卷，社会科学文献出版社 2003 年版。
28. 郝春文主编：《英藏敦煌社会历史文献释录》第四、五卷，社会科学文献出版社 2006 年版。
29. 郝春文主编：《英藏敦煌社会历史文献释录》第六卷，社会科学文献出版社 2009 年版。
30. 郝春文主编：《英藏敦煌社会历史文献释录》第七卷，社会科学文献出版社 2010 年版。
31. 中国国家图书馆编，任继愈主编：《国家图书馆藏敦煌遗书》第 1—139 册，北京图书馆出版社 2005—2011 年版。
32. 唐长孺主编：《吐鲁番出土文书》第 4—10 册，文物出版社 1983—1991 年版。
33. 唐长孺主编：《吐鲁番出土文书》图录本 1—4 册，文物出版社 1992—1996 年版。
34. [日] 小田义久编：《大谷文书集成》（一）、（二），日本京都法藏馆，1984 年、1990 年版。
35. [日] 山本达郎、土肥义和编：《敦煌吐鲁番社会经济文书集》第二编《户籍编》日本东京东洋文库，1984—1985 年版。
36. 陈国灿：《斯坦因所获吐鲁番文书研究》修订本，武汉大学出版社 1997 年版。
37. 柳洪亮：《新出吐鲁番文书及其研究》，新疆人民出版社 1997 年版。
38. 陈国灿、刘安志：《吐鲁番文书总目（日本收藏卷）》，武汉大学出版社 2005 年版。
39. 荣新江：《吐鲁番文书总目（欧美收藏卷）》，武汉大学出版社 2007 年版。
40. 荣新江、李肖、孟宪实主编：《新获吐鲁番出土文献》，中华书局 2008 年版。

三　著作

41. [日] 池田温主编：《讲座敦煌》第 3 卷《敦煌的社会》，日本大东出版社 1980 年版。
42. 北京大学中国中古史研究中心编：《敦煌吐鲁番文献研究论集》第 1—3 辑，北京大学出版社 1982 年、1983 年、1986 年版。
43. [日] 周藤吉之等著，姜镇庆、那向芹译：《敦煌学译文集》，甘肃人民出版社 1985 年版。

44. 张泽咸：《唐五代赋役史草》，中华书局 1986 年版。
45. 韩国磐主编：《敦煌吐鲁番出土经济文书研究》，厦门大学出版社 1986 年版。
46. 姜伯勤：《唐五代敦煌寺户制度》，中华书局 1987 年版；增订本，中国人民大学出版社 2011 年版。
47. 王永兴：《隋唐五代经济史料汇编校注》第一编，中华书局 1987 年版。
48. 宋家钰：《唐朝户籍法与均田制研究》，中州古籍出版社 1988 年版。
49. 宋昌斌：《中国古代户籍制度史稿》，三秦出版社 1991 年版。
50. [日] 池田温主编：《讲座敦煌》第 5 卷《敦煌汉文文献》，大东出版社 1992 年版。
51. 王永兴：《陈门问学丛稿》，江西人民出版社 1993 年版。
52. 李锦绣：《唐代财政史稿》上卷，北京大学出版社 1995 年版。
53. 王永兴：《敦煌经济文书导论》，新文丰出版公司 1995 年版。
54. 荣新江：《归义军史研究——唐宋时代敦煌历史考索》，上海古籍出版社 1996 年版。
55. 郑炳林主编：《敦煌归义军史专题研究》，兰州大学出版社 1997 年版。
56. 季羡林主编：《敦煌学大辞典》，上海辞书出版社 1998 年版。
57. [日] 池田温：《唐研究论文选集》，中国社会科学出版社 1999 年版。
58. 宋家钰、刘忠编：《英国收藏敦煌汉藏文献研究：纪念敦煌文献发现一百周年》，中国社会科学出版社 2000 年版。
59. 朱雷：《敦煌吐鲁番文书论丛》，甘肃人民出版社 2000 年版。
60. 卢向前：《唐代西州土地关系述论》，上海古籍出版社 2001 年版。
61.《法国汉学》丛书编辑委员会编：《法国汉学》第五辑（敦煌学专号），中华书局 2002 年版。
62. 胡戟等主编：《二十世纪唐研究》，中国社会科学出版社 2002 年版。
63. 陈国灿：《敦煌学史事新证》，甘肃教育出版社 2002 年版。
64. 邢铁：《户等制度史纲》，云南大学出版社 2002 年版。
65. [法] 谢和耐著，耿昇译：《中国 5—10 世纪的寺院经济》，上海古籍出版社 2004 年版。

66. 黄征：《敦煌俗字典》，上海教育出版社 2005 年版。
67. 荣新江主编：《唐研究》第十二、十四卷，北京大学出版社 2006 年、2008 年版。
68. 李锦绣：《敦煌吐鲁番文书与唐史研究》，福建人民出版社 2006 年版。
69. [日] 池田温著，龚泽铣译：《中国古代籍帐研究》，中华书局 2007 年版。
70. 李锦绣：《隋唐审计史略》，昆仑出版社 2009 年版。
71. 荣新江等主编：《新获吐鲁番出土文献研究论集》，中国人民大学出版社 2010 年版。
72. 张荣强：《汉唐籍帐制度研究》，商务印书馆 2010 年版。
73. 唐长孺：《山居存稿三编》，中华书局 2011 年版。

四 论文

74. 王国维：《唐写本敦煌县户籍跋》，《观堂集林》增订本卷二十一，中华书局 1961 年版，第 1027—1033 页。
75. 王国维：《宋初写本敦煌县户籍跋》，《观堂集林》增订本卷二十一，第 1033 页。
76. [日] 玉井是博：《敦煌户籍残简》，《东洋学报》第 16 卷第 2 号，1927 年版。
77. [日] 玉井是博：《再论敦煌户籍残卷》，《东洋学报》第 24 卷第 4 号，1937 年版。
78. [日] 铃木俊：《户籍制作年代与唐令》，《中央大学文学部纪要》第 9 卷，1957 年版。
79. [日] 藤枝晃：《敦煌的僧尼籍》，《东方学报》第 29 卷，1959 年版。
80. [日] 土肥义和：《从唐令看现存唐代户籍的基础性研究》（上、下），《东洋学报》第 52 卷第 1、2 号，1969 年版。
81. [日] 池田温：《现存开元年间籍帐的考察》，载《东洋史研究》第 35 卷第 1 号，1976 年版。
82. 宋家钰：《唐代的手实、户籍与计帐》，《历史研究》1981 年第 6 期。
83. [日] 堀敏一：《唐代的计帐与户籍管见》，载《中国律令制的展开及其与国家、社会的关系》，刀水书房 1984 年版，译文载《社会科学战线》1987 年第 1 期。
84. 翁俊雄：《唐代计帐制度探索》，《北京师范学院学报》1988 年第 3 期。
85. 韩国磐：《唐籍帐残卷证明了唐代造籍均田之勤》，载中国敦煌吐鲁番学会编《敦煌吐鲁番学研究论文集》，汉语大词典出版社 1990 年版，第 97—132 页。
86. 王克孝：《评丘古耶夫斯基对敦煌所出某些籍帐文书的考释》，《魏晋南北朝隋唐史资料》1993 年第 12 期。
87. 荣新江：《唐开元二十九年西州天山县南平乡籍残卷研究》，《西域研究》1995 年第 1 期。
88. 文欣：《唐代差科簿制作过程——从阿斯塔那 61 号墓所出役制文书谈起》，《历史研究》2007 年第 2 期。
89. 戴建国：《宋代籍帐制度探析——以户口统计为中心》，《历史研究》2007 年第 3 期。
90. 孟宪实：《新出唐代寺院手实研究》，《历史研究》2009 年第 5 期。
91. 孟宪实：《论唐朝的佛教管理——以僧籍的编造为中心》，《北京大学学报》（哲社版）2009 年第 3 期。
92. 凌文超：《秦汉魏晋丁中制之衍生》，《历史研究》2010 年第 2 期。
93. 张荣强：《唐代吐鲁番籍的“丁女”与敦煌籍的成年“中女”》，《历史研究》2011 年第 1 期。
94. 徐畅：《隋唐丁中制探源——从敦煌吐鲁番出土户籍文书切入》，《中华文史论丛》2011 年第 2 期。
95. 孙继民：《唐宋之际归义军户状文书演变的历史考察》，《中国史研究》2012 年第 1 期。
96. 张荣强：《从“岁尽增年”到“岁初增年”——中国中古官方计龄方式的演变》，《历史研究》2015 年第 2 期。

后　　记

古往今来，不少学术大家都不轻言撰作。这毕竟是件十分庄重的事情。但专著在今日个人的学术生活中占据了越来越高的地位。年届而立的我难以摆脱这一“新民俗”，于“述而不作”的圣贤本意也只是停留在口头上。

经过几个月的紧张筹划，拙著《唐代户籍编造史稿》即将付梓。想到学术的浩瀚无垠，又不免忧大于喜。此书是本人承担的2015年国家社科基金青年项目“唐五代户籍编造研究”（编号：15CZS004）的阶段性成果，同时也是我博士论文的主要部分。2011年秋季攻读博士学位之初，便计划对唐代户籍制度作一深入研究。在搜集资料和研读前辈著作时，个人感到难度颇大，毕竟唐史研究属于国际显学，代不乏人，成果丰硕。后来，在征求导师刘进宝教授的意见后，转而将唐代户籍编造情况作为论文的重心，旨在勾勒有唐三百年户籍编造的基本史实。至于有否达到这一目标，则留待学界的批评指正。

2008年，我考入南京师范大学历史系，师从刘进宝教授研习历史文献学（敦煌学方向）。此后，我在刘师门下一直到2014年夏博士毕业。这六年的时光里，刘师不仅在学习上严格要求，还在生活中给予了诸多帮助。刘师兢兢业业，对学术十分执著，待人诚恳。这些一直是我努力想做到的。而那些在刘师书斋里畅谈请益的时光，至今令人神往。南京深厚的文化底蕴，城市环境的平和，随园校区一幢幢“新古典主义”的教学楼，西山图书馆、华夏图书馆的丰富馆藏，等等，这些影像都藏在我脑海的深处，历久弥新。而位于五台山体育场的先锋书店总店，几乎是我每周必去的精神栖息之所。

2014 年 6 月，蒙山西师范大学历史学院车效梅教授、张焕君教授不弃，我得以入职师大，卜居临汾。两年有余的日子里，亲身体会到了学院同事们的勤勉、敬业与友爱，以及父母的关怀、妻子的体贴，这些来自家庭与集体的温暖，使我努力成为一个趋于完整的社会人，而不再是动辄愤激于形的“天地一书囚”。

最后，要特别感谢下中国社会科学出版社宋燕鹏老师，对本书的出版给予了许多帮助，耐心地对待我的各种疑问以及疏误。

孙　宁

2016 年 12 月于尧墟